高等职业教育信息技术课程改革成果系列教材

现代教育信息技术项目化教程

主 编 赵国东 韩 冰 刘秀彬

北京理工大学出版社
BEIJING INSTITUTE OF TECHNOLOGY PRESS

内 容 提 要

本书以工作过程为基点、以项目为导向、以任务为驱动进行编写,共设计6个项目24项任务,内容涵盖现代教育技术基础理论知识、投影仪的使用、白板的使用、图片制作软件的使用、音视频处理软件的使用、动画制作软件的使用、教学课件的制作、微课视频的制作。本书编写注重层次化、模块化,可以根据不同专业、不同授课对象灵活组织内容。本书注重知识学习与技能训练相结合,项目前提出知识目标与能力目标要求,每个项目设计若干任务,任务中包含知识拓展以开阔学生视野,案例任务设有任务分析以帮助学生快速建立理论与实践的纽带,每个任务都遵循制作工作过程,可以使学生亲身经历制作全流程;项目结束后附小结和习题,以强化知识理解和技能训练。

本书可作为高等院校师范类各专业现代教育技术课程的教材,也可作为课件制作、微课制作的参考书,还可作为相关行业从业者的参考资料和自学用书。

版权专有 侵权必究

图书在版编目(CIP)数据

现代教育信息技术项目化教程 / 赵国东,韩冰,刘秀彬主编.—北京:北京理工大学出版社,2021.1(2024.7重印)

ISBN 978-7-5682-9547-5

Ⅰ.①现… Ⅱ.①赵… ②韩… ③刘… Ⅲ.①教育技术学-高等学校-教材 Ⅳ.①G40-057

中国版本图书馆CIP数据核字(2021)第025197号

责任编辑/阎少华		文案编辑/阎少华	
责任校对/周瑞红		责任印制/边心超	

出版发行 / 北京理工大学出版社有限责任公司

社　　址 / 北京市丰台区四合庄路6号

邮　　编 / 100070

电　　话 / (010)68914026(教材售后服务热线)

　　　　　 (010)68944437(课件资源服务热线)

网　　址 / http://www.bitpress.com.cn

版 印 次 / 2024年7月第1版第5次印刷

印　　刷 / 河北鑫彩博图印刷有限公司

开　　本 / 787 mm×1092 mm　1/16

印　　张 / 15.5

字　　数 / 395千字

定　　价 / 49.90元

图书出现印装质量问题,请拨打售后服务热线,负责调换

Preface 前言

发展教育信息化，是教育在社会发展中发挥出全局性、先导性、基础性作用的战略选择。师范类专业的学生，作为未来的教师，必须学习并掌握计算机辅助教学基本方法，同时能够以现代教育理念为指导制作课件与微课。

《国家职业教育改革实施方案》中提出"坚持知行合一、工学结合""倡导使用任务驱动式、工作手册式教材并配套开发信息化资源"。本书编写遵循相关文件精神，深刻领会教学改革思想，融合工作过程式、任务驱动式两种模式，强化职业素质，深耕不同层次职业能力培养。本书主要具有以下特点：

第一，内容组织系统化。充分考虑职业教育特点，坚持知识与技能并重，以前置计算机基础课程中的软件操作技能为基础，根据现代教育技术课程教学目标构建和拓展内容。通过现代教育技术基础理论的学习和应用，着重培养信息素养与职业素养；通过投影仪、白板、PowerPoint的使用，着重掌握基本教学媒体的使用方法；通过图片制作软件、音视频处理软件、动画制作软件的使用，着重掌握媒体素材的获取方法；通过教学课件、微课视频的制作，着重培养综合运用现代教育技术理论与软硬件辅助教学的能力。

第二，体例结构模块化、层次化、灵活化和工作过程化。打破传统教材编写体例，"以工作过程为基点，以项目为导向，以任务为驱动"，全书设计6个项目24项任务。每个项目为相对独立的单元，知识点相互衔接，覆盖完整工作过程，项目中包括若干个任务，按"任务描述""任务分析""知识准备""任务实施""知识拓展""实践提高"框架结构编写，教学目标明确、学做任务突出、案例具体实用并遵循工作流程、任务难度分层递进、知识拓展充分，可以根据不同专业、不同授课对象灵活组织内容。

第三，理论实践一体化。从计算机辅助教学应用实际出发，兼顾知

识性、趣味性、综合性和实用性，设计典型工作任务，按照知识和能力目标要求逐级展开，将相关知识融于典型工作任务，内容由浅入深，图文并茂，讲练结合，理论实践一体化。

本书由赵国东、韩冰、刘秀彬担任主编。赵国东编写项目2、项目5、项目6，韩冰编写项目1中的任务1.1~1.3、项目4，刘秀彬编写项目1中的任务1.4~1.5、项目3。本书编写过程中参考了大量书籍和网站资源，同时采纳了同行提出的许多宝贵意见和建议，在此一并表示感谢。

由于编者水平有限，书中难免存在一些疏漏之处，敬请读者批评指正。

编　者

目录 Contents

1　项目1　认识现代教育技术

任务1.1　了解现代教育技术 ·· 1

任务1.2　初步学习教学设计 ·· 11

任务1.3　认识计算机辅助教学 ··· 14

任务1.4　认识多媒体课件 ··· 16

任务1.5　认识微课 ·· 20

30　项目2　认识多媒体教室

任务2.1　学习多媒体教室构成 ··· 30

任务2.2　投影仪的使用 ·· 33

任务2.3　电子白板的使用 ··· 35

任务2.4　演示工具的使用 ··· 36

67　项目3　多媒体课件素材的采集与处理

任务3.1　认识多媒体课件素材 ··· 67

任务3.2　采集多媒体课件素材 ··· 75

任务3.3　制作图形和图像素材 ··· 77

任务3.4　制作声音、视频素材 ·· 104

任务3.5　制作动画素材 ·· 131

Contents

154 项目4 演示型教学课件的制作

    任务4.1   制作课件"黄山奇石"……………………………… 154

    任务4.2   制作课件"认识五官"……………………………… 160

    任务4.3   制作课件"要是你在野外迷了路"……………… 169

    任务4.4   制作课件"四边形的内角和"…………………… 178

188 项目5 交互型教学课件的制作

    任务5.1   制作课件"认识物体"……………………………… 187

    任务5.2   制作课件"学习数图形中的学问"……………… 196

    任务5.3   制作课件"描述简单的行走路线"……………… 213

240 项目6 微课视频的制作

    任务6.1   制作录制类微课视频……………………………… 224

    任务6.2   制作虚拟场景类微课视频………………………… 235

258 参考文献

项目 1　认识现代教育技术

教学与学习目标

知识目标：
◇ 理解现代教育技术的基本概念；
◇ 理解现代教育技术与教育的关系；
◇ 理解信息技术教育的教学理论；
◇ 掌握信息技术支持下的教学模式；
◇ 掌握信息技术支持下的教学方法；
◇ 了解教学媒体的概念；
◇ 理解多媒体的概念；
◇ 掌握多媒体素材的处理方法。

能力目标：
◇ 能够理解多媒体课件类型、结构、设计原则、制作过程；
◇ 能够使用常用工具软件制作多媒体素材。

现代教育技术科学体系的迅速崛起是现代教育科学发展中引人注目的成就之一，教育技术学是现代教育科学发展的重要成果，教育技术的应用是教育现代化的重要标志之一。随着媒体技术的不断发展，在现代科学方法论的影响下，教育技术成为一门独立的学科体系。

随着教育信息化的发展，教师必须掌握计算机及网络技术，并通过计算机获取优质的教育信息资源，进行整理、加工，最后形成个性化的教学方式、方法与手段，即教师必须学习并掌握一种开发设计课件的软件，同时能够以现代教育理念为指导原则制作多媒体课件。

任务 1.1　了解现代教育技术

1.1.1　了解现代教学手段

了解教学手段，明确现代化教学手段及其作用。

知识准备

教学手段和教育技术两者密不可分。教学手段的变化与发展同时也是教育技术的变化与发展。教学手段是教育技术的研究对象,是教育技术的具体表现。

任务实施

1. 教学手段

教学手段是直接影响教学方法的一个重要的、可变的因素,也是关系到教学质量和教学效率的重要因素之一。随着教育信息化的发展,在信息技术教育教学尤其是中小学信息技术教育教学中,最常用、最直接、最有效的教学手段当属以计算机为核心的各种现代教学手段,主要包括计算机辅助教学、交互式多媒体教学、远程教学等。

2. 现代教学手段

以计算机为核心的各种现代教学手段突破文字的静止描述,以声、像形式呈现教学信息,图文并茂,更广泛地作用于人的感官,更生动、直观甚至化虚为实,增强学习者的体验和感受,大大提高教学效果和质量。

1.1.2 了解现代教育技术

任务描述

了解教育技术的概念,掌握现代教育技术在狭义上、广义上的概念。

知识准备

20世纪80年代末,美国首先提出了"教育技术"的定义,即"教育技术是关于学习过程与学习资源的设计、开发、利用、管理和评价的理论与实践"。

1. 教育技术的发展

从技术的角度看,教育技术是人们在教育实践活动中所应用的一切物质工具、方法技能和实践经验的综合。有形的教育技术包括在教育教学活动中所采用的各种教学媒体,如各种媒体、教具、实验器材等;无形的教育技术包括在解决教育教学问题的过程中所运用的技巧、策略和方法等,如教学过程的设计方法,多媒体课件的设计与开发技巧,利用教学媒体开展教学的方法及各种教学策略等。有形的技术是教育技术的依托;无形的技术是教育技术的灵魂。

由此可见,教育技术是教育中的技术。它既不是对全部教育问题进行研究,也不是对所有技术问题进行研究,而是遵循教育规律,采用技术的手段和方法解决教学中的有关问题。

自从有了人类历史,就有了教育,有了教育就有了教育技术,当教育技术发展到一定的阶段后,就形成了一门专门研究教育技术现象与规律的学科——教育技术学。教育技术学是在教育学、认知心理学、教育传播学、系统科学、媒体技术等理论指导下,研究如何在教育中应用各种教育技术以提高教育质量的理论和实践的一门学科,是综合地强调理论指导实践的一门新兴学科,是教育学领域中专门用来研究如何利用技术提高教学质量的二级应用学科。

教育技术最早在20世纪初成为教育学科中的一门分支学科。在20世纪20年代才作为一个专业术语被确定下来。1970年美国教育传播与技术协会（Association for Educational Communications and Technology，AECT）成立，首次对教育技术进行定义，此后又多次对其进行定义。直到1994年，在美国众多教育技术专家的参与下，对教育技术重新进行了定义，教育技术的定义才得到国际教育界的普遍认可。

1994年，AECT对教育技术所作的定义（简称 AECT1994 定义）是：教学（教育）技术是对学习过程和学习资源进行设计、开发、利用、管理和评价的理论与实践。

2. 教育技术的研究对象

AECT1994定义明确指出了教育技术的研究对象是与学习有关的过程和资源，即教育技术的研究对象是对与学习有关的过程和学习资源的设计、开发、应用、管理与评价。

教育技术的研究对象包括学习过程和学习资源。学习过程是指为了达到预期学习效果而采取的一系列操作步骤和方法；学习资源是指在学习过程中可以被学习者利用的一切要素。学习资源有有力资源和非人力资源之分。人力资源包括老师、同伴、小组、群体等；非人力资源包括各种教学设施、教学材料和教学媒体等。教育技术以促进学习为目的。

（1）关于学习过程和资源的设计。学习过程和资源的设计是指为达到一个不确定的教学目标，在教学理论、学习理论、媒体传播与相关理论的指导下，对教学系统进行完整而详细的设计过程。其包括对目标、学习者、内容的分析、教学策略、教学媒体的选择、效果的评价等。设计的成果表现为教学方案、媒体编制要素等。

（2）学习过程的资源开发。学习过程的资源开发是指将各种教学模式、媒体技术应用教学过程中的研究。其是对教学设计成果的"物化"过程，开发的对象包括传统的印刷媒体制作、常规视听媒体制作、多媒体与网络媒体的制作等。其成果包括课本、录像教程、计算机课件、多媒体学习等学习资源。

（3）学习过程和利用。学习过程和利用是使不断出现的新技术、各相关学科最新成果和新开发的学习资源投入教学过程，并得到推广使用。

（4）学习过程和资源的管理。学习过程和资源的管理是指对所有学习资源和学习过程进行计划、组织指挥、协调和控制。这里包括对教学系统的管理、信息和资源的管理、教学研究与开发的管理等。

（5）学习过程和资源的评价。评价是指通过形成性评价和总结性评价，及时对教育、教学过程中存在的问题进行分析评价。评价的目的是确定教学是否合格的过程，使教育技术开发和应用更加合理。

任务实施

1. 我国教育技术的发展

教育技术在我国的发展历史可以分为两个阶段。

（1）电化教育。20世纪20年代，受美国视觉教育运动的影响，在我国的一些大城市如上海、南京等地的学校中教育界人士开始尝试无声电影幻灯等媒体进行教学，标志着我国电化教育萌芽的出现。20世纪30年代到40年代这一活动发展快，应用规模不断扩大，同时，也出现了电化教育的专业培训机构。理论研究逐步深入，出现了一些文章和名著。这一时期南京金陵大学在推进教育方面是最为有名的。20世纪40年代，当时的南京国民政府教育部成立了电化教育委员会，"电化教育"一词作为该领域的正式名称开始确认。中华人民共和国成立后，我国政府对电化教育予以充分的重视，在中央文化部和教育部的推动下，全国开展了多种形式的学术活动，出版了多种专业期刊、论著。从20世纪60年代开始，各类学校应用录音、电影、幻灯投影等媒体进行教学的活动十分活跃，同时，无线广播在社会教育方面获得大规模应用，各地建起了官方性质的电教机构。

进入20世纪80年代，我国电化教育迅速发展，各级各类电教机构日趋健全，管理与推广步入规模化和组织化。媒体技术迅速提高，在原有的幻灯、录音、语音室等设备基础上，电视媒体、计算机等开始普及。电教教材的速度加快，并且数量剧增，使用率大幅提高。1978年成立了中央广播电视大学，利用卫星电视进行教学。到1994年，中央广播电视大学已经设有3 359个专业、1 000多门课程，培养了3 157万名毕业生和2 000多万非学业教育结业生。在20世纪80年代中期，一些师范大学开设了电化教育本科专业，对理论研究进一步深入，出现了大量专业期刊和论著。

(2) 教育技术的全面发展。进入20世纪80年后期，随着国外教育技术界交流的增加，新的理论、经验成果的不断吸纳，人们发现我国电化教育的发展基本上是在视听教育的研究范畴中。为适应新时代的教育需求，促进我国教育改革的深入，有必要借鉴国外教育技术的成果和经验，对电化教育重新定位，在这一思想指导下，我国的电化教育开始向教育技术转变，出现了教育技术全面发展的新态势。

在媒体技术方面，计算机辅助教育得到充分重视，学校计算机的普及率迅速上升，很多高校在20世纪80年代就成立了计算机中心或实验室。1987年国家教委基础教育司成立了"全国中小学计算机教育研究中心"，推动中小学计算机教育的开展，到1997年，全国已有两万多所中小学配备了近50万台计算机，同时校园网、校校通工程也在迅速推广。2000年教育部提出，从2002年开始，全国中小学逐步完成信息技术课程的开设，进一步推动了以计算机技术为核心的现代综合媒体技术在教育中的应用。

在研究和实践领域上，教育技术突破了原有对视听媒体的应用范围，扩展到"教学设计""多媒体教学""信息技术与课程整合""网络教学"等领域，而且在认知领域计算机辅助教学(CAI)研究上也取得了丰硕成果。在教学软件的开发上，出现了科技企业与教育机构联合运作的良好局面。

在学科发展上，从20世纪90年代开始，各高校纷纷将原来的电化教育专业名称改为教育技术学，同时人才培养层次不断提高，到1996年，全国有30余所高校设立了本(专)科教育技术学专业，10余所高校建立了硕士点，3所高校具有博士授予资格。同时对师范生公共课的开设及教师在职培训也在不断加强。专业人士队伍的完整化、多层次化及教育技术的普及化，促进了教育技术在理论与实践研究上得以持续快速发展。

2. 教育技术的发展趋势

(1) 日益关注技术环境下的学习心理研究。随着现代教育技术的发展，技术所支持的学习环境将真正体现出开放、共享、交互、协作等特点。现代教育技术将更关注技术环境下学习心理研究，深入研究技术环境下人的学习行为特征、心理过程特征、影响学习者的心理因素，更加注重学习者内部情感等非智力因素，注重社会交互在学习中的作用。

(2) 日益关注在实践中的理论研究。现代教育技术作为理论与实践并重的学科，需要理论指导实践，并在实践中进行理论研究。目前，现代教育技术在研究前沿的两个领域是信息技术与课程整合及网络教育，这些教育体系的建立都强调对学习者的支持，即围绕如何进行学习、提高绩效开展工作，因此，人们才会重视教师培训、教学资源建设。

(3) 日益网络化和多媒体化。在网络环境下，教育活动将不受时间、空间和地域的限制，学习者变得更加对等、方便、灵活，使师生间、学员间的双向交流能很好地进行。而利用多媒体与其他教学媒体相结合共同参与课堂教学过程，形成不同的教学模式，如虚拟现实技术，可以形成虚拟的世界，给学生身临其境的真实感受，使学习者亲自体验现实中无法实现的经历。

3. 现代教育技术的概念

狭义地说，现代教育技术是将各种现代教学手段应用于教学的技术和方法。由于现代教学手段的多样性，现代教育技术的范围很广，包括各种视听教育媒体在教育过程中如何应用，视听教材、课件如何制作等。如今，现代教育技术呈现了以多媒体技术为中心，多媒体技术又以计算机为中心的发展趋势。现代教育技术要求教师既要注意研究媒体的理论与应用，又要注意按教育教学理论和学习心理学的要求，研究学习过程及学习过程相关的教学模式，实现二者的有机结合。

广义地说，现代教育技术是一门新兴的综合性学科，它应用了教育教学理论、心理学理论、传播学理论、媒体理论及系统科学理论等的科学成果，有着特定的学科内容。

知识拓展

1. 师范生学习教育技术的必要性

信息时代对人才的培养提出了新的要求，新理念和新方法推动着教育迈入一个新的变革时代，我国在 20 世纪末适时地提出了素质教育工程，旨在运用现代教育思想和技术方法，培养适用于 21 世纪发展需要的，具有优良综合素质的合格人才。教育改革对教师提出了新的挑战，今天的教育已不再是传统的教与学的单向输入，而是提倡以学生为主体的学习活动的开发与实施。现代教育活动更强调自主性、个性化、多元化，教师的角色也转变为学习资源的组织者、过程的设计者、行为的引导者。教育技术的发展是这场教育变革的重要特征之一，同时，又对教育改革的发展起着重要作用。师范院校的学生作为未来的教师，掌握现代教育技术的基本理论和方法，必然成为其职业素质的重要要求之一。

2. 师范生学习现代教育技术的基本内容

师范生学习现代教育技术应当以《中小学教师教育技术能力标准（试行）》为参照，明确学习现代教育技术课程的目的是培养师范生教育技术能力，培养运用教育技术革新课堂教学的意识，提高从事教育教学的基本能力，在教育技术学习中，应坚持理论性和技术性并重，着力培养师范生的教育技术综合能力。

师范生要在教育学、心理学、系统理论知识的基础上，深入了解和研究现代教学设计的思想，并学会用相关的设计方法来规划某一学科的教学活动，这其中包括目标分析、学习者分析、媒体选择、过程设计及评价方法等各项环节，只有掌握了教学设计，才能使教育技术真正体现出价值，避免盲目追求先进手段的形式化做法。

作为 21 世纪的教师，不仅应具备基本的信息技术，还应掌握在教学所能运用到的相关媒体技术，如常规设备的使用、图片、声音及其他素材的处理，影像动画的基本制作技能及以多媒体计算机为主的教学资源开发和使用技术等硬件设备的操作技术，只有掌握了扎实的硬件技术，教育技术的应用才能真正实现。

教师的教育技术素质，不仅包括在教学过程中熟练使用各类媒体设备和对教学活动的设计能力，还应具备基本的教学软件开发能力，这里的教学软件是指各类承载教学信息的电子类材料（包括多媒体课件、电视教学片、录音教材、幻灯片、投影片等）。教师只有掌握了这些教学资源的开发技术，才能更科学地组织教学内容，设计教学模式，使教学活动更有效。而且教师参加或独立开发教学软件的过程，也具有教学系统设计工程的重要组成部分，所以，教学软件，尤其是多媒体课件的开发能力，是学习现代教育技术的重要内容。

信息技术与学科课程整合作为一种新型的教学方式已经成为基础教育教学改革的主流，也是基础教育所关注热点问题之一。信息技术与课程整合需要借助教育技术的相关理论和方法，以现代教育技术的教育思想理论为指导，在数字化的教学环境中利用信息技术与其他学科进行整合，充分发挥信息技术信息资源人力资源的优势，促进学生的学习。借助教育技术手段进行课程整合的技术和方法是师范生学习教育技术的重要内容。

3. 师范生学习现代教育技术的要求

（1）转变教育教学观念，正确认识教育媒体。在信息时代的今天，学生获取知识的来源已不仅仅局限于教师和书本等传统方式，四通八达的信息网络，使他们获取知识的途径更加多元化，现代教育技术将打破时空的限制，实现面对社会全体开放的个体化教学，即实现全民化，在保证质量前提下实现教育个人化。教师对现代教学媒体的态度直接影响了现代教育技术在教学中的应用。师范生作为未来的教师，应以积极的心态迎接挑战，对新的教育与技术不恐惧、不回避、不排斥，建立自信心，自觉自愿学习和运用现代教育技术。

（2）重视教育技术，努力创造良好条件。师范院校要更多、更好地培养出适应新时代的创新人才，就应积极推进教学手段的现代化进程，尤其要重视以多媒体计算机及网络等现代教育技术手段在教育教学中的运用，将现代教育技术视作高校改革和发展的制高点与突破口，为学生提供必要的学习环境与条件，学生可以充分利用这些条件，学习现代教育技术的相关理论和技能，有意识地开发现代教育技术的潜能。

（3）注重实际应用能力，加强教育技术技能培养。对师范生的教育技术教学应着眼于理论和技术两个层面，将教育技术的内容灵活多样地呈现在实际教学过程中，让学生耳濡目染，接受现代教育技术思想和理论。另外，加强对师范生的现代教育技术的培养，既要注重教育教学理论学习，也要注重实践操作技能，要能灵活使用各种教育教学媒体，同时，鼓励学生学习新技术，并探索应用于具体的教育教学中。

（4）根据专业不同，学习内容有所区别和侧重。教育技术课程内容体系较为庞杂，需要学习的理论、技术、技能繁多，在有限的课时内，难以保证能掌握所有的知识和技能。由于专业学科背景不同，对学生的要求也存在较大差异。不能用统一化的课程内容去完成所有专业的教学任务。对不同专业背景的教学对象，教学内容应有所取舍，有所侧重，如对有理科背景的师范生可以增加几何画板之类的相对专业化的工具和技术的学习。总之，应与师范生的专业知识及将来所要担任的学科课程结合起来，充分调动他们的积极性，增强他们的学习兴趣和动力。

师范生掌握必备的教育技术技能，是教育改革的需要，是教育面向现代化的需要，应得到师范院校足够的重视。但师范生教育技术能力的发展是一种综合能力的培养。它既涉及理论知识的培养又涉及教育技术实践能力的培养，为适应新时代对教师的要求，师范生要注重发掘自身的教育技术潜能，更要充分利用各种资源使这种能力得到不断发展。

实践提高

1. 说说你对 AECT1994 定义的理解。
2. 根据我国教育技术的研究与实际，教育技术的研究内容包括哪几个方面？在教育技术研究范畴中，哪些与教学实际联系最紧密？
3. 在网上查阅我国教育部颁布的《中小学教师教育技术能力标准试行》。

1.1.3　了解现代教育技术的理论基础

任务描述

了解现代教育技术的理论基础，掌握建构主义理论指导下的教学模式。

知识准备

现代教育技术的发展是由研究视听教育媒体开始的，在其发展过程中应用了教育学理论、学习理论、传播理论、媒体理论及系统科学理论等多种理论和科学技术成果。

任务实施

1. 建构主义学习理论

进入 20 世纪 90 年代，建构主义学习理论开始兴起，成为学习理论中的重要流派。建构主义认为，人们认知的"实在"只是知者构造了实在，或者说是按他自己的经验解释了实在，经过学生在学习过程中主动建构知识，并力图在更接近、更符合实际情况的情境里学习，以个人原有的经验、心理结构和信念为基础来建构新知识，赋予新知识以个人理解的意义。

德国的一则关于鱼和青蛙的童话可以帮助学生更好的理解这个问题。故事说的是一个小池塘里住着鱼和青蛙，它们是好朋友，它们觉得外面的世界很精彩，都想去看看。鱼由于自己不能离开水而生活，只能让青蛙自己走了，这天青蛙回来了，鱼迫不及待地询问外面的情况。青蛙告诉鱼，外面有很多新奇有趣的东西，比如说牛吧，真是一种有趣的动物，它身体很大，头上长着两个弯弯的犄角，以吃青草为生，身上有黑白相间的斑块，长着四条粗长的腿，还有一个红色的大乳房。鱼惊叫道："哇，好怪呦。"同时脑海里，勾画出牛的形象，一个大大的身子，头上长着两个犄角，嘴里吃着青草……

鱼脑中的牛形象（姑且称之为"鱼牛"）显然是错误的，但对于鱼来说有其道理，因为从本性出发，将从青蛙那里得到的关于牛的部分信息与自己脑中已有的知识相结合，构建的"鱼牛"的形象，这体现了建构主义的一个重要理念：巩固依赖个人经验，即由于人们对于世界的经验各不相同，它们对于世界的看法也必然会各不相同。知识是个体与外部环境交互作用的结果，人们对事物的理解与个体的先前经验有关，因而，对知识正确的判断只能是相对的；知识不是通过教师传授的，而是学习者在与情境的交互作用过程中自行建构的，因此，学生应处于中心的地位，教师是学生学习的帮助者。因此，建构主义的学习理论强调知识的建构。

2. 建构主义学习理论的主要观点

(1)学习不应被看成是对于教师所传授的知识的被动接受，而是学习者以自身已有的知识和经验为基础的主动的建构活动，即学生能主动积极地构建意义。因此，从这个意义上说，学生学习的活动必然有创造性质，他能将从外界接收到的知识信息同步到自己原有的认知结构中，形成自己特有的认知图式。

(2)学习是学习者认知结构的组织和重新组织的过程，学习活动是一个"顺应"的过程，即学习者不断地对已有的认知结构做出的必要调整和更新，使他适应新的学习对象，并进行实验"整合"。

(3)学生的学习活动主要是在学校环境中,在教师的直接指导下进行,因此,学习作为一种特殊的建构活动具有社会性质。学习不是一个"封闭"的过程,而是一个需要不断与外界交流的发展与改进的过程,即包含有一种交流反思、改进、协调的过程。

因此,建构主义学习理论提倡的学习方法是在教师指导下,以学生为中心的学习。学生是知识意义的主动建构者;教师是教学过程的组织者、帮助者、指导者和促进者;教材所提供的知识不再是教师讲授的内容,而是学生主动建构意义的对象;媒体也不再是帮助教师传授知识的手段和方法,而是用来创造情境,进行协作式学习和活动交流,即作为学生主动学习、协作式探究的认识工具,目前建构主义理论对教育技术,尤其是第二代教学设计的研究影响比较大。

3. 建构主义学习理论的影响

建构主义学习理论属于认知学习理论的一个重要分支。由于多媒体计算机和基于网络通信技术所具有的特性特别适合实现建构主义学习环境,因此建构主义学习理论越来越显示出其强大的生命力,并在世界范围内日益扩大其影响。

4. 学习环境中的四大要素

建构主义认为,知识不是通过教师传授得到,而是学习者在一定的情境即社会文化背景下,通过协作活动,利用必要的学习资料,通过意义建构的方式而获得。建构主义强调学生是认知即信息加工的主体,是意义的主动建构者,而不是外部刺激的被动接受者和被灌输的对象。教师是意义建构的帮助者、促进者,而不是知识的传授者与灌输者。建构主义学习理论认为"情境""协作""会话""意义建构"是学习环境中的四大要素。

知识拓展

1. 建构主义指导下的教学模式

建构主义学习理论强调以学生为中心,要求教师由知识传授者、灌输者转变为学生主动建构意义的帮助者、促进者,这就要求教师在教学过程中采用全新的教学模式、教学方法和教学设计思想,从而在形成新一代学习理论——建构主义学习理论的同时,也逐步形成与建构主义理论相适应的新一代教学模式、教学方法和教学设计思想。从中可以看出,信息技术是建构主义应用于教学的先决条件,建构主义是深化教学改革的理论基础。

2. 现代教学理论

(1)斯金纳的程序教学理论。20世纪50年代,美国行为主义心理学家斯金纳(B. F. Skinner)根据操作条件反射与强化理论,提出学习材料的程序化思想。其主要原则是教材分为小步子,学生对学习内容做积极反应,反应后有即时反馈,尽量降低错误率,教学应自定步调、自选路径等。依据这样的原则,程序编制者将教材分解成许多小项目,按一定顺序加以排列,对每个项目提出问题,通过教学机器或程序教材来呈现,要求学生做出选择反应或应答反应,然后给予正确答案以便核对,并加以强化。这一理论对今天的计算机辅导教育的研究依然具有价值。

(2)布鲁纳的发现教学法。美国教育心理学家布鲁纳从认知心理原理出发,提出了以学生主动的发现为主要的形式教学方法。发现教学法由教师有组织、有目的地创设学习环境,学生根据学习经验、一步一步地去发现新的知识内容,并通过这种成就感不断地深入发现行为,最终在这些发现成果积累的组成框架中,顿悟到知识的内在体系,从而掌握学习内容。这种方法的优点是能够促进学生在学习中的主动思维,发展和提高综合智力水平,锻炼自主解决问题的技能,培养独立学习和研究能力;缺点是对学生的预备技能和自控能力要求较高,容易出现兴趣迅速降低，导致放弃的情况。所以运用发现学习，教师必须事先做好周密的安排，同时予以即时的控制。

（3）布鲁姆的掌握学习模式。掌握学习是美国心理学家布鲁姆在20世纪60年代提出的。布鲁姆认为学习效果的差异受五个变量制约，即学习其课题的基础能力、教学的质量、理解能力、学习持续能力及学习时间。只要使学习者能明确教学目标，具备掌握该项学习必要的知识和技能，合理的时间、良好的主观意愿，教师提供必要的帮助，有效的反馈和矫正，则绝大多数学生都能完成学习任务，获得良好的成绩。

掌握学习是基于集体授课形式的教学方法，所以在学校教育中流传很广，在我国教育界也影响较大。

（4）奥苏贝尔的讲解式教学。美国教育家奥苏贝尔(D. P. Ausubel)依据认知心理学原理，认为人的认识过程往往是先认识事物的一般属性，然后在这种一般认识的基础上，逐步认识其具体细节，因此他提出教学顺序应遵循人的认识的自然顺序，首先呈现概念性的组织者（即先行组织者），以便学生在认知结构中形成框架，然后呈现具体材料，使学生的认知结构从一般到个别，不断分化。他强调师生的相互作用，学生认知结构中的新旧知识相互作用，以达到知识结构不断分化和综合贯通的目的。

（5）范例教学模式。以德国著名教育家克拉夫基(W. Klajki)和挖根舍因(M. Wagenshein)为代表提出的"范例教学论"，是在批判传统教学的过程中逐步明确和丰富起来的。它认为，要克服传统教学的弊端，就要反对庞杂臃肿的传统课程内容和死记硬背的教学方法，选择学科材料中最典型的材料，形成知识的"稠密区"，让各种知识交融，学生通过对这个"稠密区"的探究、思考，形成一种整体的认知结构，从而达到把握其他各种材料的目的。这种模式主要可分为四个阶段：教师以具体直观的方法阐明一个范例，使学生首先对"个"的本质特征有一个认识；阐明整个"类"的特征，从而由对"个"认识上开始对"类"的认识；通过从"个"到"类"的过渡，掌握对事物更根本的关系，以及规律与范畴的抽象概括和总结；获得实际经验与生活经验。

（6）巴班斯基的最优化理论。苏联教育家巴班斯基(V. K. Babanski)的"**教学最优化**"教学理论，指出教学要从实际情况出发，确定效果和时耗双重标准，选定最佳教学方案，按照实施中的反馈信息及时调整教学活动进程，以期达到最大效益，并使每个学生都能得到最合理的教育和发展。

3. 视听教育理论

1946年，美国教育家戴尔在他所著的《视听教学法》一书中，阐述了录音、广播等视听教学手段怎样在教学中使用，以及会产生怎样的教学效果等一系列问题，总结了一系列教学方法，提出了相关的教学理论，戴尔将人类获取知识的途径和方法用"经验之塔"来描述，称之为"经验之塔"理论。

戴尔将人们获得的经验分为做的经验、观察的经验和抽象的经验三大类。"塔"的底层是做的经验，包括以下三个层次：

（1）直接的有目的的经验。直接的有目的的经验是指直接与真实事物本身接触而获得经验，是通过对真实事物的直接感知（即看、听、尝、嗅、触、做）取得的最丰富的具体经验。

（2）设计的经验。设计的经验是指通过模型、标本等间接材料的学习获取的经验。模标本是通过人工设计仿造的事物，多与真实事物的大小和复杂程度有所不同，它是真实的改编，这种改编可以使人们对真实事物更容易理解、领会。

（3）演戏的经验。演戏的经验是指通过演戏、表演，在接近真实的情况中获得经验。

以上三个方面的经验，都包含亲自的活动，学习不仅是活动的旁观者，更是活动的参与者，故称之为"做"的经验（经验之塔底层的经验是最直接具体的，学习时也最容易理解，便于记忆）。越往上越趋于抽象，但并不是获取任何经验都必须从底层到顶层，也并不是下一层经验比上一层经验更有用。在学校中，应用各种教育媒体，以使教育更为具体，从而形成科学的抽象。教育应从具体经验入手，但不能满足于获得一些具体经验，必须向抽象化和普通化方向发展，上升到理论，发展思维，形成概念，指导下一步的实践。

观察的经验包括以下五个层次：

（1）观摩示范。通过看别人怎么做，从而知道一件事是怎么做成的，以后他就可以动手模仿着去做。

（2）见习旅行。主要目的是观察课堂上看不到的各种真实的事物和景象。

（3）参观展览。通过观看展览，来获得观察经验。

（4）电影、电视。屏幕上的事物是实际事物的代表，而不是它本身，得到的是替代的经验。

（5）广播、录音、照片、幻灯。指通过听觉和视觉的方式来获得经验，它们提供的内容更加抽象。

抽象的经验包括以下两个层次：

（1）视觉符号。主要是指表达一定含义的图形、地图、示意图等一类抽象符号。如地图上，用曲线表示河流，用线条表示公路铁路等。

（2）语言符号。包括口头语言与文字，是一种纯粹的抽象语言符号处于塔的顶部，抽象程度最高，使用时，总是与"塔"中其他层一起发挥作用，也就是说，学生在全部学习经验中，都不同程度地进行抽象思维。

"经验之塔"理论所阐述的是经验抽象程度的关系，符合人们认识事物由具体到抽象、由感性到理性、由个别到一般的认知规律；而位于塔的中部的广播、录音、照片、幻灯、电影电视等介于做的经验与抽象经验之间的视听媒体，既能为学生学习提供必要的感性材料，容易学习和记忆，又便于借助解说或教师的提示、概括、总结，从具体的画面上升到抽象的概念、定理，形成规律，是有效的学习手段。因此，它不仅是视听教育理论的基础，也是现代教育技术的重要理论之一。

4. 教育传播

教育传播是由教育者按照一定的目的和要求，选定合适的信息内容，通过有效的媒体通道，将知识、技能、思想、观念等传递给特定的教育对象的一种活动。依据传播学的基本理论和方法，对这一活动的规律研究就是教育传播学的主要内容。

教育传播是一种以培养和训练人为目的进行的传播活动。教育传播过程是一个由教育者借助教育媒体向受教育者传递与交换教育信息的过程，教育传播的最终目的，是要取得良好的教育传播效果。教育传播过程的步骤如下：

步骤一是确定传送信息。传送什么信息，要依据教育目的和课程的教学培养目标。这一阶段，教育者要按教学大纲要求，钻研文学教材，对每章的教学内容进行分析，将内容分为若干个知识点，并确定每个知识点对学习者要达到的学习水平。

步骤二是选择教育传播媒体。这一步实质是一个编码的过程，教育信息选择何种符号和信号去呈现或传送，是一个复杂的问题，一般原则有：一是选择的媒体能准确地呈现信息内容；二是选用的媒体符合学习者的经验与知识水平，容易被接受和理解；三是选用的媒体容易获取，付出的代价较小，却能取得好的效果，依据这些原则，教师首先在现在的媒体中选择合适的，其次是去购置，最后是自行设计和编制新的教育传播媒体。

步骤三是施教阶段。教育信息通过教育媒体传出信号，施教后，教育者要做好每次施教的结构设计，施教时，有步骤地按教学结构方案施教。尽量减少干扰，确保施教的质量。如课堂教学传播，要考虑教学对象是几十人还是几万人，范围是在几十至几百米之间；每一节课，从开始到结束，教师如何口语传播，何时利用媒体，用何种媒体等。

步骤四是学生的信息译码阶段。受教育者首先通过视、听、触等感觉器官接受传来的信号，再依据自身的知识与经验,将信号通过神经系统转换为相应的符号,存储在大脑中。

受教育者接收信号解释信息后,增加了知识,但能否达到预定的教学目标,可以通过观察学生的氛围变化,课堂提问,阶段性考试进行评价。评价的结果会反馈信息。教师通过掌握的反馈信息,与预定的教学目标进行比较,发现教学传播中的不足,再调整教学信息、教学媒体、施教阶段,再次传播。如课堂提问时发现问题,及时调整传播;课后考试中发现问题,可集中式个别辅导。

实践提高

1. 学习理论有哪几个主要流派?它们的主要观点是什么?
2. 传播学主要包括哪些内容?
3. 根据"经验之塔"理论,课堂上采用了哪些手段使学生获得不同层次的学习经验?
4. 如何看待新时期师生的角色?教师能否完全被技术取代?

任务1.2　初步学习教学设计

1.2.1　认识教学设计的概念

任务描述

了解教学设计的内容和特点。

知识准备

教学设计是运用系统的方法,分析教学中的需求,从而确定教学目标,建立解决教学问题的策略方案和步骤,并试行解决方案,评价试行结果和对方案进行修改的一种计划过程和操作程序。它是以优化教育效果为目的,系统科学思想是教学设计的主导思想,教学设计是教育技术的核心。

任务实施

1. 教学设计的内容

教学设计是教学系统设计。其将课程的设置、教学大纲、教学计划、课堂教学、教学媒体等看成不同层次的教学系统,并将教学系统作为它的研究对象。

2. 教学设计的特点

(1)教学设计应用的是系统理论与方法。创造性地分析解决问题是核心,通过分析,设计出尽快地、有效地达到学习目标的方案。

(2)教学目的的确定必须建立在对系统环境的分析上,即从需要分析中确定问题,形成教学目的。

(3)学习目标是用可观察的行为术语来描述的,使师生双方对学习产生的结果都很清楚,使学习者主动参与、教师准确进行判断,为评价学习结果提供可测量的标准。

(4)对学习者的了解与沟通是系统成功的要素。只有了解学生,才能提供适应每个学生特点的学习情境，从而发挥和完善其才能；只有思想上沟通，才能发挥整体优势，促进教学优化。

(5) 设计研究和工作的重点在教学策略的计划及媒体材料的选择与开发上，即如何实施成功的教学。

(6) 评价是设计和修改过程的一部分。教学设计制定的策略须经过多次反复试行与修改才能达到最优效果。评价所提供的反馈是教学设计重要的调控信息。

(7) 评价的重点应放在学生自身知识、技能、情感和能力的发展上，教学设计不仅重"教"，更侧重于"学"。

1.2.2 学习教学设计过程的一般模式

任务描述

掌握教学设计过程的基本组成部分。

知识准备

教学设计过程包括学习需要分析、学习内容分析、学习目标的阐明、教学策略的制定、教学媒体的选择利用、教学设计成果的评价。

任务实施

1. 学习需要分析

学习需要分析包括问题分析、确定问题、分析、确定目的。

2. 学习内容分析

学习内容分析包括内容的详细说明、教学分析、任务分析。

3. 学习目标的阐明

学习目标的阐明包括目标的详细说明、陈述目标、确定目标、编写行为目标。

4. 教学策略的制定

教学策略的制定包括安排教学活动、说明方法、策略的确定。

5. 教学媒体的选择利用

教学媒体的选择利用包括教学资源选择、媒体决策及教学材料开发。

6. 教学设计成果的评价

教学设计成果的评价包括试验原型、分析结果、形成性评价、总结性评价、行为评价及反馈分析。

知识拓展

上述基本组成部分构成教学设计过程的一般模式，其中学习者、目标、策略和评价构成教学设计的四大基本要素。

教学系统是开放的，教学过程是一个动态的过程，涉及的环境、学习者、教师、教学信息、媒体等各个因素都是处于变化之中，若对其中一个部分做出某些改变都将影响其他部分，应当在学习借鉴别人模式的同时，充分掌握教学设计过程的要素，根据不同的情况要求，决定设计如何着手，重点解决哪些环节的问题，创造性地开发自己所设计的模式。

1.2.3 学习教学目标

任务描述

了解教学目标的含义，掌握教学目标的主要内容。

知识准备

制定精确的教学目标是系统的教学或教学过程中最重要的关键步骤之一。教学目标是对学习者接受教学以后，将能做什么的一种明确的、具体的表达。

任务实施

教学目标有以下两个方面的含义：

第一，教学目标表述的是学习者的学习结果（包括语言信息、智力技能、认知策略、动作技能和情感）。

第二，教学目标的表述应力求明确、具体，可以观察和测量。避免含糊不清和不切实际的语言表述。

知识拓展

教学目标的主要内容包括以下几项。

1. 主体

主体即教学对象。

2. 行为

描述行为的基本方法是选择合适的动宾结构短语，其为行为动词说明学习类型，宾语说明学习内容，如"知道""领会""了解"等。

3. 条件

条件表示学习者完成规定行为时所处的环境，包括环境因素、人的因素、设备因素、信息因素和时间因素。

4. 标准

标准是行为完成的质量水平：完成行为的时间限制、准确性、成功的特征、评定行为。

1.2.4 学习教学设计的成果评价

任务描述

了解教学评价的概念和评价的目的，掌握教学设计成果评价所包含的主要内容。

知识准备

教学评价是指以教学目标为依据，制定科学的标准，运用科学的方法和手段，对教学活动的过程及其结果进行测定、衡量，并给予价值判断。

教学评价的最终目的是评定学习者通过学习是否已达到预期的目标，并通过反馈信息，发现教学中存在的问题，为今后的教学活动做出决策。

任务实施

教学设计的成果评价主要包括以下几个方面的内容。

1. 制订评价计划

评价计划包括收集资料、确定评价标准、选择被试人员、阐明试用成果的背景条件。

2. 选择评价方法

选择评价主要包括测验、调查和观察三种评价方法。其中测验适用于收集认知目标的学习成绩资料；调查适用于收集情感目标的学习成绩资料；观察适用于收集动作技能目标的学习成绩资料。

3. 试行设计成果

首先要向被试者说明设计成果的有关情况，然后试行教学，同时组织部分评价人员观察教学，待教学试行结束，可用问卷形式收集资料和意见。

4. 归纳和分析资料

归纳资料可制成图表，与教师、专家、学生共同分析资料，最后将资料结果综合，再分析，并在此基础上修改设计成果的方案。

任务 1.3　认识计算机辅助教学

1.3.1　学习计算机辅助教学系统的组成

任务描述

了解计算机辅助教育的概念，掌握计算机辅助教育的组成。

知识准备

通常将计算机在教育领域中的应用称为计算机辅助教育。具体又可分为计算机辅助教学（CAI）和计算机管理教学（CMI）。

任务实施

1. CAI 的概念

CAI 就是利用计算机技术辅助或代替部分或全部的教学活动。

2. CAI 的原理

CAI 的原理是设计适合计算机使用的教材，通常将课程内容划分成小的教学单元，在每个单元中，教学详细规定以什么形式呈现、什么内容和提出什么问题，并力求预测和预置学生所有可能的回答和对学生回答的评价反馈，选用合适的课件制作工具编制成计算机程序，使其具有教学信息的呈现提问、应答、接受、判别及反馈等功能。

3. 课件

利用计算机进行教学、完成教学活动的软件称为课件。

知识拓展

计算机辅助教学系统（CAI）一般由计算机硬件、系统软件和课件三个部分组成。

按照教学目标、教师的教学策略和教学经验，将教学内容设计成一系列的计算机活动，供教学时让计算机运行完成教学过程的计算机程序就是 CAI 课件。它通常是使用 CAI 系统软件来编制的，是一种教学应用软件。

1.3.2 了解计算机辅助教学的特点

任务描述

了解计算机辅助教学的特点。

知识准备

计算机辅助教学具有交互性、个别化的特点。

任务实施

1. 交互性

CAI 的教学过程是在计算机与学生的直接沟通中实现的，计算机向学生发出信号，学生也可以通过诸如键盘之类的终端设备向计算机发出指令。

2. 个别化

根据学生的个人特点因材施教，即 CAI 允许学生自行控制学习进度；难度适宜，CAI 能够根据学生当前的知识水平，为学生提供适宜的学习材料；个性适应，CAI 能提供不同的学习风格，以适应不同个性的学生。

1.3.3 学习计算机辅助教学的教学模式

任务描述

掌握常见的计算机辅助教学模式。

知识准备

常见的计算机辅助教学模式有个别指导、操练与练习、教学测试、教学游戏、任务教学、模拟教学、电子书等。

任务实施

1. 个别指导

个别指导是指模拟一定的教学情景,让计算机扮演教师的角色,通过与个别学生对话来展开教学活动。

2. 操练与练习

操练与练习是指由计算机向学生呈现一系列由易到难的习题,让学生在计算机上解答,计算机立即反馈,告诉学生回答是否正确或给予适当的评价或提供正确答案的模式。

3. 教学测试

教学测试是指由计算机向学生呈现问题,学生在机上作答,计算机给予评分但不给予即时反馈。

4. 教学游戏

教学游戏是指利用计算机创设一种带有竞争性的学习环境,将科学性、趣味性和教学内容融为一体,寓教于乐。

5. 任务教学

任务教学是指在学习告一段落时,给学生布置有一定难度的任务,并要求其在一定的期限内完成。任务可以独立完成,也可以小组协作完成,然后组织交流、讨论,以提高学生运用知识、解决问题的能力。

6. 模拟教学

模拟教学是指利用计算机模拟技术构造一种可供学习者自由探索的学习环境。

7. 电子书

电子书即各种学习光盘,可以认为是自由 CAI。

任务1.4　认识多媒体课件

1.4.1　了解多媒体课件的概念

任务描述

理解多媒体课件概念,掌握多媒体课件的类型。

知识准备

课件是教师或程序设计人员根据教学要求,用某种计算机语言或课件制作系统编制的教学应用软件，课件反映了教学内容、教学目标、教学策略和教学经验。

多媒体课件是以现代教学思想为指导，以计算机、多媒体和通信技术为支撑，根据一定的教学目标，表现特定教学内容，反映一定教学策略、以学生为中心的多媒体计算机辅助教学软件。

多媒体教学课件由文本、图形、动画、声音、视频等多种媒体组成，给学生提供多种感官的综合刺激，教师通过多媒体课件可以形象直观地讲述很难描述的课程内容，提高学生学习的兴趣和积极性。

在中小学教学中，多媒体课件是对课堂教学内容的补充、深化，具有明显的作用。在多媒体课件的支持下，教师的教学手段更加丰富，教学形式更加灵活；学生的学习方式更加自主；获取知识的途径也更加广阔。

任务实施

在多媒体教学已经普及的今天，广大教师、学生、商家开发了大量的多媒体课件，从操作的角度可分为演示型课件和交互型课件。

1. 演示型课件

演示型课件在教学中指是课堂讲授演示和课外辅助演示，是为了解决某一学科的教学重点与难点而开发的，注重对学生的启发、提示，反映问题解决的全过程，主要呈现教学内容(如提纲、重点、难点、数据图表等)和演示抽象的、复杂的、用语言难以表达清楚的知识(如变化过程、宏观或微观现象、历史或未来现象、操作过程等)。这种课件在多媒体教室通过投影屏幕展示给学生。其优点是比较直观，文字清晰，尺寸比例大，用来配合课堂讲解，是最常见的一种课件类型。

2. 交互型课件

在教学中，交互型课件与演示型课件相比，具有快速切换、结构清晰、与学生互动性强等特点。在教学中，教师向学生提出学习要求，学生利用学生工作站中的交互型课件进行个别化学习。在学生进行自主学习时，教师可对学生进行监控或个别指导；在专业技能训练型课程中，交互型课件可以训练和强化学生某方面的知识和技能；在课外学生检索阅读时，交互型课件可以提供资料的检索或浏览，以获取信息，扩大知识面；交互型课件还可以应用于游戏教学，这种课件是基于学科的知识内容，寓教于乐，通过游戏的形式，引发学生的学习兴趣，教会学生掌握学科的知识并提高学习能力，是一种非常有前景的多媒体课件；利用计算机模拟仿真技术，可以实现模拟某种真实的情境的交互型课件，提供可更改的参数的指标项，当学生输入不同的参数时，及时给出相应的实验结果供学生进行模拟实验或探究学习，在具有操作性实验的学科中应用较为广泛。

1.4.2 学习多媒体课件结构及设计原则

任务描述

学习多媒体课件的结构，理解课件制作设计原则。

知识准备

从总体上看，多媒体课件很像一本书或一部交互型电影，它是由一页页或一幅幅的画面组成的，在多媒体课件中称为一帧一帧的页面。多媒体课件的基本结构由封面、说明页、目录页、内容页、封底组成。

（1）封面：运行课件时出现的第一幅页面，它的作用包括说明是什么软件、教学软件的主题、作者及联系信息、版权信息、提供退出软件和继续运行软件的途径。

（2）说明页：给首次使用课件的学习者说明课件的功能及使用方法。

（3）目录页：就像一本书的目录，供学习者选择学习内容之用。

（4）内容页：是课件的主要框面部分，呈现教学内容。

（5）封底：制作课件的人员名单页面。

需要注意：课件是为教学服务的，课件中不是必须包含上述部分，可以添加其他部分，也可以根据实际教学情况进行取舍变通，切不可生搬硬套。

知识拓展

多媒体教学课件是一种特殊的计算机软件，是学科知识等教育内容的载体，在设计过程中，要遵循教育性、科学性、技术性、艺术性等原则。

1. 教育性原则

首先要充分体现教学规律。多媒体课件对促进学生对某门学科基础知识的掌握、发展能力、培养学生的思想品德、促进学生的全面发展起到良好的作用。因此，要明确教学目的，围绕教学中的重点、难点或关键性的问题来设题立意，同时要符合学生的认知心理和智力发展水平，选择合适的课件类型，合适的表现形式和呈现方式，使课件的学习以学生为中心。

2. 科学性原则

教学过程不单单是向学生传授科学知识，更应注重培养学生科学的方法。而传授科学知识的每一个过程里，也无时不体现出方法的重要性。在多媒体课件的设计中，应根据不同学科的具体情况，准确地阐述科学知识，并将科学的方法渗透始终。

3. 技术性原则

多媒体课件设计水平的高低，技术上的因素很重要。

教学目的明确，内容准确，表述规范，文本、图形、动画、音像、视频等各媒体使用合理，搭配得当，层次分明，屏幕设计清晰高雅，色调搭配适中，生动活泼而又不失严肃，注意引导式启发，防止简单的书本搬家和呆板的说教，要充分利用计算机的交互特性，不时穿插学与教的信息交流。

要在课件的视觉表现、听觉表现、运行环境、操作界面等方面充分考虑其技术性要求，也就是说要求画面清晰稳定，构图均衡合理，色彩清新明快，画面播放流畅；解说清晰准确，音响恰当逼真，配乐紧扣主题，声音组合协调。既要适用于单机运行，又要满足局域网中文件服务方式下的本地运行要求；易于操作，可控性好。

操作简便，界面合理。应配有课件的内容简介、作者联系信息、版权声明及在线帮助等，操作键的定义要明确专一。

4. 艺术性原则

在精心设计的多媒体课件中，将抽象的科学概念、原理等知识，运用艺术手段转化为图文并茂、妙趣横生的教学内容，其中要求无论画面构图的主体对象是什么，准确、规范、鲜明、真实性是第一位的，还要做到画面艺术形象协调完整、主题突出。根据教学意境，该明快的明快,该低沉的低沉,应用不同色调表现不同的主题和内容,创设不同的意境,塑造不同的形象。在多媒体课件中,还应充分发挥音乐和解说的魅力,增加画面形象的表现力和真实感,在注意力高度集中的情况下认识客观事物的内在规律,获得更多的知识。

1.4.3 学习多媒体课件制作过程及所需的工具软件

任务描述

了解多媒体课件的开发流程,掌握制作多媒体课件需要的工具软件。

知识准备

计算机课件是一种计算机软件,其开发的具体过程及其组织应按照软件工程的思想和方法进行。由于多媒体课件面向教学,且具有数据量大、交互性强的特点,从而决定了多媒体课件的开发有其独特的方法。多媒体课件的开发流程可分为分析、设计、制作、测试评价四个部分。

(1)分析。分析阶段通常包括课件的需求分析、内容分析、使用对象分析等几项任务。需求分析就是分析课件是否符合学生学习的需求,即分析课件开发的必要性;内容分析主要解决"教什么?""怎么教?"的问题,前者主要确定教学的范围和深度,后者则确定教学中所采用的策略;使用对象分析即分析学习者在从事新的学习或练习时,其原有知识水平或原有的心理发展水平对新的学习的适应性。

(2)设计。教学设计是课件在开发过程中最能体现教师教学经验和教师个性的部分,也是教学思想最直接、最具体的表现。该阶段主要任务包括详细分析教学内容、划分教学单元、确定课件制作的具体计划。教学内容分析指的是根据教学目标,具体划分出教学内容的范围,揭示教学内容各部分之间的联系;教学单元划分的依据是课程标准,划分前应当仔细地分析教材和参考书,将教学目标逐步演化成一系列的教学单元。并根据教学内容的难易程度和知识体系情况,选择控制教学单元前进的策略,即确定课件的结构方式。一个教学单元进行一小段相对独立的教学活动。一般来说,在一个教学单元中主要讲授一个新概念或一个知识点,然后从学生那里取得回答信息,并对回答做出反馈。具体确定要传授的教学内容,详细规定呈现教学内容的信息形式、向学生提出的问题及对学生回答问题的各种可能答案做出预计并准备相应的反馈信息等,都是教学设计阶段的任务。

(3)制作。课件的制作合成是一项复杂烦琐的系统工程。首先要选择合理的多媒体制作工具,如Photoshop、Flash等,根据脚本制作出所需要的素材,然后选择课件的集成工具,如PowerPoint、Flash等,根据制作脚本制作出交互性强、使用方便、视图美观的多媒体课件。

(4)测试评价。课件评价与测量是课件制作过程中的一个重要阶段。该项工作实际上应存在于课件制作的环境分析、教学设计、程序编写的每一阶段之中。在课件正式使用之前,还应进行较为全面的评价,检验课件是否达到预期的效果,在教学中能否发挥应有的作用,是否完备,还有哪些需要补充、修改和完备的地方。

知识拓展

目前,制作课件的工具软件可分为在线版和本地安装版。常用的本地安装版有以下两种。

1. PowerPoint

PowerPoint 是微软公司出品的制作幻灯片的软件，其优点是做课件比较方便，很容易上手，制作的课件可以在网上播放，好多教师用此软件制作课件，它只能出现一些图片、视频、文字资料，起到展示作用，交互方面用起来比较有限。

2. Flash(Animate)

Flash(Animate)是 Adobe 公司出品的优秀网络动画设计软件。其是一种交互式动画设计工具，用它可以将音乐、声效、动画及富有新意的界面融合在一起，以制作出高品质的动画效果。它使用矢量图形和流媒体播放技术，矢量图形可以任意缩放尺寸而不影响图形的质量，由于使用的是矢量图，文件小，传输速度快，有利于网上的广泛传播，助长了高速动画的崛起。关键帧与动画补间技术、图层技术实现图层间相互独立的编辑、需要重复使用的动作和造型画面进行元件的转换、库的应用等都提高了动画制作的质量及工作效率。这些人性化的工具操作及展示效果，也使 Flash 动画为大众所接受。

Flash 是集矢量绘画、动画编辑、特效处理、音效处理、多媒体动画合成众多功能于一身的动画制作软件，功能强大，综合众多环节在 Flash 里完成，制作成本低。

Flash 动画加入了创造性的交互功能，更好地满足了学生的需要，它可以让学生的动作成为动画的一部分，通过单击、选择等动作决定动画的运行过程和结果，让学生在欣赏作品的同时能够参与其中，是交互型课件的最佳制作工具。

实践提高

1. 什么是多媒体课件？
2. 多媒体课件制作中应遵循哪些原则？

任务1.5　认识微课

1.5.1　了解微课的概念

任务描述

了解微课的概念、微课的发展历史。

知识准备

"微课"的说法最早出现于 1960 年，美国爱荷华大学附属学校提出微型课程（Mini-course，也可称为短期课程或课程单元）的说法。20 世纪 90 年代，新加坡教育部开始实施 Micro Lesson 项目，旨在培训教师将课程时间压缩至 30 分钟至 1 小时，力求教学目标单纯集中，为学生提供有效的学习支架。进入 21 世纪后，英国启动教师电视频道，每个视频时长 15 分钟，频道开播后得到了教师的普遍认可。2007 年，孟加拉裔青年可汗成立了非营利性网站——可汗学院，他通过使用写字板、麦克风等硬件设施在 10 分钟之内讲解一个问题，然后将每集视频课程放到网上并解答学习者的问题。2008年，美国新墨西哥州圣胡安学院的戴维·彭罗斯教授首创了影响广泛的"一分钟的微视频"——微课程，其核心理念要求教师将教学内容与教学目标紧密地联系起来，以产生更加聚焦的学习体验。

微课因其网络化、碎片化、视频化、可移动性等特点迎合了现代学习者的需求（张中兴，2014），在国外引起了广泛的关注。

2010年，广东省佛山市举办了中小学微课设计与制作大赛，佛山市教育局在大赛中首次正式提出微课的概念。2011年，"佛山市中小学优秀微课作品展播平台"和"微课网"创立，微课自此开启了在实践层面上的建设与发展。广东省佛山市教育局电教站的胡铁生先生，在2011年从区域教育信息资源发展的角度提出了微课的定义，他对微课的定义是：微课又名微课程，是微型视频网络课程的简称，它是以微型教学视频为主要载体，针对某个学科知识点（如重点、难点、疑点、考点等）或教学环节（如学习活动、主题、实验、任务等）设计开发的一种情境化的、支持多种学习方式的新型网络课程资源。

2014年，华南师范大学胡小勇教授对微课进行了新界定。微课是以微视频为核心载体，针对某个知识点、技能点，或者结合某个教学环节（如学习活动、过程、实验、任务等）和某种教学方式（自主学习、协作学习、探究学习），而精心设计和开发的一种微型数字化学习资源。

任务实施

国内对微课内涵认识主要观点还有以下四点：

微课是指以视频为主要载体，记录教师围绕某个知识点或教学环节开展的简短完整的教学活动（教育部全国高校教师网络培训中心，2012）。

微课是以阐述某一知识点为目标，以短小精悍的在线视频为表现形式，以学习或教学应用为目的的在线教学视频（焦建利，2013）。

微课程是指在10分钟以内，有明确的教学目标，内容短小，集中说明一个问题的小课程（黎加厚，2013）。

微课是微课程系统中的要素之一，是以微型教学视频的形式帮助学生完成任务单给出的任务的配套学习资源（金陵，2015）。

知识拓展

微课的微，最早是源于在线学习与移动学习，源自碎片化学习。现代职业教育的微课是基于在线学习与移动学习，利用流视频讲解或示范，教人们如何做事情，教学时间在10分钟以内，并利用信息技术支撑学生的讨论与练习等活动的一种信息化教学形式。

微课的视频要控制好时长，建议微视频的时长控制在5~8分钟为佳。微视频一般采用的是网络流媒体播放，所以，在保存的时候，一般保存为易于在网络和移动环境中分享与使用的格式，如MP4、FLV、WMV的。

微课不仅包括教学微视频，一段音频、动画、文字、图片也都可以是微课的载体。基于某个主题、单元项目等，系列开发的多节微课，称之为微课程。微课程的微课之间有一定的逻辑关系。

实践提高

1. 什么是微课？
2. 微课有哪些特点？

1.5.2 认识常见微课类型

任务描述

认识常见的微课类型，了解各类型微课的特点。

知识准备

不同的内容可以用不同类型的微课来教授，不同类型的微课所能达到的教学效果各有不同。

任务实施

（1）按课堂教学环节来分，可将微课划分为课堂导入型微课、问题型微课、故事讲述型微课、演示型微课、习题讲解型微课等。

1）课堂导入型微课：导入是在课堂开始的前几分钟内，师生围绕着教学内容展开的教学活动。课堂导入型微课是指教师根据课程教学内容的特点和教学需求，利用各种方法导入新课内容来激发学生的思维，以此引起学生对新知识、新技能浓厚学习兴趣的教学微视频。

2）问题型微课：是指教师根据课程教学内容的特点和教学需求，创设问题情境，提出问题来导入新课内容以激发学生的思维，引起学生对新知识、新技能浓厚学习兴趣的教学微视频。国际课程教学专家格兰特·威金斯说："明确问题，可以使学习活动的组织超越那种时时存在的随意性。"问题导入法的主要特点是悬念性，教师在抛给学生一个有价值的悬念后，慢慢引导学生寻找答案，让学生步步紧跟，保持学生的注意力。

3）故事讲述型微课：是运用故事叙述策略，设计故事主线来串联知识点，制作而成的微课。爱因斯坦说："兴趣和爱好是获得知识的动力。"对于一些抽象难懂的教学内容，运用故事讲述型微课，创设教学情境，通过精心设计的情节，将故事与教学内容联系起来，构建一个崭新的教学情境，利用生动形象的图片、音乐、视频、动画制作故事讲述型微课，可以使学生犹如身临其境全心投入其中，而更深刻地理解和记忆教学内容，故事运用得好，课堂教学能深入浅出，寓教于乐。

4）演示型微课：又可分为技能演练型微课和实验展示型微课。技能演练型微课是为训练学生掌握某种特定技能，通过演示操作步骤，让学生掌握某种技术能力和方法的微课。技能演练型微课的应用范围十分广泛，在中小学信息技术、体育、美术、安全教育等具体学科和职业技能培训中均能展开。在技能演练型微课中，需要理论知识的支持时，可以在演示之前提出与该项技能相关的理论知识，也可以在操作过程中穿插讲解必要的理论。技能演练型微课中的操作步骤是一步一步有顺序关系的，所以在技能学习时，要符合小步子原则，要强调步骤分解，逐步掌握每项技能。实验展示型微课直接展示老师、学生的实验操作过程。实验展示重在展示实验的过程与规范操作，需要让学生看得懂并且能模仿操作；实验展示型微课是基于实验教学需求（引导、探究、操作、巩固等），由教师（或学生）根据科学原理控制实验对象，使实验发生或再现的一类微课。

5）习题讲解型微课：重在剖析思路，适合理科类学科知识的教学。无论是哪个学科，解题思路都格外重要，所以在设计习题的讲解时，要注重讲解过程的分析、解题方法的归纳。习题讲解型微课，在选题时要选取经典题目，在讲解时，教师要将解题的方法和思路清晰地显示在微课中，在分析例题后，请学生做出练习并给予评价，在微课的最后对整节微课的各个环节进行总结与回顾，并提出相应的掌握程度的要求。

（2）按实现的载体来分，可将微课划分为录制式微课、虚拟场景式微课、交互动画式微课。

1）录制式微课：是利用摄像机、手机或录屏软件在教室、工作室、普通住宅或户外等普通环境，录制授课内容，通过非线性编辑软件进行编辑，最终生成微课。录制式微课为最常用、最简单的微课实现方法，非专业的普通教师也可独自完成整个制作过程。

2）虚拟场景式微课：需要特殊的录制环境和特殊的录制背景录制授课内容，再通过影视后期剪辑软件将授课内容与虚拟场景进行合成，最终生成微课。虚拟场景式微课对录制环境有特殊要求，制作过程相对复杂。

3）交互动画式微课：需要前期策划、编剧剧本创作，后期制作原画、分镜、模型、动画、特效、合成、剪辑，最终制片统筹等，制作过程最为复杂。

实践提高

1. 常见的微课类型有哪些？
2. 你使用过的微课有哪些？

1.5.3 学习微课结构

任务描述

了解微课的结构，学习不同类型微课结构的特点。

知识准备

在制作微课之前，要做一些准备，首先，要写出微课框架即脚本设计，而且这个微课框架内容要能够在3~8分钟讲解清楚；其次，需要一些有关知识点的图片、视频、音频等素材。

任务实施

一般的微课包括标题（片头）、目录、正文（正片）和总结（片尾）四个部分。

（1）标题：又称为微课的片头，一般为5~10秒，应包括模块名称，主要知识点，微课名称，主讲教师单位、姓名等信息，微课片头与微课介绍。

（2）目录：主要是呈现微课教学的目录，最好能制作成交互式菜单按钮，学习时可以根据需求自由选择学习微课的内容。

（3）正文：又称为微课的正片，包括导入部分和内容页。导入部分是微课主题下的一些问题及案例，引起学生的注意。微课的内容页主要是呈现微课教学的具体内容，需显示微课的名称、模块及知识点信息。内容可以有若干页，每页上要有要点，包括其中的难点、易错点，以及解决技巧等内容，该页上要显示关键词、相应的图形、视频素材等。内容页一般要有3～7页，每页不超过1分钟。

（4）总结：又称为微课片尾，总结包括内容总结及微课的片尾制作。内容总结简单明了，降低理解记忆难度；微课片尾要呈现出微课的联系方式等信息，时间长度一般在5秒之内。

知识拓展

微课也是课，因此要按照课的基本要求来对待。在脚本框架的设计中，只设计一个教学目标，在导入页时以学生的兴趣方向为切入点，在内容页聚焦教学目标，让学生明确学习什么。不同的微课类型，正文的结构也略有不同。

课堂导入型微课：选择导入方法→展示导入材料→引导与点评→引入教学内容。

问题型微课：提出问题→分析问题→解决问题。

故事讲述型微课：教学内容和学习者分析→故事脚本设计→收集微课素材合成微课。

实践提高

1. 一般的微课包含哪几部分？
2. 微课结构设计中要注意什么？

1.5.4 学习微课的设计原则

任务描述

在微课的设计与制作中，"以学生为中心，以学生为主体"是一个不可动摇的原则。那么如何做好一个"学生喜欢的微课"？

知识准备

做好一个"学生喜欢的微课"，要遵循以下原则：

（1）要符合国家的有关法律、法规、方针政策，无政治性、知识性、科学性错误。

（2）用学生喜欢的故事和材料作为背景，快速抓住学生的眼球，微课的内容必须科学正确，要遵守学科规律，做到内容科学、准确，教学内容高度聚焦。

（3）微课的内容与学生要有共同的经验。要结合教学目标，做进一步的设计和深入的引导，能够围绕学科教学中重点、难点问题展开，有效帮助学生跨越学习障碍，帮助学生理解与应用知识，取得满意的学习效果。

（4）要清晰呈现关键点。微课虽然时间短，但仍然要表达一个完整的内容，围绕一个主题，有引入讲解和结论。重要的讲解，应当讲清是什么；关键技能的教学应分步演示如何做，对于"习题讲解型"微课的教学应当讲透关键点。

（5）微课源于在线学习与移动学习，源自碎片化学习。微课的制作要控制好时间，单节微课的时长最好控制在5～8分钟。

任务实施

案例分析：技能型微课《插入艺术字》

1. 微课导入，激发兴趣

如图 1-1 所示，在微课开始时，教师以学生在排版时，插入不同的文字为兴趣和需求，导入本节微课的学习内容，以各种类型的文字为悬念导入，对将要学习的艺术字进行铺垫，激发学生的学习兴趣。

图 1-1　各类艺术字

2. 分步讲解，明确步骤

步骤 1，插入艺术字，如图 1-2 所示；步骤 2，设置艺术字，如图 1-3 所示；步骤 3 对艺术字进行调整。通过录制屏幕，一步一步准确地呈现插入艺术字并设置艺术字的过程。

图 1-2　插入艺术字

图 1-3　设置艺术字

3. 操作演练，直观呈现

明确操作要点及步骤之后，快速简单地演示插入艺术字，设置艺术字格式，调整艺术字。

4. 技法拓展，思维发散

在操作中，一定要先选中艺术字，然后进行格式设置。在艺术字格式设置中，不仅有形状样式、艺术字样式，还有排列和大小，可以根据要求进行格式设置。需要注意的是，艺术字的大小是指艺术字的区域大小，并不是指这个字的大小，这个字的大小可以在菜单栏的"开始"→"字体"里进行设置。可以让学生根据以上的方法来制作艺术字，练习一下"形状样式"里的"形状填充"和"形状轮廓"，看一看这样添加的艺术字有什么样的效果？这样可以发展学生的创作思维。

5. 展示作品，明确要求

在讲解完成操作方法之后，教师可以展示多个艺术字作品的成果，为学生提供思路，最后明确本次课的学习目标，让学生将自己的作品发给教师，引导学生分享自己的学习成果。

实践提高

1. 微课设计的主要原则是什么？
2. 在微课设计中需要注意的有哪些？

1.5.5 认识微课所需的工具软件

任务描述

微课的制作有很多技术手段和工具软件，常用的有三种，即录制式微课，虚拟场景式微课，交互动画式微课。

知识准备

录制式微课：利用录像机、手机、录播室、电子白板、Camtasia Studio 录屏软件等录制，利用非线性编辑软件剪辑制作成的微课。

虚拟场景式微课：在特殊背景前录制授课内容，利用 AE、PR、Camtasia Studio 等影视后期工具将授课内容与虚拟环境合成并编辑制作成的微课。

交互动画式微课：利用 Flash、AE 等动画软件制作成的微课。

任务实施

录制式微课：使用录像机、手机拍摄教师的教学过程或录屏软件录制教师在计算机中的操作过程，教师可以按照日常习惯进行讲课，无须改变习惯，黑板上的内容与教师画面同步，还可以拍摄纸笔的演算或书写。

虚拟场景式微课：教师需要在摄影棚中绿色或蓝色背景前完成授课过程，由于后期需要进行抠图，对教师的着装、头饰都有特殊要求，需要改变日常习惯，适应拍摄环境完成授课。虚拟背景的选择需要根据课程内容适当选取。

交互动画式微课：是指在微课中能实现简单的互动，包含故事情境、人物形象的微课。该类微课制作成本较高，需要教师与专业制作团队前期充分磨合，中期密切配合，保证最终微课符合教学要求。

知识拓展

录制式微课，教师不出镜时，需要注意避免遮蔽摄像头；画面上画定位框，书写时不能超出定位框，以免画面移出镜头。教师出镜时，化淡妆会显得整个人都非常精神，拍摄出来的效果也比较好，头发不要看起来是凌乱的，否则影响整体的效果，衣服除不要穿得过于靓丽外，白色的和黑色的衣服也尽量不要穿，衣服上有些隐隐的纹理或者图案，效果会不错。

录制幻灯片演示型微课时，首先要针对选定的教学主题，收集教学材料和媒体素材，制作PPT课件；其次调整好麦克风的位置和音量，控制好制作场所的噪声，利用PPT的录制旁白功能开始录制，老师讲解并演示教学内容，之后录制结束后保存并创建视频。需要注意的是，某一页内容因口误等原因录制不好时，可以单击"重复"按钮即可重新录取这一页。

实践提高

1. 常用的微课制作软件有哪些？
2. 如何选择微课制作工具软件？

1.5.6 学习微课制作过程

任务描述

微课可以从选题设计、呈现、技术、效果等几个方面去评价，那么如何制作一个好的微课呢？

知识准备

微课制作过程包括选题→设计→制作→测试评价。

（1）选题。内容科学，目标明确，选题要合适。一节微课讲授一个知识点，那么将教学中的重点、难点作为一个知识点，用来制作微课，是一个较好的选择。

（2）设计。一节好的微课，要发挥它的强大威力，必须建立在好的教学设计基础之上，从微课的选题内容、组织教学、策略演示、呈现方法等方面来精心设计，才能保证教师讲透一个知识点。在进行教学设计时，要对某个知识点或教学环节进行精准细致的设置，恰当运用各种教学方法，合理安排每个环节的内容，形成优秀、有创意的教学设计，同时，教师可以采用问题引导、启发、任务驱动等教学策略。

微课的设计应从教学目标制定、学习者分析、内容需求分析、教学媒体选择等方面进行综合考虑，这样教师才能在短时间内运用最恰当的教学方法和策略，讲清、讲透一个知识点，让学生在最短时间内高效掌握和理解学习内容。

（3）制作。

步骤1：针对微课主题，进行详细的教学设计，形成教案。

步骤2：用微课录制软件进行录制。

步骤3：对视频进行简单的后期处理，如必要的编辑和美化。

（4）测试评价。

1）选题要是重点和难点。

2）教学设计体现信息化教学设计的思想。

3）讲解准确，言简意赅。

4）音视频及多媒体等技术实现要准确规范。

5）学习者使用的效果要明显有效。

一般来说，知识点多、逻辑复杂的内容，通常使用 PPT 生成视频，制作成故事讲述型微课，使用动画软件制作视频会更生动有趣。

1. 微课制作过程包括哪些内容？
2. 微课设计的关键是什么？

通过本项目的学习，了解了现代教学手段和现代教育技术的理论基础，认识了教学设计的一般模式，了解了教学媒体的分类及功能，认识了多媒体课件，学习了计算机辅助教学设计的模式，掌握了微课的类型、设计原则、制作过程。

一、选择题

1. 下列属于教学媒体划分类别的是（　　）。
   A. 计算机类教学软件　　　　　　B. 电子化教学软件
   C. 传统教学软件　　　　　　　　D. 以上均是

2. 下面选项中属于软件的媒体是（　　）。
   A. 照相机　　　　　　　　　　　B. 光盘
   C. 多媒体计算机　　　　　　　　D. 投影仪

3. 教学媒体按照其作用于人的不同感官可以划分为（　　）。
   A. 传统媒体和现代媒体
   B. 硬件和软件
   C. 电子类和非电子类
   D. 视觉媒体、听觉媒体、视听媒体和交互媒体

4. 音乐课上老师给同学们播放英雄赞歌的电影片段，体现了媒体（　　）特性。
   A. 工具性　　　　B. 硬件　　　　C. 软件　　　　D. 表现力

5. 下列选项属于教学媒体中硬件的是（　　）。
   A. 录音带　　　　B. 幻灯机　　　C. 计算机　　　D. 投影仪

6. 下列选项属于非印刷教学媒体的是（　　）。
   A. 光学投影　　　B. 电视　　　　C. 计算机　　　D. 挂图

7. 我国教育技术的出现是以下面（　　）的出现为标志。

A. 计算机辅助教育   B. 网络技术应用
C. 电化教育   D. 虚拟技术

8. 下列选项属于建构主义理论的观点是(   )。
A. 学习是塑造行为的过程
B. 学习是个人根据已有的认知结构主动探求知识的过程
C. 学习是个体根据自己已有的认知主动建构的过程
D. 学习是个体不断尝试错误的过程

9. 建构主义认为在教学中教师的角色是(   )。
A. 知识的传播者   B. 学生的保姆
C. 学生的家长   D. 学生的帮助者

10. 下列(   )学习理论认为学习是学生建构自己的知识的过程，学生是信息意义的主动建构者。
A. 认知结构   B. 信息加工
C. 建构主义   D. 尝试错误

二、简答题

从建构主义的认识论和学习观出发，如何指导教学系统的设计和教学环境的设计？

项目 2 认识多媒体教室

教学与学习目标

知识目标：
◇ 了解多媒体教室的基本构成；
◇ 了解投影仪的作用和种类；
◇ 了解电子白板的作用和种类；
◇ 掌握投影仪的基本使用方法；
◇ 掌握白板的基本使用方法；
◇ 掌握 PowerPoint 演示文稿的制作方法。

能力目标：
◇ 能够正确使用多媒体教室进行授课；
◇ 能够灵活运用电子白板辅助教学；
◇ 能够运用 PowerPoint 创建、编辑和放映演示文稿；
◇ 能够运用文本、图形及多媒体对象制作图文并茂的幻灯片；
◇ 能够在幻灯片中进行动画效果、切换效果、超链接等设置。

多媒体教室由多媒体计算机、电子白板、投影仪、中央控制系统、音响设备等多种现代教学设备组成。多媒体教室是进行现代化教学的设施，担负着师生日常多媒体教学的任务。借助多媒体设备，可以从视听的角度提供给学生更多、更有趣的知识和信息，扩大学生的知识面。利用动画技术和影视技术可以使抽象的概念、深奥的理论简单化与直观化，以有利于学生理解、吸收。利用多媒体教室进行教学，能更好地突出重点、突破难点，促进学生学习。

任务 2.1　学习多媒体教室构成

2.1.1　了解多媒体教室的基本构成

了解多媒体教室的基本构成。

项目 2　认识多媒体教室

知识准备

多媒体指的是由文本、声音、图形、图像、动画、视频等基本媒体，以两种或两种以上形式存在和表现的形式。一般多媒体教室就是通过装备合适的硬件设备，实现将多媒体的信息还原展现。为此，多媒体教室的配备应尽可能完备，使教学过程中对媒体记录信息的表达不受限制，以期达到尽可能完善的应用。

多媒体教室可以应用于传统的课堂教学，是一种计算机辅助教学手段，是实现学校信息化教育的基础。通过网络连接，多媒体教室也是远程教学系统的组成部分，既可以教室互通、校际互通，充分共享教学资源，也可以利用多媒体教室的技术和组成部件，通过网络，使学生在家或在办公室学习，实现终身教育。

任务实施

多媒体教室一般要求具备的主要功能有：能播放文本、图像、动画、视频、音频等多种媒体信息；配备音响系统和照明等相关辅助设备；可与多种信息网相连等。

多媒体教室至少包含计算机、电子白板和投影显示设备，如数字投影仪、实物投影仪等，如图 2-1 所示。计算机装有白板软件，通过 USB 连接线与电子白板连接，通过 USB 接口传输数据和供电；投影仪通过 VGA 连接线连接计算机，通过 VGA 接口进行数据传输；投影仪可以由遥控器控制，通过电子白板的电子笔实现交互。多媒体教室还可以包含摄像、视频/音频接收设备、网络连接设备供接入因特网/局域网等，其他的信号源设备、切换器、音响系统、终端设备可根据需要选择。

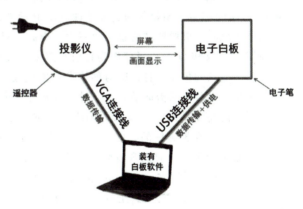

图 2-1　多媒体教室基本配置

实践提高

说一说多媒体教室的功能与基本组成。

2.1.2　认识投影仪

任务描述

了解投影仪。

知识准备

投影仪又称为投影机，是一种可以将图像或视频投射到幕布上的设备，可以通过不同的接与同计算机等相连接，播放相应的视频信号。投影仪广泛应用于家庭、办公室、学校和娱乐场所。

任务实施

目前多媒体教室中使用的投影仪按投影原理划分，主要可分为 CRT 投影仪、LCD 投影仪和 DLP 投影仪三类。

（1）CRT(Cathode Ray Tube)投影仪的核心部件是 CRT 阴极射线管，通常所说的三枪摄影机就是由三个 CRT 投影管组成的投影仪。CRT 投影仪的优点是显示的图像色彩丰富，还原性好，具有丰富的几何失真调整能力；缺点是亮度很低，操作复杂，体积庞大，对安装环境要求较高，并且价格昂贵。目前多媒体教室中几乎不配置这类投影仪。

（2）LCD(Liquid Crystal Display)投影仪（液晶投影仪）是目前投影仪市场上的主要产品。投影仪利用液晶的光电效应，即液晶分子的排列在电场作用下发生变化，影响其液晶单元的透光率或反射率，从而影响它的光学性质，产生具有不同灰度层次及颜色的图像。LCD 投影仪亮度均匀，色彩还原较好，分辨率高，体积小，质量轻，操作、携带方便，并且价格比较低廉，因此成为投影仪市场上的主要产品。目前市场上出现的 LED 投影仪，体积小，寿命高，但亮度不高，需要一定的空间才能部署。

（3）DLP(Digital Light Processor，数码光路处理器)投影仪（数码投影仪）以 DMD(Digital Micromirror Device)数字微镜作为成像器件。DLP 投影仪采用的是一种反射式投影技术。其特点是图像灰度等级高，成像器件的总光效率大大提高，对比度非常出色，色彩锐利。

LCD 投影仪和 DLP 投影仪作为目前教室中主流配置的投影仪，两者各有优缺点，但仅从显示课堂教学信息的角度来看，这两种技术投影仪没有太明显的差别，配置时可根据具体情况选择。投影仪的主要技术指标是亮度、对比度和分辨率等参数。

投影仪的亮度越高，所显示的画面亮度越高、越清晰，对教室环境亮度要求也越低，但价格也会越高。在投影仪的亮度选择上往往存在一些误区，其实投影仪亮度较高和较低都容易使学生眼睛疲劳，长时间观看眼睛会肿胀、流泪。因此，可根据教室的光线和大小，一般教室（40～60 人）选择 1 500～3 000 流明的亮度即可。

投影仪的安装方式有桌式正投、吊顶正投、桌式背投、吊顶背投等。一般来说，如果投影仪固定使用，可选择吊顶方式。如果有足够的空间，选择背投方式整体效果最好。

实践提高

说一说投影仪在多媒体教室中的作用及种类和选择策略。

2.1.3 认识电子白板

任务描述

了解电子白板。

电子白板是汇集电子技术、软件技术等多种技术手段研发的技术产品。其通过应用电磁感应原理，结合计算机和投影仪，可以实现无纸化办公及教学。

任务实施

电子白板由普通白板发展而来，最早出现的电子白板是复印型电子白板，随着技术的发展及市场的需要，出现了交互式电子白板及触控一体机。

交互式电子白板可以与计算机进行信息通信，将电子白板连接到计算机，并利用投影仪将计算机上的内容投影到电子白板屏幕上，在专门的应用程序的支持下，可以构造一个大屏幕、交互式的协作会议或教学环境。利用特定的定位笔代替鼠标在白板上进行操作，可以运行任何应用程序，对文件进行编辑、注释、保存等。目前，多数学校都采用交互式白板作为多媒体教学用具，如图2-2所示。

图2-2　电子白板

触控一体机平板式白板采用液晶面板，集结了音响、投影仪、投影幕、控制器、计算机等众多产品。它未来会取代交互式投影白板成为主流。

实践提高

说一说电子白板在多媒体教室中的作用。

任务2.2　投影仪的使用

任务描述

掌握投影仪的基本使用方法。

知识准备

目前触控一体机并未普及，各学校多在使用投影式白板，掌握投影仪的使用方法是利用多媒体教室授课的前提。

投影仪在使用过程中，最重要的是要注意使用顺序。投影仪要求电源电压持续稳定，突然断电容易造成投影仪灯泡损坏，因此，要严格按照使用步骤操作。

任务实施

1. 投影仪的开机

找到投影仪的开机键是第一次接触到投影仪时的首要任务，一般在遥控器和投影仪机身均可找到开机按钮,如图 2-3 所示。

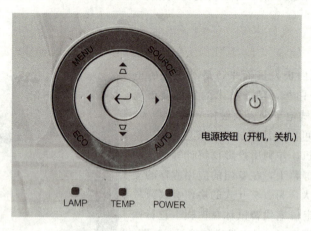

图 2-3　投影仪开机、关机按钮

2. 连接电源线

在多媒体教室中,如发现投影仪无法开机,应首先检查电源线是否连接。电源插孔一般在投影仪镜头的相对一侧,如图 2-4 所示。

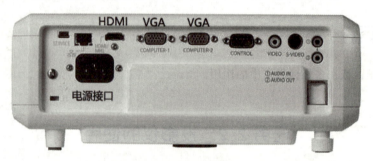

图 2-4　投影仪各种接口

3. 连接数据线

投影仪的数据线一般有 VGA 线、HDMI 线。VGA 线在开机或者关机时都可以进行连接;HDMI 线需要关机时进行连接,尽量不要热插拔,避免 HDMI 连接头烧毁。

VGA 线一般为蓝色信号源接口,有些投影仪有两个 VGA 接口,在接口旁会写有 1 和 2。HDMI 线是高清接口,接口旁会标有 HDMI 字样,如图 2-4 所示。

4. 画面调节

画面调节聚焦变焦,投影仪镜头部位有两个可转动的圆圈,一个是调画面大小即变焦;另一个是调画面清晰度即聚焦。根据需求调节即可,也可以利用遥控器进行调节。

画面调节梯形校正,有的投影机带有自动梯形校正,也可以利用遥控器进行调节。

5. 关机

关机键和开机键是同一个键,如图 2-3 所示,按关机键会出现是否确认关机的字样,再按一次关机键即可,即关机的时候须按两次键,开机的时候按一次键即可,遥控器中的关机键和开机键也是同一个键。

需要注意的是,投影仪在关机后,需要散热完成后再切断电源。

实践提高

描述正确使用投影仪的方法。

任务 2.3　电子白板的使用

任务描述

掌握电子白板的基本使用方法。

知识准备

电子白板的工作原理可分为压感原理和激光跟踪原理两种。使用压感原理的触摸式白板相当于计算机的一个触摸屏，是一种用手指或笔触及屏幕上所显示的选项来完成指定的工作的人机互动式输入设备。这种电子白板内部有两层感压膜，当白板表面某一点受到压力时，两层膜在这一点上造成短路，电子白板的控制器检测出受压点的坐标值送入计算机。使用激光跟踪原理的白板上端两侧各有一个激光发射器。白板启动后，激光发射器发出激光扫射白板表面，特制笔具有感应激光功能，从而能够反馈笔的位置。

任务实施

电子白板在第一次使用时，需要进行点定位，并根据提示操作。

电子白板在使用时，可以有三种模式：鼠标模式，用电子笔代替鼠标操作计算机，可以实现单击、双击等鼠标功能，还可以利用软键盘替代键盘；注解模式，在注解模式下，可以实现对课件、网页、Word 文档、图片等计算机当前任意页面进行标记、注释等，如图 2-5 所示；白板模式，相当于黑板，可以写板书、画图等，有输入、图形、板擦等功能。

• Introduction

• Brief introduction

As a new generation of digital educational device that will finally substitute traditional blackboards and chalks, Interactive whiteboard is a combination of edge electronic technologies, software technologies and Internet technologies. It is a revolution to the old blackboard-and-chalk pattern that has lasted for hundreds of years.

Interactive whiteboard is a PC-based input equipment, which, when connected with projector and PC, can realized functions such as writing , noting, drawing geometric graphics, editing, printing and storing. Interactive whiteboard will become mainstream equipment for teaching, meeting, remote education and information exchange in the future.

• Features

- Applying special techniques as well as advanced and reliable technologies such as electromagnetic induction and digital locating, It can create interactive environment for teaching and demonstration if connected with PC and projector under the support of dedicated software.
- Electronic pen can operate your PC instead of mouse.

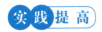

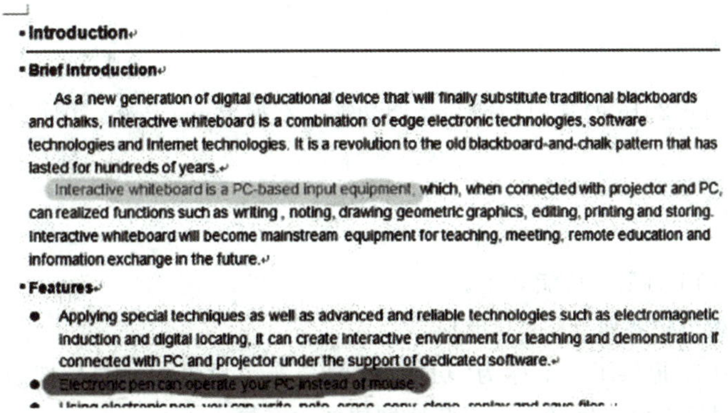

图 2-5　注解模式

电子白板的操作可以利用两侧快捷菜单来实现，不同品牌白板的快捷菜单稍有不同，基本功能如下：

鼠标：从其他模式切换到鼠标模式。
面板：显示软件操作界面。
上一页：鼠标模式下用于翻页。
下一页：注释、白板模式下用于切换操作页。
铅笔：使用不同模式下对应的铅笔功能。
毛笔：使用不同模式下对应的毛笔功能。
荧光笔：使用不同模式下对应的荧光笔功能。
颜色设置：更改笔类书写和图形类绘制的颜色。
板擦：使用不同模式下对应的板擦功能。
放大镜：使用不同模式下对应的放大镜功能。
聚光灯：使用不同模式下对应的重点突显功能。
屏幕录制：使用不同模式下对桌面的视频录制。

描述电子白板的几种使用模式方法。

任务 2.4　演示工具的使用

2.4.1　了解 PowerPoint

PowerPoint 2016 是一个演示文稿制作和演示软件，它不仅可以制作出集文字、图形、图像、声音，以及视频剪辑等多媒体元素于一体的演示文稿，而且可以在投影仪或计算机中进行演示，或在互联网上召开的远程会议中展示，或将演示文稿打印出来，制作成胶片，将其应用到更广泛的领域中。

任务描述

了解 PowerPoint 2016 的常用功能和新增功能，掌握 PowerPoint 2016 的启动与退出方法。

知识准备

PowerPoint 2016 的主要功能如下。

1. 全新的直观用户界面

PowerPoint 2016 提供了一个称为"功能区"的全新用户界面，与早期版本的 PowerPoint 相比，它可以帮助用户更快、更好、更直观地创建演示文稿。

2. 丰富的主题和快速样式

PowerPoint 2016 提供了新的主题、版式和快速样式。用户设置演示文稿格式时，只需要选择主题，PowerPoint 2016 便会执行其余的任务，即背景、文字、图形、图表和表格等全部根据主题发生变化，确保了演示文稿中的所有元素能够互补，简化了专业演示文稿的创建过程。

3. 自定义幻灯片版式

在 PowerPoint 2016 中，用户不再受打包版式的局限，可以创建包含任意多个占位符的自定义幻灯片版式、各种元素，乃至多个幻灯片母版。另外，用户还可以保存自定义和创建的版式，以供将来设计演示文稿时使用。

4. 丰富的 SmartArt 图形

PowerPoint 2016 提供了丰富的 SmartArt 图形，可以快捷地创建表达信息的可编辑图示，还可以为 SmartArt 图形、形状、艺术字和图表添加三维（3D）、底纹、反射、辉光等视觉效果，使信息交流更加轻松、直观、形象。

5. 增强的文字选项和表格、图表功能

在 PowerPoint 2016 中，提供了多种文字格式选项。功能区提供了编辑表格和图表选项，快速样式库提供了创建具有专业外观的表格和图表所需的全部效果和格式选项。

6. 丰富的幻灯片库

在 PowerPoint 2016 中，用户可以共享和重复使用幻灯片库中存储的单个幻灯片文件，也可以直接将幻灯片库中的幻灯片添加到 PowerPoint 演示文稿中，还可以将 PowerPoint 2016 中的幻灯片发布到幻灯片库。

任务实施

1. PowerPoint 启动与退出操作

（1）PowerPoint 的启动。单击"开始"菜单，选择"Microsoft Office"中的"Microsoft PowerPoint 2016"。

（2）PowerPoint 的退出。单击"文件"菜单，选择"退出"命令；也可以单击窗口右上角的"关闭"按钮。

2. PowerPoint 的视图方式

PowerPoint 2016 提供了普通、幻灯片浏览、幻灯片放映和备注页等视图方式，每种视图方便用户将处理焦点集中在演示文稿的某个要素上。

（1）普通视图。普通视图是 PowerPoint 2016 的默认视图方式，启动 PowerPoint 2016 后，直接进入普通视图方式。一般情况下，幻灯片的编辑、设计都在该视图方式下进行。

在普通视图方式下，窗口被分成大纲区、工作区和备注区三个区域。在大纲区中，有"幻灯片"和"大纲"两个选项卡，单击"幻灯片"标签，幻灯片以缩略图方式显示；单击"大纲"标签卡，幻灯片以大纲方式显示，如图 2-6 所示。

（2）幻灯片浏览视图。在"视图"选项卡"演示文稿视图"组中，选择"幻灯片浏览"命令，切换到幻灯片浏览视图方式。在该视图方式下，用户可以在屏幕上同时看到演示文稿的所有幻灯片，幻灯片按序号由小到大排列、以缩略图方式显示，如图 2-7 所示。在幻灯片浏览视图方式下，可以方便地添加、删除和移动幻灯片及选择幻灯片的动画切换方式。

（3）幻灯片放映视图。在"视图"选项卡"演示文稿视图"组中，选择"幻灯片放映"命令，切换到幻灯片放映视图方式。在该视图方式下，演示文稿将根据事先设定，以全屏方式进行连续放映，按 Esc 键，或者放映结束，退出幻灯片放映视图，返回到先前的视图状态。

(4)备注页视图。在"视图"选项卡"演示文稿视图"组中,选择"备注页"命令,切换到备注页视图方式,如图 2-8 所示。备注页视图在幻灯片下方显示注释页,可在此处创建注释。

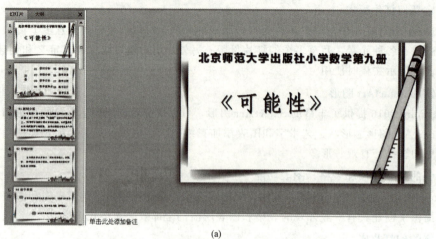

图 2-6　普通视图

(a)"幻灯片"选项卡;(b)"大纲"选项卡

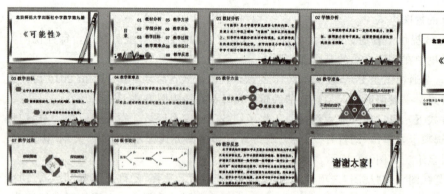

图 2-7　幻灯片浏览视图　　　　　　　　图 2-8　备注页视图

PowerPoint 2016 的新增功能如下。

1. 新增 PDF 和 XPS 格式

在 PowerPoint 2016 中，可将文档移植成 PDF 和 XPS 格式文件保存，确保在联机查看或打印演示文稿时能够保留原有格式，并且文件中的数据不会被轻易更改，便于文件共享。

2. 可以有效地共享信息

在 PowerPoint 2016 中，无论共享演示文稿、创建审批、审阅工作流，还是与没有使用 PowerPoint 的联机人员协作，都可以通过多种新方法实现与他人的共享和协作。

实 践 提 高

练习 PowerPoint 的启动与退出操作。

2.4.2 创建演示文稿

任 务 描 述

掌握 PowerPoint 2016 的基本操作。

知 识 准 备

1. 复制幻灯片

在制作格式类似的幻灯片时，可先采取复制的方法，然后进行修改，从而提高制作幻灯片速度。复制幻灯片有以下四种操作方法：

（1）在"开始"选项卡"幻灯片"组中，选择"新建幻灯片"命令右侧下拉箭头，从打开的列表中选择"复制所选幻灯片"命令，则将选定的幻灯片复制到当前位置的下方。

（2）在"大纲区"选定一张幻灯片，单击鼠标右键，从弹出的快捷菜单中选择"复制幻灯片"命令，则选定的幻灯片复制到当前位置的下方。

（3）在普通视图"大纲区"或幻灯片浏览视图中，按住 Ctrl 键，拖动幻灯片缩略图，移动到目标位置释放鼠标。

（4）利用"复制"和"粘贴"命令可以实现幻灯片的复制操作。

2. 移动幻灯片

移动幻灯片可以改变幻灯片的编号顺序。移动幻灯片有以下三种操作方法：

（1）在普通视图的"大纲区"中，拖动幻灯片缩略图，将幻灯片移动到目标位置。

（2）在幻灯片浏览视图中，拖动幻灯片缩略图，将幻灯片移动到目标位置。

（3）用"剪切"和"粘贴"命令实现幻灯片的移动操作。

3. 删除幻灯片

（1）在"大纲区"中，选定要删除的幻灯片，在"开始"选项卡"幻灯片"组中，单击"删除"按钮。

（2）在"大纲区"中，选定要删除的幻灯片，按 Del 键或 Backspace 键。

（3）使用"剪切"命令将选定的幻灯片剪切到剪贴板上。

任 务 实 施

1. 创建演示文稿

启动 PowerPoint，打开"Microsoft PowerPoint"窗口，系统自动创建一个空演示文稿，用户也可以随时创建新的演示文稿。单击"Office"按钮，选择"新建"中的"空白演示文稿"选项，如图 2-9 所示。

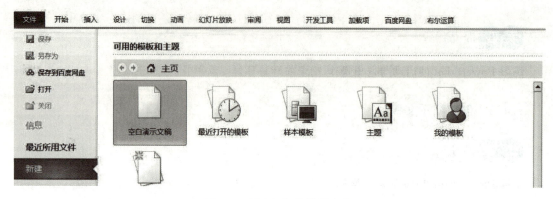

图 2-9　新建幻灯片演示文稿

2. 插入幻灯片

插入幻灯片，首先要选择幻灯片的版式，每个幻灯片模板都定制了一些特殊的版式，如图 2-10 所示。

在"开始"选项卡"幻灯片"组中选择"新建幻灯片"命令，在当前幻灯片的后面插入一张默认格式的新幻灯片；选择"新建幻灯片"命令右侧的下拉箭头，打开幻灯片版式列表，可以对幻灯片的版式进行选择。

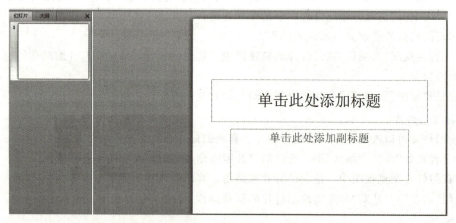

图 2-10　新建演示文稿

3. 保存演示文稿

选择"文件"→"另存为"命令，弹出"另存为"对话框，演示文稿可以保存为多种格式，如图 2-11 所示。常用的格式有以下几种：

（1）PowerPoint 演示文稿格式。演示文稿格式是默认的文件保存格式，扩展名为".ppsm"。

图 2-11 "另存为"对话框

该格式的演示稿文件可直接在普通视图下打开，并可以进行修改。

（2）PowerPoint 放映格式。放映格式的演示稿文件扩展名为". pptx"，该格式的演示稿文件只能在幻灯片放映视图中打开，一般只能用于观看。

（3）PDF 或 XPS 格式。PDF（可移植文档格式）和 XPS（XML 纸张规格）都是一种固定版式的电子文件格式，可以保留文档格式并支持文件共享，以确保在联机查看或打印文件时，文件可以完全保持预期格式，且数据不会轻易地被更改。例如，在创建简历、法律文档、新闻稿等主要用于阅读和打印的文件时，一般需要以容易共享和打印而不易修改的固定版式格式保存文件。PowerPoint 2016 提供了一个免费的"另存为 PDF 或 XPS"加载项，用户只需安装该加载项，即可将文件导出为 PDF 或 XPS 格式。

4. 关闭演示文稿

关闭演示文稿的方法如下：
(1)单击标题栏上的"关闭"按钮。
(2)选择"文件"→"关闭"命令，或单击"退出 PowerPoint"按钮。
(3)在任务栏上对应的演示文稿按钮上单击鼠标右键，从弹出的快捷菜单中选择"关闭"命令。

知识拓展

选择"文件"→"导出"→"导出视频"命令，可以将幻灯片演示文稿导出为视频格式的文件。

实践提高

启动 PowerPoint 2016，创建名为"自我介绍.pptx"演示文稿，将其保存在 D 盘上。

2.4.3 应用文本对象

任务描述

掌握 PowerPoint 中输入文本、编辑文本和设置文本格式等操作方法。

知识准备

1. 在占位符中输入文本

当用户选定了一种幻灯片版式后，设计的幻灯片上会出现一些带有虚线边缘的框，称为占位符，如图2-12所示。占位符中可以放置标题、正文，或图表、表格和图片等对象。

单击标题或正文占位符，在光标位置输入文本，文本采用默认的字体、字形、字号、颜色和对齐方式等，用户也可以对其进行修改。

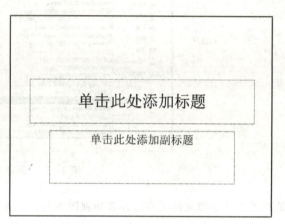

图 2-12　PowerPoint 中的占位符

2. 在文本框中输入文本

在"插入"选项卡"文本"组中，单击"文本框"命令，选择"横排文本框"或"纵排文本框"，在幻灯片上拖动鼠标添加文本框对象，输入文本，如图2-13(a)所示。

3. 在自选图形中输入文本

在"插入"选项卡"插图"组中，选择"形状"命令，从下拉列表中选择一种形状，拖动鼠标，在幻灯片上绘制形状，单击鼠标右键，从弹出的快捷菜单中选择"编辑文字"命令，输入文本，如图2-13(b)所示。

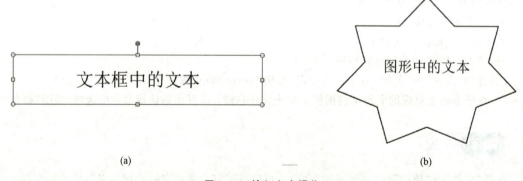

(a)　　　　　　　　　　　　　　　　(b)

图 2-13　输入文本操作
(a)在文本框中输入文本；(b)在自选图形输入文本

任务实施

1. 设置字符格式

设置字符格式可以通过"开始"选项卡"字体"组中的命令实现，也可以单击该组右下角的"对话框启动器"，在弹出的"字体"对话框中设置。设置字符格式中的字体、字号、效果和字符间距等操作。

当用户选定文字、占位符、文本框或图形后,在功能区增加了"绘图工具"→"格式"选项卡,如图2-14所示。

图2-14　绘图工具"格式"选项卡

2. 设置段落格式

设置段落格式可以通过"开始"选项卡"段落"组中命令实现,也可以单击该组右下角"对话框启动器"按钮,在弹出的"段落"对话框中设置。

(1)设置对齐方式。在PowerPoint中,除可以设置文本左对齐、居中、右对齐、两端对齐、分散对齐外,还可以在"开始"选项卡"段落"组中,选择"对齐文本"命令设置顶端对齐、中部对齐、底端对齐等对齐方式。

(2)设置行间距。在"开始"选项卡"段落"组中,单击"行距"按钮设置行间距。

(3)设置文字排列方向。在"开始"选项卡"段落"组中,选择"文字方向"命令可以将文字方向设置为垂直、堆积排列或旋转到所需的方向。

另外,设置段落格式还包括设置缩进、项目符号、编号、分栏等。

3. 添加备注和批注

在PowerPoint中文本对象还包括备注和批注,通过在幻灯片中添加备注和批注,可以提高演示文稿的可读性,方便演示文稿使用者,也为实现演示文稿的共享提供方便。

(1)添加备注。备注是指幻灯片正文以外的内容。在PowerPoint窗口下方提供了"备注区",用户在有文字提示"单击此处添加备注"的文本预留区中单击鼠标左键,则光标定位在该区域的左上角,输入备注内容即可。

PowerPoint还提供了备注页视图方式。在该视图方式下,上半部分是幻灯片的正文,下半部分是备注。按通常的方式播放演示文稿,不会显示备注页的内容,因而,备注页一般用来添加演讲者的讲稿或幻灯片的相关说明信息。

(2)添加批注。批注是审阅演示文稿时在幻灯片上插入的附注,也是幻灯片正文以外的内容,因此不会影响演示文稿的文本。

批注的添加是通过"审阅"选项卡"批注"组中的"新建批注"命令实现的,批注以标号的形式显示,当鼠标悬停在标号上时将显示批注的具体内容。

知识拓展

1. 插入艺术字

在"插入"选项卡中,选择"艺术字"命令,可以在幻灯片中插入艺术字,如图2-15所示。也可以在幻灯片中选中任意文本框,在"格式"选项卡的"艺术字样式"下拉菜单中选择一种预设样式,将其应用到选中的文本上。艺术字效果如图2-16所示。

在幻灯片上已经完成输入的文本也可以转换为艺术字,选定文本,在"格式"选项卡"艺术字组样式"列表中选择艺术字样式，就可以将文本对象转换为艺术字效果。

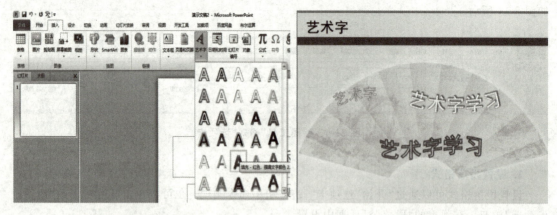

图 2-15　插入艺术字　　　　　　　　图 2-16　艺术字效果

2. 设置艺术字格式

选定艺术字，选择"格式"选项卡，"艺术字样式"组中的"文本填充""文本轮廓"右侧的箭头，可以分别对艺术字文本填充的颜色与样式，文本轮廓的颜色、线型、粗细等选项进行设置，如图 2-17、图 2-18 所示。

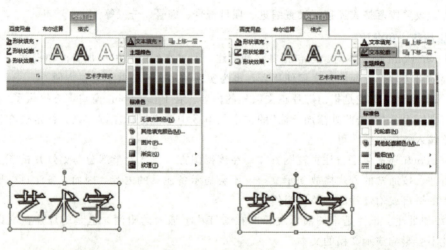

图 2-17　艺术字文本填充选项　　　　图 2-18　艺术字文本轮廓设置选项

在"自我介绍.pptx"演示文稿基础上，制作包含两张幻灯片的演示文稿，第一张为幻灯片封面，第二张为幻灯片目录。

格式化幻灯片中的文本。要求：第一张幻灯片标题设置为黑体、60 磅、居中、艺术字效果，副标题设置为行楷、40 磅、右对齐、蓝色效果；第二张幻灯片标题设置为宋体、44 磅、居中、加粗效果，文本字体为楷体。

2.4.4　应用图形、图片对象

任务描述

掌握幻灯片中插入自选图形、图片和 SmartArt 图形的方法，掌握设置图形、图片等对象格式的方法。

知识准备

1. 插入剪贴画

剪贴画是具有无限放大不失真的矢量图片，其分类包括人物、动物、植物、建筑、科技等领域。在"插入"选项卡中，选择"剪贴画"命令，显示"剪贴画"窗格；在"剪贴画"窗格的"搜索文字"框中，输入所需剪贴画的描述性词语；单击"搜索"按钮，如果有符合条件的剪贴画，将显示在结果栏中；单击剪贴画，将其插入幻灯片中。剪贴画插入幻灯片中后，其他操作同图片操作。

2. 插入形状

选择"插入"→"形状"命令，在形状的下拉列表中提供了一些制作 PPT 时常会用到的图形，如图 2-19 所示。在 PPT 的内容页上按住鼠标左键并拖动鼠标，就会生成一个默认格式的图形，如图 2-20 所示。

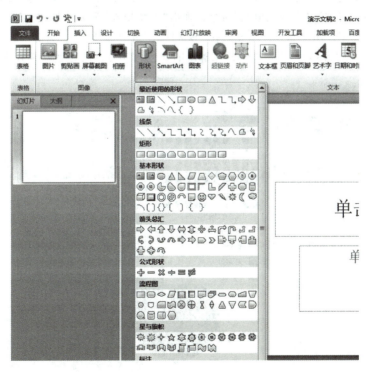

图 2-19　插入形状操作

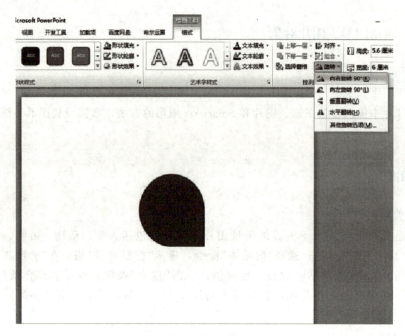

图 2-20　插入默认格式的图形

3. 图形颜色设置

单击鼠标左键选中图形，在"格式"选项卡的"形状样式"组中对图形进行形状格式设置。

在"形状样式"组中选择"形状填充"命令，弹出"形状填充"列表，如图 2-21 所示，可以对图形设置颜色填充、图片填充和纹理填充。在"形状样式"组中选择"形状轮廓"命令，弹出"形状轮廓"列表，如图 2-22 所示，可以对图形的轮廓线的颜色、线型、线的粗细等相关属性进行设置。

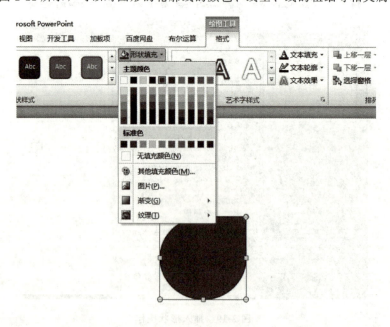

图 2-21　图形形状填充

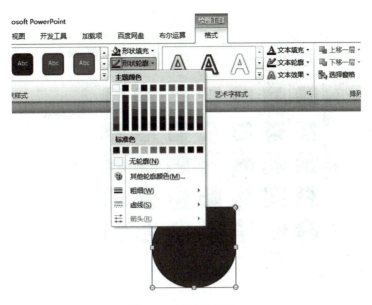

图 2-22　图形轮廓填充

4. 设置图形其他格式

在图形"格式"选项卡的"形状样式"组中，单击"启动器"按钮，弹出"设置图片格式"对话框，如图 2-23 所示。在"设置图片格式"对话框中可以设置图形的"线条颜色""线型""阴影""三维格式""三维旋转"等。

图 2-23　设置图片格式

在使用的过程中，如果觉得具体设置图形的格式比较麻烦，可以直接套用系统自带的图形样式，它是各种格式效果都设置好了的格式组合。在图形"格式"选项卡的"形状样式"组中单击"主题样式"列表下拉按钮，打开主题样式表，如图 2-24 所示。PPT 设置图形格式一共有三个类型，即给图形添加颜色、更改图形的轮廓和设置图形的预置格式。在"主题样式"列表中选择任意一种样式，单击即可应用。同时可以使用其他图形设置项对应用样式后的图形进行修改，以达到满意的效果。

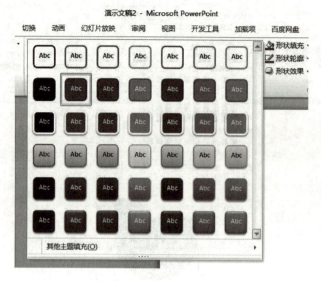

图 2-24　图形形状样式列表

5. 图形的旋转

选择图形，选择"格式"→"旋转"命令，选择旋转的角度，如图 2-25 所示。

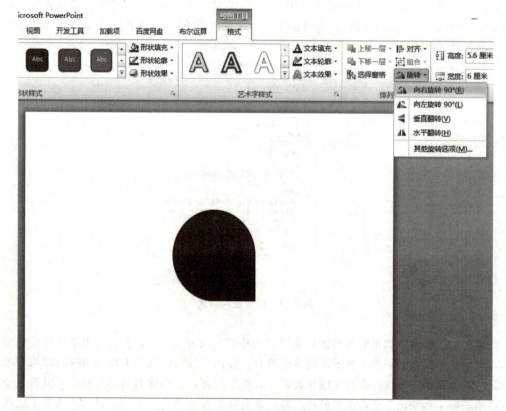

图 2-25　图形的旋转

上述操作只能将图形按固定角度旋转,也可以按住鼠标左键,拖动图形上的旋转手柄,将图形旋转任意角度,如图 2-26 所示。

6. 图形的组合

选择两个需要组合的图形,如图 2-27 所示,选择"格式"→"组合"命令,在列表中选择"组合"命令,如图 2-28 所示,组合的图形如图 2-29 所示。组合后,可以实现对图形的同步操作。

图 2-26　图形旋转任意角度

图 2-27　选择要组合的图形

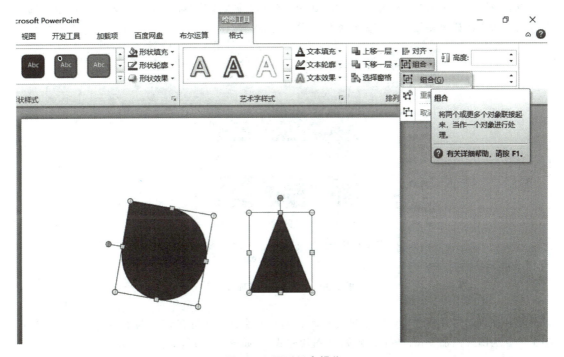

图 2-28　图形组合操作

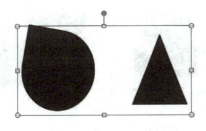

图 2-29　组合后的图形

对于组合后的图形,可以选择"格式"→"组合"命令,在列表中选择"取消组合"命令,取消对图形的组合操作。

7. SmartArt 图形、图表和表格

SmartArt 图形用于描述事物之间的逻辑关系,它能将事物之间的纷繁关系用可视化、形象化的方式表达出来。

表格不仅仅是组织、管理数据的工具,还是传达教学信息、梳理教学内容的重要方式。表格可以使教学内容更加清晰明确。图表是用来描述数据的,其作用是将抽象化的数字以形象化的图形展示出来。在 PowerPoint 中,图表有柱形图、折线图、饼图等 11 种类型,每种类型都有其特定的用途。

任务实施

图片能增强课件的"视觉化",不仅能增进学生的理解,还可以增加学生的记忆。其方法是,在"插入"选项卡中选择"图片"命令,选择一个图片文件。图片的使用有以下四种方式。

1. 直接使用

选择"插入"选项卡"插图"组中"图片"命令,弹出"插入图片"对话框,如图 2-30 所示,选择图片文件所在的磁盘路径,选定图片文件,单击"插入"按钮。

图 2-30 "插入图片"对话框

图片插入幻灯片中之后,可以进行移动、调整大小、旋转等操作。选中图片,在"格式"选项卡中,为图片添加 PowerPoint 预设的"图片样式",如图 2-31 所示。

图 2-31 为图片添加预设的"图片样式"

2. 全屏使用

当全屏使用时，如果需要输入文字，可以选择在图片中的空白位置插入无填充色的文本框，并输入文字(图 2-32)，如果图片图案复杂，直接在上面写字，可以为文本框填充半透明颜色，如图 2-33 所示，以突出文字。方法为：选中文本框，在"格式"选项卡中选择"形状填充"→"其他填充颜色"命令，在"颜色"对话框中选择一种颜色，并调整"透明度"为 40％。

图 2-32 全屏图片＋无填充色文本框　　　　图 2-33 全屏图片＋半透明文本框

3. 裁剪后使用

当图片中包含不需要的部分时，可以使用"绘图工具"→"格式"选项卡中的"裁剪"工具，将多余的部分裁剪掉，如图 2-34、图 2-35 所示。

图 2-34 裁剪图片形状　　　　图 2-35 裁剪前后图片

4. 删除背景后使用

当图片的背景与幻灯片不相融时可以设置图片的背景，使用"设置透明色"工具可以将图片中的一种颜色设为透明，适合处理背景颜色单一的图片。方法为：选中图片，在"格式"选项卡中选择"重新着色"下拉菜单中的"设置透明色"命令，然后在图片的背景处单击即可。

知识拓展

图片可以作为背景填充到任意形状中，如图 2-36 所示。

图 2-36　用图片填充形状

方法：插入一个形状，在形状上单击鼠标右键，在弹出的快捷菜单中选择"设置形状格式"命令，如图 2-37 所示。

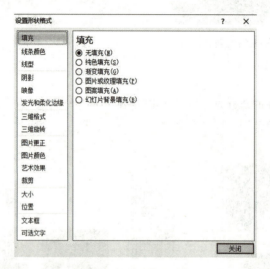

图 2-37　设置形状格式

在填充对话框中，选中"图片或纹理填充"选项，选择"文件"命令，选择需要填充的图片，调整缩放比例、对齐方式和偏移量等值，将填充图片调整到令人满意的状态。

打开"自我介绍.pptx"，插入第三页幻灯片，插入文本框，输入自然情况信息；插入个人的照片，设置图片格式，使幻灯片布局合理、美观大方。

2.4.5　应用声音、视频、Flash 文件等多媒体素材

任务描述

掌握在 PowerPoint 中插入音频、视频、动画等多媒体素材的方法。

知识准备

在 PowerPoint 演示文稿中可以插入声音、影片以及 Flash 动画等多媒体对象，使演示文稿更加富有感染力。

任务实施

1. 插入音频

给幻灯片插入音频：选中要添加音频的幻灯片，选择"插入"→"音频"→"文件中的音频"命令，找到所需的音频文件，插入幻灯片中。音频插入完成后，在幻灯片中心位置会出现一个音频图标（小喇叭），动画窗格中出现了"播放音频"动画，工具栏中出现了"音频工具"选项卡。

幻灯片放映时，单击音频图标，音频开始播放，播放一遍后，音频自动停止。当幻灯片换页时，音频也会自动停止。

设置背景音乐时选择音频图标，在"音频工具"→"播放"选项卡中，选择"放映时隐藏"、"循环播放，直到停止"，在播放声音下拉菜单中选择"跨幻灯片播放"，如图 2-38 所示。

图 2-38 播放设置选项卡

也要在"自定义动画"中声音的"效果"选项对话框中设置停止播放时间，如图 2-39 所示。

 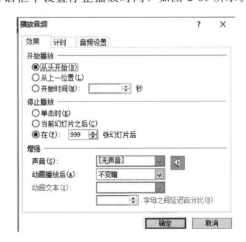

图 2-39 声音效果选项

2. 插入视频

选择要添加视频的幻灯片，选择"插入"→"视频"→"文件中的视频"命令，找到所需的视频文件，插入幻灯片中。可以在"格式"选项卡中设置效果。

1. 插入 Flash

选择"文件"→"选项"命令，在"PowerPoint 选项"对话框中，选择"快速访问工具栏"→"开发工具选项卡"→"其他控件"命令，单击"添加"按钮，再单击"确定"按钮，如图 2-40 所示，这样快速访问工具栏就有"其他控件"按钮了，如图 2-41 所示。

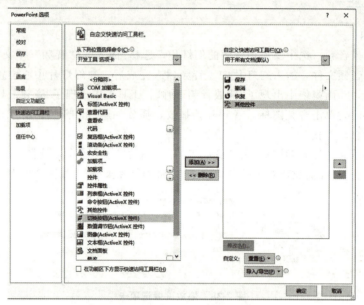

图 2-40 添加"其他控件"按钮

图 2-41 快速访问工具栏

在快捷工具栏中单击"其他控件"按钮，选择"Shockwave Flash Object"选项，如图 2-42 所示，此时光标变成"十"字形，拖动鼠标，在幻灯片中绘制出一个控件区域，如图 2-43 所示。

图 2-42 控件选项

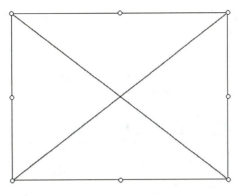

图 2-43 绘制控件区域

在控件区域单击鼠标右键，选择"属性"命令，在弹出的"属性面板"（图 2-44）中做以下设置：首先，将 Movie 的属性设置为 Flash 动画文件的完整路径和文件名，如果动画与当前 PPT 文件位于同一文件夹中，可以只写动画的文件名（包括扩展名.swf）；其次，使动画文件嵌入演示文稿中，将 EmbedMovie 的属性值设为"True"；再次，使动画处于播放状态，将 Playing 的属性设为"True"；最后，禁止 Flash 动画重复播放，将 Loop 属性值设置为"False"。

2. 插入对象

选择"插入"→"对象"命令，在对象窗口中，有"新建"和"由文件创建"两个选项，在"新建"选项中，可以插入 Word 文档、Excel 工作表、PowerPoint 演示文稿、Flash 文档、公式等对象。每种对象，对应着一个应用程序，在插入应用程序时，PowerPoint 就会启动相应的应用程序，文档创建完成后，关闭应用程序，返回到 PowerPoint 界面中，由对象创建的文档会自动插入当前幻灯片中。在"由文件创建"选项中，可以将现有的文件插入当前的演示文稿中。幻灯片放映时，单击对象，该对象就会自动演示，演示完毕后，会返回当前幻灯片。

图 2-44 属性设置

实践提高

打开"自我介绍.pptx"，在第一页插入一个声音文件，设置"跨页播放"。

2.4.6 设置动画效果

任务描述

掌握幻灯片切换的设置方法，掌握动画效果的设置方法。

知识准备

在幻灯片中设置动画效果，可以增强幻灯片的感染力和吸引力，增强播放效果。

幻灯片切换动画是在幻灯片放映时，从一张幻灯片切换到下一张幻灯片时出现的动画效果。选中一张幻灯片后，可以在"切换"选项卡中设置幻灯片的切换效果，还可以设置幻灯片的切换方式（图 2-45）。

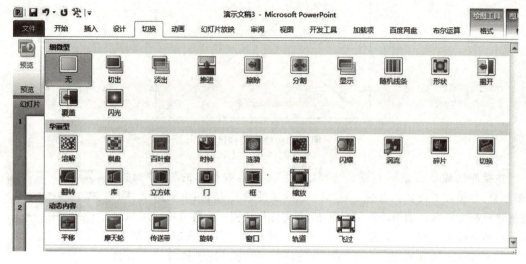

图 2-45　幻灯片的切换

任务实施

1. 进入动画

（1）文字的进入：选中文字，选择"动画"→"添加动画"命令，在"进入"中选择一个动画效果（图 2-46），动画"开始"选项设置为"单击时"（图 2-47）。

（2）图形、图像的进入：在幻灯片中插入多张图像（图形），调整好图像（图形）的大小、位置和旋转角度，同时选中图像（图形），选择"添加效果"→"进入"→"翻转式由远及近"命令。设置第一张图像（图形）的动画开始方式为"单击"，其他图像（图形）的动画开始方式为"与上一动画同时"。

当用户单击鼠标后，所有的图像（图形）会同时翻转而出。为了实现图像（图形）相继出现的效果，需要将第二张图像（图形）的动画延迟设置 0.5 秒，第三张图像（图形）的动画延迟设置为 1 秒，以此类推。放映时，可以看到多张图像（图形）连续出现的效果（动画效果如图 2-48 所示）（在"计时"窗口中设置延迟效果，效果见实例）。

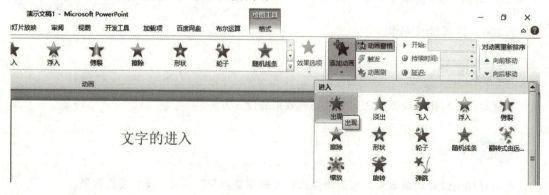

图 2-46　"进入"动画

图 2-47 动画设置

图 2-48 其他图像(形)延迟设置效果

(3)图表的进入：选中图表，添加动画"进入"→"擦除"，设置效果选项为"自左侧""按系列"，"效果"选项中，将图表动画设置为"按系列"(图 2-49)。注："擦除"是最适合柱形图、折线图的动画效果，而"轮子"是最适合表现饼图的动画效果。

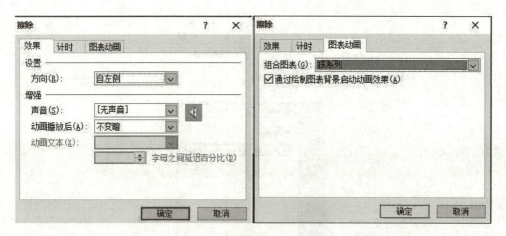

图 2-49　图表的动作设置

2. 强调动画

强调动画是通过对象的大小、状态、颜色等发生变化引起观众注意的动画效果。例如："放大/缩小"效果。选中要强调的对象，添加动画"强调"→"放大/缩小"，动画持续时间改为 1 秒（即速度改为快速）。效果见实例。

可以考虑将"开始"设置为"之后""单击时""之前"三种不同效果。"放大/缩小"动画的默认效果是"放大 150％"，考虑如何缩小、如何精确控制放大/缩小比例。

3. 退出动画

退出动画是幻灯片中的对象从有到无、陆续消失的动画效果。下面用例子说明退出动画的使用方法。

表格信息逐行显示：在"插入"选项卡中选择"表格"命令，在幻灯片中插入一个表格，在每一个单元格内输入表格的内容。然后选择"开始"选项卡下"新建幻灯片"命令，在当前幻灯片后面插入一页新的幻灯片。选择前一页幻灯片中表格的第一行，将其复制、粘贴到新建的幻灯片中，再分别将表格的每一行复制、粘贴到新建幻灯片，每一次进行复制、粘贴操作后，调整被粘贴的单行表格到适当位置，在外观上使其是一个完整的表格。对每一个单行表格设置一种动画效果。

图片展播：要实现的效果是图片进入，单击鼠标左键后，当前图片退出，下一张图片进入。

制作方法为：制作一张图片进入、强调和退出的效果。插入一张图片，调整其大小及位置。选中该图片，添加以下效果：添加动画"进入"→"飞入"，效果选项为"自左侧"，开始方式为"之前"，速度设为快速；添加动画"强调"→"放大/缩小"，开始方式为"之前"，速度设为快速，默认效果为放大和快速；添加动画"强调"→"放大/缩小"，开始方式为"之前"，速度设为快速，在"效果"选项卡中设置缩放"尺寸"为 150％。

动画设置如图 2-50、图 2-51 所示。

其他图片设置同上，设置时可以添加进入、强调、退出效果。

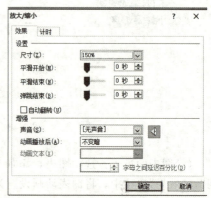

图 2-50　图片的"放大"

图 2-51　一幅图片设置 4 个动画效果

知识拓展

路径动画是幻灯片中的对象按照指定的路径运动的动画效果。

以"两圆的位置关系"这个例子来说明路径动画的使用方法(见实例)。在幻灯片中插入横竖坐标,并设置好圆点 P(P')。插入三个圆,大小分别是 10 厘米×10 厘米、3.75 厘米×3.75 厘米、2.5 厘米×2.5 厘米的空心圆。

选中 10 厘米×10 厘米的圆,添加动画"动作路径"→"绘制自定义路径"→"直线",这时,鼠标变成十字,从圆心开始向轴心画一条直线,绿色右箭头表示起点,红色左箭头表示终点。选中该路径,单击鼠标左键拖动右端箭头上的空心圆,以调整运动路径的位置,让终点箭头落在坐标轴中心上(图 2-52)。

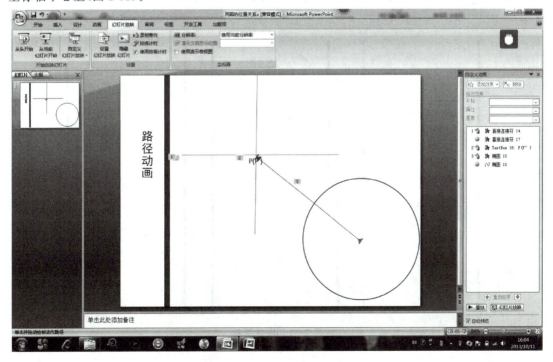

图 2-52　"画图"程序制作的图

用同样的方法为其他两个圆添加路径动画，并调整运动路径的终点位置(图 2-53)。

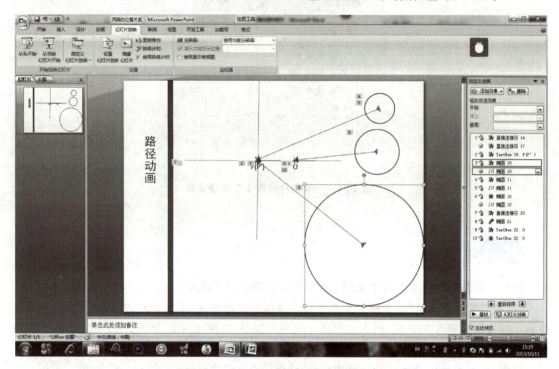

图 2-53　为其他两个圆底添加路径动画

分别选中两个坐标轴添加进入动画"擦除"，其他三个圆的进入动画"擦除"。设置开始方式为"单击时"。幻灯片放映时，可以看到矩形对象按照指定路径运动的效果，如图 2-54 所示。

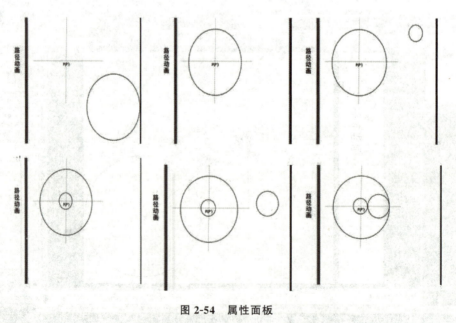

图 2-54　属性面板

实践提高

打开"自我介绍.pptx",设置页与页之间的切换效果,并为第三张幻灯片中的对象设置动画效果。

2.4.7 设计 PowerPoint 幻灯片的外观

任务描述

掌握幻灯片中外观设计的方法。

知识准备

为了使课件中的多张幻灯片具有一致的风格,为课件中的幻灯片设置统一的背景样式和文字风格。

1. 应用 PowerPoint 内置模板

在"设计"选项卡的"主题"下拉菜单中选择一个模板。应用了模板之后,所有的幻灯片就会具有统一的风格,如图 2-55 所示。

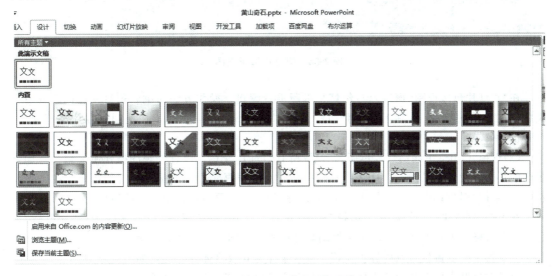

图 2-55 PowerPoint 内置主题模板

2. 下载 PPT 模板

如果 PowerPoint 的内置模板不能满足需要,可以从网上下载更多的由专业设计者设计的 PPT 模板。PPT 模板是扩展名为 pot 或 potx 的文件。如果希望在模板文件(pot 文件)的基础上开始制作课件,可以在 PowerPoint 中打开模板文件(pot 文件),然后选择"文件"→"另存为"命令,将其另存为 ppt 或 pptx 文件。如果仅希望将模板文件中的样式应用到当前课件中,可以在"设计"选项卡"主题"下拉菜单中,选择"浏览主题"命令,在弹出的对话框中选择需要应用的模板文件(pot 文件),然后单击"应用"按钮。

任务实施

为了适应教学需要，教师可以根据学生特点和教学内容，制作个性化模板。

（1）在"视图"选项卡中选择"幻灯片母版"命令，进入"幻灯片母版视图"，如图2-56所示。

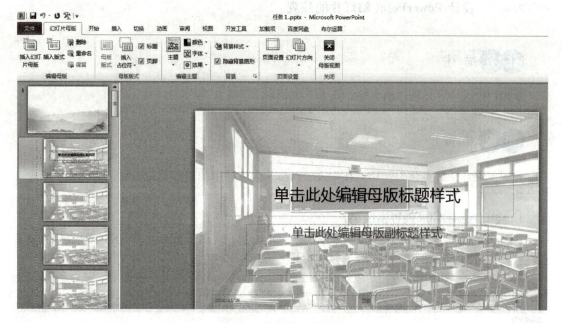

图2-56　幻灯片母版视图

在"幻灯片母版视图"窗口内对幻灯片母版进行编辑，操作方法与编辑幻灯片相同；编辑完成后，在"幻灯片母版"选项卡"关闭"组中选择"关闭母版视图"命令，切换到幻灯片浏览视图，查看设置效果。

（2）选择"Office主题幻灯片母版"，设置所有幻灯片外观。设置外观的操作主要包括：删除多余的页脚；设置背景样式；插入图片、图形、文本框等元素；调整占位符的位置；设置占位符中的"字体"属性；设置占位符中文字的"段落"属性；设置占位符中文字的项目符号。

在 PPT 中新建一个幻灯片，选择"视图"选项卡，在"母版视图"组中选择"幻灯片母版"命令，在左窗格单击最上面的 Office 主题幻灯片母版缩略图，如图2-57所示。

分别选中标题占位符及内容占位符，设置字体样式及字体颜色等，如图2-58所示。

分别对标题占位符和内容占位符进行自定义动画设置，如图2-59所示。

在"幻灯片母版"选项卡"编辑主题"组中选择"主题"命令，然后打开所有内置的主题样式，如图2-60所示。单击鼠标右键选择某个主题样式，在弹出的下拉列表中选择"应用于所选幻灯片母版"。

关闭幻灯片母版后，选择"开始"选项卡，在"幻灯片"组中选择"新建幻灯片"命令，选择需要的幻灯片版式，最后保存幻灯片，设置好保存位置及文件名，保存类型选择"PowerPoint模板"即可。当然也可以在设计母版样式时自定义幻灯片版式，然后进行应用。

如果希望将当前课件的样式保留下来，用于以后的课件，可以将当前的课件保存为模板。方法是选择"文件"→"另存为"命令，在"另存为"对话框中选择"保存类型"为"PowerPoint模板（*.potx）"，如图2-61所示。

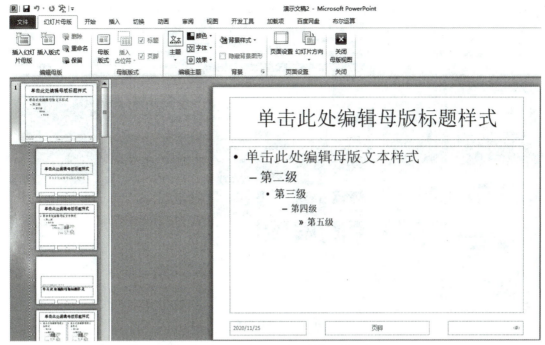

图 2-57 幻灯片母版视图

图 2-58 设置标题占位符及内容占位符

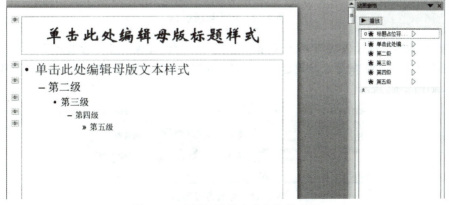

图 2-59 设置标题及内容占位符动画

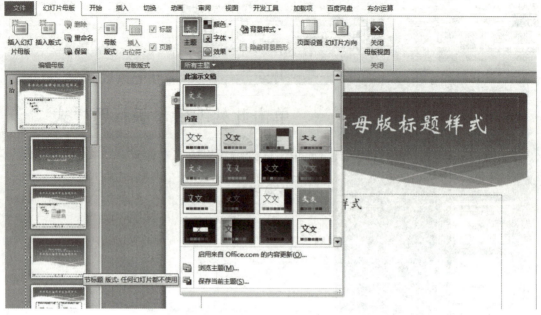

图 2-60　属性面板

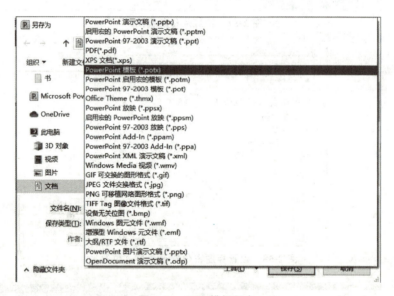

图 2-61　PPT 模板保存

(3) 选择"标题幻灯片版式",设置封底和封面幻灯片的外观。在设置背景格式时,需要将 "Office 主题幻灯片母版"的背景隐藏起来,方法是在"幻灯片母版"选项卡中,勾选"隐藏背景图形"选项,如图 2-62 所示。

图 2-62　隐藏背景图形

（4）选择"节标题版式"，设置节标题幻灯片的外观。在设置背景格式时，需要将"Office 主题幻灯片母版"的背景隐藏起来，方法是在"幻灯片母版"选项卡中，勾选"隐藏背景图形"选项。

通过本项目的学习，了解多媒体教室的基本构成，了解投影仪的作用和种类，了解电子白板的作用和种类，掌握投影仪的基本使用方法，掌握电子白板的基本使用方法；能够正确使用多媒体教室进行授课，能够灵活运用电子白板辅助教学等。掌握 PowerPoint 演示文稿的制作方法，能够应用 PowerPoint 创建、编辑演示文稿；能够运用文本、图形、图片和声音、视频等素材制作图文并茂的演示文稿；能够运用母版进行幻灯片的风格设计；能够通过动画效果、切换效果、超链接等设置，增强幻灯片的放映效果。

一、多项选择题

1. 多媒体教室一般要求具备的主要功能有（   ）。
   A. 播放文本　　　　　B. 播放图像　　　　　C. 播放视频　　　　　D. 播放音频
2. 多媒体教室至少包含（   ）。
   A. 计算机　　　　　　B. 电子白板　　　　　C. 投影显示设备　　　D. 录像机
3. 目前多媒体教室中使用的投影仪按投影原理划分为（   ）。
   A. CRT 投影仪　　　　B. LCD 投影仪　　　　C. LPD 投影仪　　　　D. DLP 投影仪
4. 触控一体机平板式白板采用液晶面板，集结了（   ）产品。
   A. 音响　　　　　　　B. 投影仪　　　　　　C. 控制器　　　　　　D. 计算机
5. 电子白板在使用时，可以分为的三种模式是（   ）。
   A. 鼠标模式　　　　　B. 键盘模式　　　　　C. 注解模式　　　　　D. 白板模式
6. 在幻灯片中母版设置可以起到（   ）作用。
   A. 统一整套幻灯片风格　　　　　　　　　B. 统一标题内容
   C. 统一图片内容　　　　　　　　　　　　D. 统一页码内容
7. 在 PowerPoint 中，可以改变单个幻灯片背景的（   ）。
   A. 颜色和底纹　　　　　　　　　　　　　B. 颜色、图案和纹理
   C. 图案和字体　　　　　　　　　　　　　D. 灰度、纹理和字体
8. 在 PowerPoint 自定义动画中，不可以设置（   ）。
   A. 动画效果　　　　　　　　　　　　　　B. 动作循环的播放
   C. 时间和顺序　　　　　　　　　　　　　D. 多媒体设置
9. 在 PowerPoint 处理的对象是（   ）。
   A. 文档　　　　　　　B. 电子表格　　　　　C. 电子演示文稿　　　D. 数据库
10. PowerPoint 的"设计模板"包含（   ）。
    A. 预定义的幻灯片样式和配色方案　　　　B. 预定义的幻灯片版式
    C. 预定义的幻灯片背景颜色　　　　　　　D. 预定义的幻灯片配色方案
11. 在 PowerPoint 中，模板与母版的相同之处是（   ）。
    A. 两者控制范围相同

B. 演示文稿中的每张幻灯片都具有统一的风格
C. 两者的应用方式相同
D. 两者的存在方式相同

12. 在 PowerPoint 中，当要改变一个幻灯片模板时，（　　）。
A. 所有幻灯片都采用新模板　　　　B. 只有当前幻灯片采用新模板
C. 所有剪贴画都丢失　　　　　　　D. 除空白幻灯片外，所有幻灯片均采用新模板

13. 下列各项中，不能实现新建演示文稿的是（　　）。
A. 打包功能　　　　B. 空演示文稿　　　　C. 模板设计　　　　D. 内容提示向导

14. 在 PowerPoint 中为用户提供了一个（　　）功能区，用于编辑剪贴画及图片。
A. 剪贴画　　　　　B. 图片　　　　　　　C. 插图　　　　　　D. 图像

15. 在 PowerPoint 中保存的电子演示文稿的默认文件扩展名是（　　）。
A. .docx　　　　　 B. .xlsx　　　　　　 C. .pptx　　　　　　D. .exe

二、判断题

1. 投影仪在使用后，可以直接断电关闭，不会造成损坏。　　　　　　　　　　（　　）
2. HDMI 线需要关机时进行连接，尽量不要热插拔。　　　　　　　　　　　　（　　）

项目 3

多媒体课件素材的采集与处理

教学与学习目标

知识目标：
◇ 认识多媒体课件素材；
◇ 掌握多媒体课件素材采集方法；
◇ 学会制作图形和图像素材；
◇ 学会制作声音、视频素材；
◇ 学会制作动画素材。

能力目标：
◇ 能够了解多媒体课件素材的分类、用途；
◇ 能够使用工具软件制作多媒体课件的素材。

任务 3.1 认识多媒体课件素材

多媒体是近几年计算机与信息技术新的应用领域，"多媒体"或是一个流行的名词。通俗地讲，将文本、音频、视频、图形、图像、动画的结合体笼统称为"多媒体"。"多媒体"的"多"是多种媒体的表现、多种感官作用、多种设备、多学科交汇、多领域应用；"媒"是指人与客观世界的中介；"体"是其综合、集成一体化。目前，多媒体大多只利用了人的视觉、听觉、触觉，而味觉、嗅觉尚未完成利用。随着技术的进步，多媒体的含义和范围还将不断扩展。

3.1.1 学习多媒体课件素材的分类

任务描述

了解多媒体课件素材，学习多媒体课件素材的分类和用途，认识多媒体课件素材的制作工具。

知识准备

多媒体技术是指将文字、音频、视频、图形、图像、动画等多种媒体信息通过计算机进行数字化采集、获取、压缩/解压缩、编辑、存储等加工处理，再以单独或合成形式表现出来的一体化技术。

多媒体技术主要具有以下特征:

1. 多样化

信息载体的多样化是对计算机而言的,也称之为信息媒体的多维化。这一特性不仅使计算机所能处理的信息空间范围得以扩展和放大,而且使人机交互具有更广阔、更加自由的空间。人类对信息接收的五个感觉(视、听、触、嗅、味)空间中,前三个占95%以上的信息量,因此,信息多样化使计算机更加人性化。

2. 集成性

集成性,一方面是指将单一的、零散的媒体有效地集成在一起,即信息载体的集成,它使计算机信息空间得到相对的完善,并能充分得到利用;另一方面,还充分表现在存储信息实体的集成。

3. 交互性

多媒体的交互性将为用户提供更加有效的控制和使用信息的手段,也为多媒体技术的应用开辟了广泛的领域。交互性不仅增加用户对信息的注意力和理解,延长了信息的保留时间,而且交互活动本身也作为一种媒体加入了信息传递和转换的过程,从而使用户获得更多的信息。另外,借助交互活动,用户可以参与信息的组织过程,甚至可以控制信息的传播过程,使用户研究、学习感兴趣的方面,并获得新的感受。

任务实施

多媒体课件是在一定的学习理论指导下,根据教学目的设计的,反映某种教学内容与教学策略的计算机软件。素材是多媒体课件中的基本元素,包括文本、图形、图像、声音、动画、视频等。

1. 文本

数字以量的形式反映事物的特征,文字以书面语言的形式表达教学思想。数字和文字的集合构成文本。文本是计算机文字处理程序的基础,也是多媒体应用程序的基础。在多媒体课件中使用文本,其表达内容的精确、简练、有力应是首先要考虑的因素。因为多媒体元素采用图形化用户界面,文本除要斟酌语义外,还要考虑字体、式样、大小、产生位置等,恰当的文本外观的选择和组合,不仅使文本美观,更重要的是不同的文字具有不同的感情色彩,能传递给学生不同的情感情境。

2. 图形、图像

计算机处理和存储的数字化图像有矢量图(Vector Graphic)和位图(Bitmap Image)两种。人们通常将矢量图称为图形,将位图称为图像。

(1)矢量图。矢量图是指从点、线、面到三维空间的黑白或彩色几何图。在几何学中,几何元素通常是用矢量来表示的,所以,矢量图通常用绘图程序来生成图形。矢量图的主要优点是分别控制处理图中的各个部分,如在屏幕上滑动、放大、旋转、扭转不失真;缺点是修改麻烦,存储空间不大,因此,主要用于标志设计、工程制图及美术学。

(2)位图。位图又称为像素图,是将一幅图划分为 M 行 N 列,行与列的交点处为一个像素,将一幅彩色图分成 $M×N$ 个像素点,每个像素用若干个二进制位来指定该像素的颜色、亮度和属性,像素是一种位图的最小单位,是虚拟的,将图像不断放大,最后就可以看到清晰的纯色点状物,这就是像素点。因此,一幅图由许多描述每个像素的数据组成,这些数据一般要采用特殊的编码方法存入一个位图文件里。分辨率是单位尺寸(一般为英寸)内的像素数量,分辨率越高，图像越清晰，容量也越大。位图的优点是可以表达复杂的色彩；缺点是容量较大。

(3)图像文件的格式。

1)BMP 格式。BMP 文件格式是微软公司为 Windows 环境设置的标准图像文件格式，因此，在 Windows 环境中运行的图形图像软件都支持 BMP 图像格式。BMP 文件的扩展名为.bmp。

2)GIF 格式。GIF(Graphics Interchange Format)的原义是"图像互换格式"，是 CompuServe 公司在 1987 年开发的图像文件格式。GIF 文件的数据是一种基于 LZW 算法的连续色调的无损压缩格式。其压缩率一般在 50% 左右，它不属于任何应用程序。目前几乎所有相关软件都支持此种格式，公共领域有大量的软件在使用 GIF 图像文件。GIF 图像文件的数据是经过压缩的，而且是采用了可变长度等压缩算法。GIF 文件格式的另一个特点是其在一个 GIF 文件中可以保存多幅彩色图像，如果将存于一个文件中的多幅图像数据逐幅读出并显示到屏幕上，就可构成一种最简单的动画。GIF 文件的扩展名为.gif。

3)JPEG 格式。JPEG 压缩技术十分先进，它用有损压缩方式去除冗余的图像和彩色数据，去取得极高的压缩率的同时又能展现十分丰富生动的图像，换言之，就是可以用最小的磁盘空间得到较好的图像质量。JPEG 格式适合保存色彩丰富、内容细腻的图像，如人物照、风景照等。JPEG 文件的扩展名为.jpg 或.jpeg。

4)TIFF 格式。TIFF 文件最早是为了储存扫描仪图像而设计的，可以制作质量非常高的图像，因而经常用于出版印刷。它可以显示上百万的颜色(尽管灰度图像仅局限于 256 色或底纹)，通常用于比 GIF 或 JPEG 格式更大的图像文件。TIFF 文件的扩展名为.tif。

5)PSD 格式。PSD 格式是 Photoshop 的基本文件格式，能存储图层、通道、蒙版等各种图像属性，是一种非压缩的原始文件格式。PSD 文件的扩展名为.psd。

6)PDF 格式。PDF 全称为 Portable Document Format，是 Adobe 公司开发的电子文件格式。这种文件格式与操作系统平台无关，也就是说，PDF 文件无论在 Windows、Unix 还是在苹果公司的 MacOS 操作系统中，都是通用的。这一特点使它成为在 Internet 上进行电子文档发行和数字化信息传播的理想文档格式。越来越多的电子图书、产品说明、公司文告、网络资料、电子邮件开始使用 PDF 格式文件。PDF 格式文件目前已成为数字化信息的一个工业标准。PDF 文件的扩展名为.pdf。

3. 声音

声音是一种物理纵波，由连续的波形表示。为了使计算机能够处理这样的模拟信号，必须先将这种模拟波形转换成二进制的数字形式，形成数字声音信号后才能在计算机中使用。

计算机中广泛应用的数字化声音文件有两类：一类是采集各种原始声音，经过数字化处理后得到的数字文件(也称波形文件)。声音的数字化处理就是将模拟的(连续的)声音波形数字化(离散化)，包括采样、量化和编码三个过程。连续时间的离散化通过采样来实现，连续幅度的离散化通过量化来实现。另一类是专门用于记录乐器声音的 MIDI 文件。MIDI(Musical Instrument Digital Interface)是乐器数字接口的缩写，是为了将电子乐器与计算机相连而制定的一个规范，是数字音乐的国际标准。MIDI 声音与数字化波形声音完全不同，它不是对声波进行采样、量化和编码，而是将电子乐器的弹奏过程记录为一连串数字，如按了哪个键、力度多大、时间多长等，然后由声卡上的声音合成器根据这些数字所代表的意义合成音乐，再通过音箱或耳机播放。所以，MIDI 文件实际上是一种字符表格，它描述了各种音符及这些音符的播放方式及时延的乐谱。

声音在信息化教学环境中的主要作用有两个方面：一方面是通过语音增强画面的表现效果起到辅助说明的功效；另一方面是通过背景音乐对画面内容起到烘托作用。一般教学上要用到的声音可以分为语音、音乐、效果三大类。

(1)语音。语音解说能够系统完整地表达概念和理论，它在传递信息、介绍知识、组接画面方面可以发挥巨大作用。

（2）音乐。音乐可以表现人的思想感情，反映现实生活，它在情感上的概括能力是任何其他艺术无法比及的。

（3）效果。效果是指除人声和音乐外自然界的一切声响，如风声、雨声、鸟鸣声、流水声等，人们可以根据声音判断周围环境及人和事。

（4）音频文件格式。

1）WAV。WAV格式是Microsoft公司开发的一种波形文件格式，是Windows本身存放数字声音的标准格式，采用".wav"作为扩展名。利用格式记录的声音能够和原声基本一致，质量非常高，但需占用大量存储空间。由于原始声音数据量太大，解决方法之一是用软件方法进行压缩，另外一种方法是适当降低音质。

2）MIDI。MIDI是一种专门用于音乐数字化的国际标准。MIDI音频并不直接记录声音，它只记录发送给MIDI设备的一系列指令，实际发声的是合成器或音频，它用一些特定的数字表达产生音符的键号、通道号、持续时间、音量和力度等。MIDI文件不会占用很多的内存、硬盘空间和中央处理器资源，比较适合乐器声的应用。

3）MP3。MP3采用压缩技术的音频格式，将音频文件压缩至原来的1/10，甚至更小，且声音质量的损失非常小。在Internet上用得比较多，可用于给主页加主题音乐等方面。

4）RA。RA文件是一种新型流式音频文件，在网络上非常流行。在网络速度较慢的情况下也可以流畅地传送数据，播放效果与MP3不分伯仲，文件很小，经常用于视频会议、远程教学和网络直播等。

在教学信息资源开发中，MIDI一般用来制作各种电子音乐素材及部分音效素材，如教学软件的背景音乐。而波形音频的应用较广，不但可以制作成音乐、音效素材，更多的是用来制作语音素材。与波形文件相比，MIDI文件的容量则小得多，因此，在多媒体课件中的应用广泛；它的缺点是表达能力有限，无法重现自然的声音。

4. 动画

由于人眼的视觉暂留现象，许多在时间和空间上连续但又有所不同的画面形成运动着的画面，即动画。当人的眼睛看到一幅画面或一个物体后，在1/24秒内不会消失，如果1秒更换24幅或者更多的画面，那么前一个画面在人的脑海消失之前，下一个画面就进入了人脑，从而形成连续的影像。这样一张张的画面就组成了精彩纷呈的动画片。

在多媒体课件中，动画受到人们的喜爱，它可以充分发挥人的想象力、创造力，给人们展现一些客观不存在或人力达不到的奇妙情境。恰当地使用动画可以起到强调主题、化解教学难点、添加趣味等作用。

5. 视频

在多媒体课件制作中，视频是一种不可缺少的表现形式，与图形、图像信息相比，视频更易于表现动态的、逼真的信息，尤其在展示事实性的知识及实时操作方面，有其他媒体无法比拟的优越性。

常用的视频格式有以下六种：

（1）AVI格式。AVI的英文全称为Audio Video Interleaved，即音频视频交错格式。它于1992年被Microsoft公司推出，随Windows 3.1一起被人们所认识和熟知。所谓"音频视频交错"，就是可以将视频和音频交织在一起进行同步播放。这种视频格式的优点是图像质量好，可以跨多个平台使用；缺点是体积过于庞大，而且更加糟糕的是压缩标准不统一，最普遍的现象是高版本Windows媒体播放器播放不了采用早期编码编辑的AVI格式视频，而低版本的

Windows 媒体播放器又播放不了采用最新编码编辑的 AVI 格式视频，所以，人们在进行一些 AVI 格式的视频播放时常会出现由于视频编码问题而造成的视频不能播放或即使能够播放，但存在不能调节播放进度和播放时只有声音没有图像等问题，如果用户在进行 AVI 格式的视频播放时遇到了这些问题，可以通过下载相应的解码器来解决。

（2）DV-AVI 格式。DV 的英文全称是 Digital Video Format，它是由索尼、松下、JVC 等多家厂商联合提出的一种家用数字视频格式。数码摄像机就是使用这种格式记录视频数据的。它可以通过计算机的 IEEE1394 端口传输视频数据到计算机，也可以将计算机中编辑好的视频数据回录到数码摄像机中。这种视频格式的文件扩展名一般是 .avi，所以也称为 DV-AVI 格式。

（3）MPEG/MPG/DAT 格式。MPEG(Motion Picture Experts Group)是运动图像专家组的缩写。这类格式包括了 MPEG-1、MPEG-2 和 MPEG-4 在内的多种视频格式。MPEG 系列标准对数字电视和高清晰度电视(DTV & HDTV)、多媒体通信等信息产业的发展产生了巨大而深远的影响。

1）MPEG-1 被广泛地应用在一些视频片段下载上面，使用 MPEG-1 的压缩算法，可以将一部 120 分钟长的电影压缩到 1.2 GB 左右大小。

2）MPEG-2 在一些 HDTV(高清晰电视广播)和一些高要求视频编辑、处理上面有相当多的应用。使用 MPEG-2 的压缩算法压缩一部 120 分钟长的电影可以压缩到 5～8 GB 的大小（MPEG-2 的图像质量是 MPEG-1 无法比拟的）。MPEG 系列标准已成为国际上影响最大的多媒体技术标准。其中，MPEG-1 和 MPEG-2 是采用相同原理为基础的预测编码、变换编码、熵编码及运动补偿等第一代数据压缩编码技术。

3）MPEG-4(ISO/IEC14496)则是基于第二代压缩编码技术制定的国际标准，它以视听媒体对象为基本单元，采用基于内容的压缩编码，以实现数字视音频、图形合成应用及交互式多媒体的集成。

（4）MOV 格式(QuickTime)。QuickTime 是 Apple 公司开发的一种音频、视频文件格式。QuickTime 用于保存音频和视频信息，文件格式支持 25 位彩色，支持领先的集成压缩技术，提供 150 多种视频效果，并配有提供了 200 多种 MIDI 兼容音响和设备的声音装置。新版的 QuickTime 进一步扩展了原有的功能，包含了基于 Internet 应用的关键特性。综上，QuickTime 因具有跨平台、存储空间要求小等技术特点，得到了业界的广泛认可，目前已成为数字媒体软件技术领域的工业标准。

（5）ASF 格式。ASF 是 Microsoft 为了和 RealPlayer 竞争而发展出来的一种可以直接在网上观看视频节目的文件压缩格式。ASF 使用了 MPEG-4 的压缩算法，压缩率和图像的质量都很不错。

（6）WMV 格式。WMV 格式是一种独立于编码方式的在 Internet 上实时传播多媒体的技术标准，Microsoft 公司希望用其取代 QuickTime 之类的技术标准及 WAV、AVI 之类的文件扩展名。WMV 的主要优点是可扩充的媒体类型、本地或网络回放、可伸缩的媒体类型、流的优先级化、多语言支持、扩展性等。

知识拓展

对于一般人来说，色彩丰富、可视化的画面更加容易让人接受，同样的内容用视频和文本分别呈现，大家更愿意看视频形式的内容，所以，从课件的呈现方式上来说，学生更容易接受图片、符号、动画、视频，音乐给课件锦上添花。所以，在多媒体课件素材的使用中，语言文字要简洁明了，声音要清晰，图片符号、动画视频的使用要贴近主题，为内容服务，不能喧宾夺主。制作课件时，风格要尽量统一，避免无关的视觉干扰。

实 践 提 高

1. 什么是多媒体技术？
2. 什么是多媒体课件？多媒体课件的常用素材有哪些？

3.1.2　学习多媒体课件素材的用途

任 务 描 述

了解多媒体课件素材，掌握素材在多媒体课件上的使用技巧。

知 识 准 备

多媒体课件素材在创设问题情境，激发学生学习兴趣方面起到了很大的作用，同时，也增加了课堂教学容量，加快了教学节奏，提高了课堂教学的效率。

任 务 实 施

　　文本是多媒体课件中的最主要成分之一，也是多媒体课件中用得最多的一种信息存储和传递方式。文本主要指呈现的文字内容，既指各种文字，也包括各种字体、尺寸、格式及色彩的文本，它一般用于传递教学信息内容。在多媒体课件中，可以自主控制文本的呈现时间，所以，阅读时的灵活性比较大。

　　图形图像是多媒体课件中最基本的素材，能形象地展示教学内容，并能解决难以用文字或语言描述的教学内容，课件中所展示的人物、背景、界面、按钮都是图形元素，特别是对于低年级学生，能极大地吸引他们的学习兴趣。

　　声音在信息化教学环境中的主要作用有两个方面，一方面是通过语音增强画面的表现效果及起到辅助说明的功效；另一方面是通过背景音乐对画面内容起到烘托作用。

　　动画的表现内容比较生动，能够将抽象的，难以理解的内容形象化，增加课件的趣味性，易展开生动形象的教学，极大地吸引学生注意。

　　在多媒体课件制作中，视频是一种不可缺少的表现形式，与图形、图像信息相比，视频更易于表现动态的、逼真的信息，尤其是在展示事实性的知识及实时操作方面，有其他媒体无法比拟的优越性。

知 识 拓 展

　　文本信息对信息的描述非常准确，但文字过多，就会显得枯燥，所以，文本素材在课件中适当地应用，能够起到画龙点睛的作用。

　　一个好的课件不仅包括文字分析，还包括对图形图像的处理，好的图形图像可以让学生清晰地掌握知识点，没有图像的课件是难以想象的。

　　声音素材也是课件素材中的一个重要组成部分，声音可以分为旁白、音效、背景音乐等。

旁白是课件素材必不可少的一个部分,对课件内容讲解起着至关重要的作用;音效能够起到引起学生注意、突出重点的作用;背景音乐能够影响学生学习的节奏,快节奏的音乐可以加快学生的学习步伐,慢节奏、柔和的音乐可以使学生的思绪沉静下来,有利于思考。

  动画可分为二维动画和三维动画两类。二维动画是平面上的动画。与传统的手绘动画不同,制作二维动画时,只要设置变形、移动、缩放,定义关键帧,其余工作基本上由计算机来完成。二维动画类型主要有 GIF、FLC 等。Flash 是后起之秀,其画质优美,体积小,交互性强,是目前最流行的二维动画软件。三维动画是在一个虚拟的三维空间中演示物体的运动效果,但掌握三维动画软件不是一朝一夕的事,熟练操纵三维软件需要花费大量的精力和时间。

  视频所含的信息内容更加丰富,例如,讲解一个实验过程或者操作过程时,用视频表达就更为清晰。

实践提高

1. 各类素材在课件使用中有哪些用途?
2. 多媒体课件素材在使用中应注意什么?

3.1.3　认识多媒体课件素材的制作工具

任务描述

掌握多媒体课件素材的获取及制作工具。

知识准备

  (1)文本素材:可以用文档处理软件,直接输入文本,如 Windows 自带的软件,或微软公司的 Word 等软件;也可以用扫描仪对已有的印刷制品进行扫描,再用汉字识别系统进行图像识别,并加以修改来完成文本的获取。在编辑软件中,一般都提供基本的文字处理功能,有字体、字形、字号、颜色的设置等,如果要求较强的艺术效果时,可以用 Fireworks 图像处理软件、Photoshop 处理软件、Cool 3D 动画字制作软件等。

  (2)图形/图像素材:在多媒体课件制作中,常要绘制一些图像或处理采集的图像,对于一些复杂的图像,可以使用 Photoshop 软件来进行艺术化处理、编辑制作,对于一些简单的图像制作,可以使用"画图"工具来进行,其简单、方便、易上手。

  (3)音频素材:从素材网站上下载音乐、获取音频,可以利用 GoldWave 或者是 Camtasia Studio 来处理,也可以用来录制声音。

  (4)动画素材:利用 Flash 等动画软件制作动画。

  (5)视频素材:可以用手机、录像机、电子白板等设备录制视频,也可以用 PowerPoint 软件制作视频,还可以利用 Camtasia Studio 视频处理软件来录制屏幕、编辑、处理视频素材。

任务实施

  以图 3-1 为例,介绍利用画图软件获取图像。

图 3-1 利用画图软件获取图像

操作步骤如下：

(1)启动画图程序，新建一块适当大小的画布。

(2)绘制第一只鹅。用线条工具、直线工具、椭圆工具绘制鹅身和鹅头，选择直线工具画鹅嘴，用填充颜色工具、红色进行染色。背景用淡蓝色填充，鹅身用白色进行染色。

(3)绘制另外一只鹅。使用选定工具，用鼠标拖动的方法选择第一只鹅，选择"编辑"→"复制"命令，再选择"编辑"→"粘贴"命令，复制鹅，并拖放到适当的位置。通过"图像"→"翻转/旋转"或"拉伸/扭曲"命令，改变鹅的大小、方向和形状。

(4)绘制荷叶和水波纹。使用椭圆工具、铅笔工具、曲线来进行绘制。

(5)文字的输入。选择工具栏的文字工具，单击要输入的位置，在弹出的字体工具栏中设置字体、字号、文字方向等。

(6)绘制完成后，选择"文件"→"保存"命令，在弹出的"另存为"对话框中设置文件路径、文件名和文件类型，单击"确定"按钮即可保存文件。

知识拓展

修改一幅图(将图 3-1 修改为只剩一只鹅、水波纹和文字)。

(1)启动画图程序，选择"文件"→"打开"命令，打开"鹅"这张图片。

(2)选择工具栏的"选定"工具，选取图上一只鹅、水波纹和文字，将鼠标器移动到选中区域，单击鼠标右键，在弹出的菜单中选择"复制"命令，选择"文件"→"新建"命令，新建一个文件，选择"图像"→"属性"命令，在对话框中将"宽度"和"高度"设置成一个较小的值，选择"编辑"→"粘贴"命令，这样复制的图形就被粘贴到画布上。

(3)绘制完成后，选择"文件"→"保存"命令，在弹出的"另存为"对话框中设置文件路径、文件名和文件类型，单击"确定"按钮即可保存文件。

实践提高

1. 制作多媒体课件素材的常用工具有哪些？
2. 利用画图工具软件，制作一张简单的图像。

任务 3.2　采集多媒体课件素材

任务描述

学习并掌握多媒体课件素材的采集方法。

知识准备

1. 文本素材

文本素材的采集相对简单，可以利用键盘输入、手写输入、语音输入、借助字符识别技术输入、文件插入等。

2. 图像素材的获取

(1) 引用或购买，甚至下载现成的图像库。这些图像素材有些可以直接在教学信息资源开发中使用，有些只需要适当处理即可使用。

许多常用的背景、材质、山水、风光等图片，可以直接从现有光盘库中选取。根据自己所从事的专业和可能制作课件的方向，注意分类收集图片，按需要分类收集并存放在自己的计算机硬盘中，注意版权。

(2) 截取屏幕图像。利用截图软件，可以捕捉当前屏幕上显示的任何内容，操作简单、使用方便，图像的色彩与清晰度都能满足需求。

Windows 提供了直接复制屏幕的功能，按下 PrintScreen 键即可全屏幕复制，并置入剪贴板；如按下组合键 Alt+PrintScreen，即可将当前的活动窗口显示画面置入剪贴板，就可以将图片粘贴到 Word 等图文编辑软件的编辑窗口中，用其图片工具来进行编辑。

(3) 利用软件获取图像。如 Photoshop、CorelDraw、Fireworks、AutoCAD、3DMax 等，它们的优点是"所见即所得"，非常直观，且都提供了各种各样的绘图工具与处理手段，可以制作专业级的图形图像。

(4) 利用数码相机拍摄。数码相机输入的图像清晰度高、色彩鲜艳、输入速度快，这是多媒体图像制作的一种重要途径。

(5) 利用扫描仪获取图像。扫描仪可将一些现成的照片、图画、图片等素材通过光电转换，变成数字图像输入计算机中。

(6) 视频帧捕获。利用视频播放软件，可以将屏幕上显示的视频图像进行单帧捕捉，变成静止图像存储起来。但由于视频本身已经过压缩，因此在色彩、清晰度方面都相对较差。所以，抓取的图像分辨率较低，不适合制作大尺寸画面。

3. 声音文件的收集

声音在多媒体课件中不仅可以与文字信息一样，用作叙述、说明课件的内容，还可以用作背景音乐，起到烘托气氛、强调主题的作用。可以调试好麦克风，利用 GoldWave 或者是 Camtasia Studio 来录制声音，还可以从素材网站上下载音乐、获取音频。

4. 动画视频的收集

视频在多媒体课件中占有重要的地位，因为它本身就是由文本、图形图像、声音、动画中的一种或多种组合而成，其声音与画面同步，表现力强，大大地提高了教学的直观性和形象性。视频素材可以从素材库中获取，也可以从网站上获取视频，还可以截取视频片段或者录制屏幕影像。

知识拓展

利用截图软件，截取屏幕，如图 3-2 所示。

立即截图：选择以后，立即可以进行屏幕截图；在 3 秒后截图：在选择完毕以后，在屏幕上可以进行 3 秒的操作，操作完毕以后即可进行截图；在 10 秒后截图，选择完毕以后到开始截图，中间有 10 秒，在这 10 秒内可以进行一些操作，包括打开窗口，包括弹出下拉式菜单等，到达 10 秒后，无论屏幕上是什么内容，都可以进行截图。3 秒后截图和 10 秒后截图，可以在截图前有 3~10 秒进行操作的时间，主要是在截取菜单、菜单下级菜单内容的时候经常使用，如图 3-3 所示。

图 3-2　截图程序的选择图　　　　　图 3-3　截图文件的新建

截取图像完毕后可以对所截取的图片进行简单的处理并进行保存，如图 3-4 所示。

图 3-4　截图和草图的编辑

实践提高

1. 文本素材有哪些采集方法？
2. 利用截图软件截取一个屏幕图像，并保存。

任务3.3 制作图形和图像素材

在多媒体课件制作中，常要绘制一些图像或处理采集的图像，对于一些复杂的图像，可以使用Photoshop软件来进行艺术化处理、编辑制作。

3.3.1 认识Photoshop

任务描述

了解Photoshop界面，学习Photoshop文件的操作，学会使用工具箱中工具。

知识准备

Adobe Photoshop，简称"PS"。Photoshop是一款图形图像处理软件。其可以真实地再现现实生活中的图像，也可以创建出现实生活中并不存在的虚幻景象。它可以完成精确的图像编辑，可以对图像进行缩放、旋转或透视等操作，也可以进行修补、修饰图像的残缺等编辑内容，还可以将几幅图像，通过图层的操作、工具应用等编辑手法，合成为意义明确的设计作品。

任务实施

1. 初识Photoshop

Photoshop(图3-5)各部分的作用如下：

(1)快速切换栏。快速切换栏可以快速切换视图显示。

(2)菜单栏。菜单栏包含"文件""编辑""图像""图层""选择""滤镜""视图""窗口""帮助"9个菜单，将所有的功能命令分类后，分别放入9个菜单中。

(3)工具选项栏。位于菜单栏下方，提供当前所使用工具的有关信息及其相关属性设置。当选择不同的工具时，选项栏的内容随之改变。

(4)浮动面板。浮动面板主要包括导航器、信息、颜色、色板、样式、图层、历史记录、动作、通道、路径、字符、段落等面板，这些面板及工具箱、工具选项栏都可以通过菜单栏中的窗口菜单来使其隐藏或者显示。

(5)状态栏。状态栏位于图像的下端，显示当前编辑图像的显示比例及文件大小等有关信息。

(6)编辑区。编辑区也就是图像编辑区。操作主要是针对图像窗口而言的，图像窗口的尺寸与显示比例是由用户控制的。

(7)工具箱。工具箱主要用于区域的选择、图像的编辑、颜色的选取、屏幕视图控制等操作。

2. Photoshop文件的基本操作

(1)新建文件。选择"文件"—"新建"命令，或按下快捷键Ctrl+N，便可打开"新建"对话框。

图 3-5　Photoshop 界面

在"新建"对话框中可以设置图像文件的名称、宽度、高度、分辨率、色彩模式、背景色等。在"新建"对话框中填好相应的内容，单击"确定"按钮，就可以在工作区中创建一个宽 800 像素、高 600 像素的白色画布，如图 3-6 所示。

（2）打开文件。选择"文件"→"打开"命令，或按下快捷键 Ctrl＋O，在"打开"对话框中可以选择需要进行编辑处理的图像文件，单击"确定"按钮后，就在工作区打开了需要编辑的图像，如图 3-7 所示。

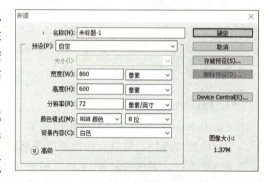

图 3-6　文件的新建

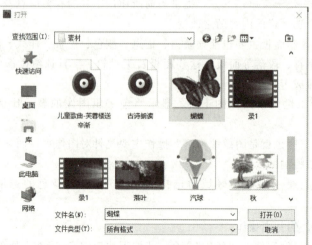

图 3-7　文件的打开

(3)图像大小的调整。选择"图像"→"图像大小"命令,在"图像大小"对话框中可以轻松地调整当前图像的大小,如图3-8所示。需要注意的是,此时画布会根据图像大小的变化而变化。

(4)画布大小的调整。选择"图像"→"画布大小"命令,在"画布大小"对话框中调整当前画布的大小。在"画布大小"对话框中输入新的画布宽度与高度值,单击"确定"按钮,便可得到调整之后的效果(图3-9)。需要注意的是,画布大小的变化,不会影响原图像的大小。

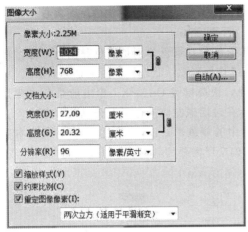

图3-8 图像大小的调整

图3-9 画布大小的调整

(5)文件的存储。选择"文件"→"存储为"命令,在"存储为"对话框,设置好存储位置、文件名及存储格式,单击"确定"按钮便可将正在处理的图像文件以选择类型的文件格式保存,如图3-10所示。

图3-10 文件的存储

3. 工具箱中工具的使用

（1）工具窗口的显示与隐藏。选择"窗口"→"工具"命令，可以显示或隐藏工具箱。

（2）工具的选择。如果工具箱中工具右下角有一个黑三角，表示该工具是一个工具组，单击该工具组按钮，并按住鼠标左键，就会弹出该工具组中所有工具，移动鼠标就可以进行选择。

（3）颜色的设定。各种绘图工具画出的线条是由工具箱中的前景色决定的，而橡皮擦工具擦除后的颜色则是由工具箱中的背景色决定的。

前景色和背景色的设置方法：默认状态下，前景色和背景色分别是黑色和白色，通过单击"默认前景色和背景色"按钮，可以将前景色和背景色切换到默认状态，快捷键是 Ctrl+D。单击右上角的双箭头，可以将前景色和背景色进行切换，快捷键是 Ctrl+X。单击前景色或背景颜色，弹出"拾色器"对话框，如图 3-11 所示。用鼠标在对话框左侧的色彩框任意位置单击，会有拾色圈出现在单击的位置，在右上角会显示当前选中的颜色，并且在"拾色器"对话框的右下角出现其对应的数据，也可以在这里直接输入数字，确定所需要的颜色，还可以通过"颜色"或"色板"改变前景和背景色。

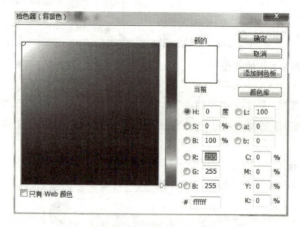

图 3-11　拾色器（背景色）

（4）工具箱常用工具。

1）选区工具。

对图像处理前，首先应确定有效的编辑区域，即创建选区。工具箱中提供了几种用于创建选区的工具。

矩形选框工具。使用"矩形选框工具"可以选择矩形、椭圆、单行、单列选框工具（图 3-12）。

单击工具箱中的"矩形选框工具"，在图像窗口中按住鼠标左键拖动，释放鼠标左键即可创建出一个矩形选区。

在工具箱中的"矩形选框工具"上单击鼠标右键，在弹出的矩形选框工具列表中选择"椭圆选框工具"，在图像窗口中按住鼠标左键拖动，释放鼠标左键即可创建一个椭圆选区。

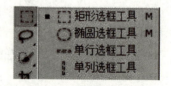

图 3-12　矩形选择工具

需要注意的是，在使用矩形选框工具创建选区时，如果按住 Shift 键进行拖动，可建立正方形（正圆形）选区；如果按住 Alt+Shift 快捷键拖动，可建立以起点为中心的正方形（正圆形）选区。

在工具箱中的"矩形选框工具"上单击鼠标右键,在弹出的"矩形选框工具"列表中选择"单行选框工具"或"单列选框工具"命令,直接在图像中单击即可创建一个像素高度或者是宽度的选区,将这些选区填充颜色,可以给到水平或垂直直线。

2)套索工具组。可以通过自由绘制的方法创建选区共包含三个工具,如图 3-13 所示。

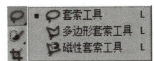

图 3-13　套索工具组

使用"套索工具",可以较为自由地创建不规则形状选区。在工具箱中选择套索工具后,在图像窗口中按住鼠标左键,沿着要选择的区域进行拖动,当绘制的线条完全包含选择范围后,释放鼠标,即可得到所需选区。创建完成选区后,可以将图像复制粘贴到所需要的文档中,"多边套索工具"可以通过单击指定顶点的方式创建不规则形状的多边形选区。

使用"多边形套索工具"创建选区时,首先在绘图区域单击,确定第一个顶点,然后围绕对象的轮廓,在各个转折点上单击,确定多边形的其他顶点,在结束处双击即可自动封闭;或者将光标定位在第一个顶点上,当光标右下角出现一个小圆圈标记时单击,即可得到多边形区域选区。使用"多边形套索工具"创建选区时,按 Delete 键,可将刚刚确定的顶点删除。

"磁性套索工具",特别适用于快速选择与背景对比强烈且边缘复杂的对象。在该工具的选项栏中,合理设置羽化、对比度、频率等参数,可以更加精确地确定选区,如图 3-14 所示。

图 3-14　"磁性套索工具"选项栏

选项栏中部分选项的含义如下:

宽度:指定"磁性套索工具"在选取时光标两侧的检测宽度,取值为 0～256 像素,数值越大,所要查寻的颜色就越相似。

对比度:指定"磁性套索工具"在选取时对图像边缘的灵敏度,输入一个 1%～100% 的值,高的数值将只检测与其周围对比鲜明的边缘,低的数值将检测低对比度边缘。

频率:用于设置"磁性套索工具"自动插入的锚点数,取值为 0～100,数值越大,生成的描点数就越多,能更快地固定选区边框。

使用"磁性套索工具"的方法:设置好工具选项栏中的参数后,移动光标至图像边缘。单击确定第一个锚点,然后沿着图像的边缘移动光标,在图像边缘自动生成锚点,在终点与起点尚未重合时,双击即可自动封闭,或者当终点与起点重合时,光标右下角出现一个小圆圈标志时单击,也可封闭选区。如果产生的锚点不符合要求,按 Delete 键可以删除上一个锚点,也可以手动增加锚点。

3)魔棒工具组。魔棒工具组包含两个工具(图 3-15),可实现依据图像颜色的变化选择图像的操作。

"快速选择工具",选择颜色差异大的图像时,会非常直观、快捷,该工具利用可调整的圆形画笔笔尖,快速创建选区。拖动时选区会向外扩展,并自动查找和跟随图像中定义的边缘。方法为:在工具箱中选择"快速选择工具",在需要选中的图像上单击并拖动鼠标,就可以创建选择区域。使用

图 3-15　魔棒工具组

"快速选择工具"创建选区时,若按下 Shift 键并在图像上拖动鼠标,便可将鼠标经过的图像区域添加到选区内;若按下 Alt 键并在图像上拖动鼠标,可将鼠标经过的图像区域从选区内去除。

使用"魔棒工具",可以选择颜色一致的区域,而不必跟踪其轮廓。使用"魔棒工具"选取时,只需要在图像中颜色相近区域单击,就能够选取图像中颜色在一定容差值范围内相同或相近的颜色区域。通过"魔棒工具"选项栏设置,如图3-16所示,可以更好地控制选取的范围大小。

图 3-16 "魔棒工具"选项栏

容差:在容差文本框中可输入0~255的数值,确定魔棒工具选取的颜色范围。其值越小,选取颜色范围与鼠标单击位置的颜色越相近,选取范围也越小。其值越大,选取的相邻的颜色越多,选取范围也就越广。

消除锯齿:选中"消除锯齿"复选框,可消除选区的锯齿边缘。

连续:选中"连续"复选框,在选取时应仅选取与单击处相邻的、容差范围内颜色相近的区域,否则,即会选中整幅图像或图层中容差范围内的所有颜色相近的区域选中。

对所有图层取样:选中该复选框后,将在所有可见图层中,选取容差范围内颜色相近的区域,否则,即会选取当前图层中容差范围内颜色相近的区域。

4)自由变换。使用自由变换命令,可以对某个选区、图层、图层蒙版、路径、矢量形状、矢量蒙版或Alpha通道进行变形,包括放大、缩小、扭曲、斜切、缩放和透视等。

①旋转和缩放。先选择选区或图层,再执行"编辑"→"自由变换"命令(或快捷键Ctrl+T),这时候就出现了8个控制点和1个旋转中心,如图3-17所示。

移动光标至变换框上,光标呈现双向箭头形状,拖动即可缩放图像,如图3-18所示。移动光标至变换控制框外侧,光标呈现双向弧形箭头形状,单击并拖动鼠标即可旋转图像,如图3-19所示。

图 3-17 执行"自由变换"命令

图 3-18 缩放图像

图 3-19 旋转图像

②扭曲。执行"编辑"→"变换"→"扭曲"命令,图像四周会显示变换控制框,可以随意拖动控制点进行变形,如图3-20所示。

③斜切。执行"编辑"→"变换"→"斜切"命令,图像四周将显示变换控制框,拖动控制点,将此图像在水平或垂直方向上发生斜切变形,如图3-21所示。

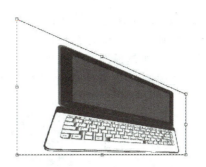

图 3-20　扭曲图像　　　　　　　图 3-21　斜切图像

④缩放和透视。执行"编辑"→"变换"→"缩放"命令，图像四周显示变换控制框，移动光标至变换控制框上方，光标呈现双向箭头方向，拖动即可缩放图像。若按住 Shift 键拖动，则可以固定比例缩放。执行"编辑"→"变换"→"透视"命令，图像四周显示变换控制框，移动光标至变换控制框上方，拖动控制点即可使图像发生透视变形，如图 3-22 所示。

图 3-22　透视变形

5）裁切工具。裁切工具用于图像的修剪、分割图像及选择和调整切割区域，并为切割区域指定链接地址。

6）画笔工具。画笔工具组包括"铅笔工具""颜色替换工具"和"混合器画笔工具"，主要用来绘制颜色，如图 3-23 所示。

图 3-23　画笔工具

①画笔工具。默认使用前景色进行绘制，选择"画笔工具"命令，此时工具栏选项栏显示如图 3-24 所示。在开始绘制之前，应选择所需的画笔笔尖形状和大小，并设置不透明度、流量等画笔属性。

图 3-24　"画笔工具"选项栏

a. 画笔预设：Photoshop 提供了许多常用的预设画笔，在工具选项栏中，单击画笔预设右侧角的下三角按钮，打开画笔预设下拉列表框，拖动滚动条即可浏览、选择所需预设画笔，如图 3-25 所示。在画笔预设下拉列表框中，可以设置画笔的大小（Size）和硬度。"大小（Size）"参数是设置画笔的粗细；"硬度"参数是控制画笔边缘的柔和程度。

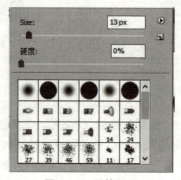

图 3-25　画笔预设

b. 模式：工具选项中的"模式"下拉列表框中，包含"正常""溶解"等选项，用于设置画笔绘画颜色与底图的混合效果。

c. 不透明度："不透明度"选项，用于设置绘画图像的不透明度，该数值越小，越能透出背景图像。

d. 流量："流量"选项，用于设置画笔墨水的流量大小，该数值越大，墨水的流量越大，配合"不透明度"设置可以创建更加丰富的比调效果。

e. 经过设置可以启用喷枪功能：单击工具选项栏中的"经过设置可以启用喷枪功能"按钮，可转换画笔为喷枪工作状态。喷枪可以使用极少量的颜色，使图像显得柔和，是增加亮度和阴影的最佳工具，而且喷枪描绘的颜色边缘柔和。如果使用喷枪工具时，按住鼠标左键不放，前景色将在单击处淤积，直至释放鼠标。

设置好画笔后，就可以在图像中绘制。

步骤 1：打开图片后选择"画笔工具"，单击工具箱中的前景色按钮，打开"拾色器"对话框，设置颜色为红色。

步骤 2：在选项栏中设置合适的画笔大小，设置"不透明度"参数为 30%，然后使用"画笔工具"在图像中进行绘制，效果如图 3-26 所示。

图 3-26　图像绘制

②铅笔工具。用来绘制硬边缘的图像，设置好颜色，直接在图像中单击并拖动鼠标即可。该工具的相关设置与"画笔工具"相同。

③颜色替换工具。使用"颜色替换工具"，可以在保留图像原有材质与明暗的基础上，用前景色替换图像中的色彩。具体操作时，步骤1，在工具箱中选择"颜色替换工具"。步骤2，单击工具箱前景色按钮，设置前景色，移动光标至目标位置，调整到合适的画笔大小，在需要替换颜色的区域拖动，以替换颜色，如图3-27所示。

图3-27 改变图像颜色

混合器画笔工具"Mixer Brush Tool"。可以模拟真实的绘画技术，如混合画布上的颜色、组合画笔上的颜色及在描边过程中使用不同的绘画湿度，如图3-28所示。

图3-28 "混合器画笔工具"编辑效果

a."Wet"潮湿：控制画笔从画布拾取的油彩量，较高的设置会产生较长的绘画条痕。

b."Load"载入：指定储槽中载入的油彩量，载入速率较低时，绘画描边干燥的速度会更快。

c."Mix"混合：控制画布油彩量同储槽油彩量的比例。比例为100％时，所有油彩将从画布中拾取，比例为0％时，所有油彩都来自储槽。

d."Sample All Layers"对所有图层取样：拾取所有可见图层中的画布颜色。

7）填色工具组。在Photoshop中，不仅可以对图像进行描绘操作，还可以使用填色工具组对图像的画面或选区进行填充，如纯色填充、渐变填充、图案填充等，填色工具组主要包括"油漆桶工具"和"渐变工具"。

①油漆桶工具。使用"油漆桶工具"，可以在图像中填充颜色或图案，在填充前该工具会对单击位置的颜色进行取样，从而只填充颜色相同或相似的图像区域。

方法：步骤1，选择工具箱中的"油漆桶工具"，其选项栏如图3-29所示，在其中可设置填充物的混合模式、不透明度以及填充物的容差范围等；步骤2，在选项栏中设置"填充区域的源"下拉列表中，可选择前景填充或图案填充，设置完毕后，即可使用"油漆桶工具"，在图像或选区中填充前景或者图案。

图3-29 "油漆桶工具"选项栏

②渐变工具。选择工具箱中的"渐变工具"，其参数设置都集中在选项栏中，如图3-30所示，选择合适的渐变类型后，在图像或选区中拖动，即可创建对应的渐变效果。

图3-30 "渐变工具"选项栏

a. 渐变类型："渐变工具"选项栏包括五种设备类型，即线性渐变、径向渐变、角度渐变、对称渐变、菱形渐变。

b. 线性渐变：从起点到终点线性渐变。

c. 径向渐变：从起点到终点，以圆形图案逐渐改变。

d. 角度渐变：围绕起点，以逆时针环绕逐渐改变。

e. 对称渐变：在起点两侧对称，线性渐变。

f. 菱形渐变：从起点向外，以菱形图案逐渐改变，终点定义菱形的一角。

注意起点和终点的位置不同，能够引起颜色渐变的变化，按住Shift键拖动渐变工具，将限制拖动角度为45°的倍数，如图3-31所示。

图3-31 五种渐变效果

g. 选择渐变颜色：单击选项栏中渐变列表右侧的下三角按钮，弹出渐变列表框，其中显示了系统默认的和自定义的所有渐变样式。在任意界面样式上单击即可将其设置为当前使用的渐变，而在任意一个渐变样式上单击鼠标右键，通过弹出的快捷菜单中的"新建渐变"命令、"重命名渐变"命令、"删除渐变"命令，即可实现渐变样式的管理，如图3-32所示。执行"新建渐变"命令，将会弹出"渐变名称"对话框，如图3-33所示，确认后即可复制当前渐变样式并重新命名。

图3-32 渐变列表框

h. 设置相关属性：在"模式"下拉列表框中，可以选择渐变填充的色彩与底图的混合模式。

图 3-33 "渐变名称"对话框

"不透明度"选项用来控制渐变填充的不透明度。选中"反向"复选框，所得到的渐变效果与所设置的渐变颜色相反。选中"仿色"复选框，可使渐变效果的过渡更为平滑。选中"透明区域"复选框，填充渐变时得到透明效果。

8) 橡皮擦工具组。使用橡皮擦工作组，可以擦除背景或图像中不需要的区域，共有"橡皮擦工具""背景橡皮擦工具"和"魔术橡皮擦工具"三种。

①橡皮擦工具。选择工具箱中的"橡皮擦工具"，其工具选项栏如图 3-34 所示，其中可设置模式、不透明度、流量和喷枪等选项。在模式下拉列表框中，可设定橡皮擦的笔触特性，如"画笔""铅笔"和"块"。

选中"抹到历史记录"复选框，能够有选择性地恢复图像至某一历史记设置在该状态上。只需在"历史记录"面板某一个状态前单击，将"设置历史记录画笔的源"设置，在该状态上，然后使用"橡皮擦工具"，在视图中单击即可。

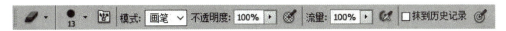

图 3-34 "橡皮擦工具"选项栏

若在背景图层中使用橡皮擦工具，则擦除部分将由背景色进行填充，当在非背景图层中进行擦除时，擦除部分将透明化，以显示其底层的图像效果。

②背景橡皮擦工具。

背景橡皮擦工具，可以有选择的擦除图像颜色。方法如下：

步骤 1：打开一幅图片，选择工具箱中的"背景橡皮擦工具"，设置其工具选项栏参数如图 3-35 所示。

图 3-35 橡皮擦工具

步骤 2：单击"取样：连续"按钮，画笔随着取样点的移动而不断地取样。单击"取样：一次"按钮，画笔即以第一次的取样作为取样颜色，取样颜色不随鼠标的移动而改变。单击"取样：背景色板"按钮，以工具相背景色板的颜色为取样颜色，只擦除图像中有背景色的区域。

工具选项栏中的"限制"选项，用来选择擦除背景的限制类型，可分为"连续""不连续"和"查找边缘"三种。"连续"选项只擦除与取样颜色连续的区域；"不连续"选项擦除容差范围内所有与取样颜色相同或相似的区域；"查找边缘"选项擦除与取样颜色连续的区域，同时能够较好地保留颜色反差较大的边缘。

"容差"选项用于控制擦除颜色区域的大小，数值越大，擦除的范围就越大。

选中"保护前景色"复选框，可以防止擦除与前景颜色相同的区域。

步骤 3：设置完毕后，使用"背景橡皮擦工具"，沿着对象的周围拖动鼠标，画笔大小范围内与画笔中心取样点颜色相同或相似的区域即被清除,如图 3-36 所示。

图 3-36 "背景橡皮擦工具"擦除背景图像效果

③魔术橡皮擦工具。"魔术橡皮擦工具"可以是"魔棒工具"与背景"橡皮擦工具"功能的结合,可以将一定容差范围内的背景颜色全都清除而得到透明区域,方法如下。

步骤 1:打开图像,选择工具箱中的"魔术橡皮擦工具",在工具选项栏中设置"容差""消除锯齿"等参数,如图 3-37 所示;步骤 2,使用"魔术橡皮擦工具",在图像中背景上单击,直接除去图像的背景。

图 3-37 "魔术橡皮擦工具"选项卡

9)图章工具组。图章工具组是常用的修饰工具组,主要用于对图像内容进行复制或修补局部的图像,共有"仿制图章工具"和"图案图章工具"两种。

①仿制图章工具:使用"仿制图章工具"分为取样和复制两个步骤。先按住 Alt 键对源区域进行取样,然后在文件的目标区域中,单击并拖动鼠标,取样区域的内容就会复制到目标区域中并显示出来。"仿制图章工具"选项栏如图 3-38 所示。

选中工具选项栏中的"对齐"复选框进行复制时,无论执行多少次操作,每次复制时都会以上次取样点的最终移动位置为起点进行复制,以保持图像的连续性;否则,在每次复制图像时,都会以第一次按 Alt 键取样时的位置为起点进行复制。

图 3-38 "仿制图章工具"选项栏

图案图章工具:"图案图章工具"用于复制图案,使用该工具前,需要选择一种方案,可以是预设图案,也可以是自定义图案。

10)修复工具组。修复工具是常用的修补工具,可以修补图像中的缺陷,并能使修复的结果自然融入周围的图像,保持其纹理、亮度、层次。修复工具有"污点修复画笔工具""修复画笔工具""修补工具""红眼工具"四种。

①"污点修复画笔工具"与"修复画笔工具"的作用非常相似,可用于矫正瑕疵。在修复时可以将取样像素的纹理、光照和阴影与源像素进行匹配,从而使修复后的像素不留痕迹地融入图像的其余部分。

具体操作步骤如下:

步骤 1:打开需要修复的图像。

步骤2：选中"污点修复画笔工具"，设置好笔刷大小，在人物脸上瑕疵处单击，去除瑕疵。

步骤3：选中"修复画笔工具"，按住 Alt 键，在人物鼻子瑕疵的附近，单击取样，然后在瑕疵上单击去除人物鼻子上的瑕疵，如图3-39所示。

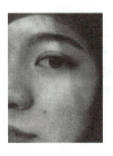 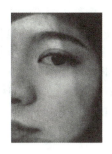

图3-39　打开图像，去除瑕疵

②修补工具："修补工具"与修复画笔工具类似，适用于对图像的某一块区域进行修复操作。具体操作步骤如下：

步骤1：打开图像，在工具箱中选择"修补工具"命令，在工具选项栏中选择"源"单选按钮，表示当前选中的区域是需要修补的区域。

步骤2：拖动已选择的需要修补的区域，释放鼠标左键，就会在修补区域的周围创建选区。

步骤3：拖动已选择的需要修补的区域的颜色，图案纹理等相似的采样区域，释放鼠标左键就会发现选中区域修补完成。

③红眼工具：红眼工具可以去除照片中人物的红眼，该工具选项栏参数设置如图3-40所示。使用红眼工具，只需在设置参数后，在图像中红眼位置，单击鼠标左键即可，如图3-41所示。

图3-40　"红眼工具"选项栏　　　　　　图3-41　修复红眼

11）模糊工具组。"模糊工具组"包括"模糊工具""锐化工具"和"涂抹工具"，常用于控制图像的对比度、清晰度，创建精美细致的图像。

①模糊工具："模糊工具"可以柔化图像，使其变得模糊。"模糊工具"可以柔化粘贴到某个文档中的图像参差不齐的边界，使之更加平滑地融入背景，还可以通过模糊处理，突出清晰的主题。具体操作步骤如下：

步骤1：打开图像，选择"模糊工具"，在"模糊工具"选项栏中，"强度"控制着"模糊工具"和"锐化工具"产生的模糊量和锐化量，"强度"百分值越大，模糊和锐化的效果就越明显。

步骤2：使用该工具，在需要模糊的图像区域来回拖动。

②锐化工具："锐化工具"与"模糊工具"相反，是将画面中模糊的部分变得清晰，通过选项栏切换模式，可以控制要影响的图像区域。

锐化的原理是提高像素的对比度，使其看上去清晰，一般用在事物的边缘，锐化程度不能太大，做过分锐化图像，则整个图像将变得支离破碎，像素之间会变得十分混乱。为防止过分锐化，可选择放大镜工具放大图像，便于清晰地观察到受影响的所有像素。

③涂抹工具："涂抹工具"就像使用手指搅拌颜料桶一样混合颜色，选择涂抹工具后，调整一个合适大小的画笔，然后在图像中单击并拖动鼠标。选中涂抹工具选项栏中的"手指绘画"复选画，鼠标拖动时，涂抹工具是前景色与图像中的颜色相融合。

12）调色工具组。图像颜色调整工具是对图像的局部进行色调和颜色上的调整，包括"减淡工具""加深工具"和"海绵工具"。

①减淡和加深工具："减淡工具"和"加深工具"通过增加和减少图像区域的曝光度来变亮或变暗图像。

当选择"减淡工具"时，在其工具选项栏中，如图 3-42 所示，在"范围"下拉列表框中，列出了"阴影""中间调"和"高光"三个选项。"阴影"选项调整图像中最暗的区域；"中间调"选项调整图像中色调属于高亮和阴暗间的区域；"高光"选项调整图像中的高亮区域。选择以上任意选项，就可以使用减淡工具或加深工具，更改阴影区中间色调区或高亮区，若选择"高光"选项，则只有高亮区域会受影响。"加深工具"选项栏与"减淡工具"选项栏类似。

图 3-42 "减淡工具"选项栏

②海绵工具："海绵工具"可用来改变局部的色彩饱和度。选择"海绵工具"命令，可以从工具选项栏中的"模式"下拉菜单列表框中，选择"去色"或"加色"选项。当选择"去色"工作模式时，使用"海绵工具"可降低图像的饱和度，从而使图像中的灰度色调增加，选择"加色"工作模式，使用该工具可增加图像的饱和度，从而使图像中的灰度色调减淡，当已是灰度图像时，则会减少中间灰度色调。

13）钢笔工具组。钢笔工具组是用于形状或图像生成、编辑和设置路径的工作组。其主要包括"钢笔工具""自由钢笔工具""添加锚点工具""删除锚点工具""转换点工具"五个部分。

①钢笔工具："钢笔工具"是最基本的路径绘制工具，用户可以使用它创建或编辑直线、曲线及自由的线条、形状。当使用"钢笔工具"绘制路径时，在图像中每单击一次，就可创建一个锚点，并且这个锚点与上一个锚点之间以直线相连。钢笔工具画出来的矢量图形称为路径。

如果使用"钢笔工具"在页面中单击，在另一位置继续单击并拖动鼠标拉出控制柄，创建曲线路径，拖动控制柄，可调节该锚点两侧或一侧的曲线弧度。

在绘制过程中，按 Enter 键后会在视图中隐藏路径，当起点与终点的锚点相交时，鼠标指针会变成钢笔形状，此时单击鼠标，系统会将路径创建成封闭路径。

使用"钢笔工具"在画布上连续单击可以绘制出折线，通过单击工具箱中的"钢笔工具"，可以结束该段路径的绘制，也可以在按住 Ctrl 键的同时，在画布的任意位置单击。

②自由钢笔工具：使用"自由钢笔工具"可以像使用铅笔在画布上画线条一样自由绘制路径，只要按住鼠标左键拖动即可。在绘制路径的过程中，系统会自动根据曲线的走向，添加适当的锚点。在自由钢笔工具选项栏中，选中"磁性的"复选框，"自由钢笔工具"也具有和"磁性套索工

具"一样的磁性功能，可以用来抠取图像。

③添加和删除锚点工具："添加锚点工具"和"删除锚点工具"，可以添加和删除路径上的锚点。使用方法非常简单，使用添加锚点工具，在路径上单击可添加锚点；使用"删除锚点工具"在路径段的锚点上单击，可删除锚点。

使用"删除锚点工具"删除锚点，与直接按 Delete 键删除是完全不同的，使用"删除锚点工具"删除，锚点不会打断路径，按 Delete 键会同时删除描点两侧的线段。

按 Esc 键可结束一条路径的绘制，并接着绘制其他路径。第一次按 Delete 键可删除选中的锚点及与锚点相邻接的局部路径；第二次按 Delete 键可删除锚点所在的整个路径；第三次按 Delete 键可删除所有路径。

④转换点工具："转换点工具"可以对锚点的控制柄进行转换和编辑。在具体编辑时，只需通过单击或单击并拖动锚点即可。将"转换点工具"移动到带有控制柄的锚点上单击，可将其转换为尖角锚点，将该工具移动到尖角锚点上单击并拖动，可为锚点添加控制柄。

使用"转换点工具"还可以将平滑型锚点转换为拐角型锚点，直接利用"转换点工具"，移动光标至平滑型锚点一侧的方向点上方拖动即可。

14）路径。路径是具有矢量特征的直线或曲线，是矢量对象的轮廓，绘制的路径可根据需要放大或缩小。

①选择和移动路径：路径的选择是进行路径调整的步骤一，只有正确地选择，才能够进行合适地编辑与调整操作。

②路径选择工具：单击工具箱中的"路径选择工具"，将鼠标指针移动到需要选择的路径上，单击即可选择路径，这时被选择路径上的锚点全部显示为黑色。

使用"路径选择工具"时，如果拖动鼠标，创建一个选框区域，与选框区域交叉和包含的所有路径都将被选择。在选择多条路径后，使用工具选项栏可对路径进行对齐和分布等操作。

③直接选择工具：单击工具箱中的"直接选择工具"，可以选择路径中的锚点。首先移动光标到该锚点所在路径上单击，以激活该路径，激活路径后所有锚点都会以空心方框显示，然后移动光标至锚点上方单击，就可以选择该秒点，此时若拖动鼠标即可移动该锚点。

使用"直接选择工具"时，如果想同时选中多个锚点，可以在按住 Shift 键的同时，逐个单击所要选择的锚点，还可以拖动鼠标，拉出一个虚框，选择框内的所有锚点。

与移动锚点相同，使用直接选择工具，按住线段拖动，可移动路径中的线段。在曲线上拖动可改变曲线的形状，按 Delete 键可删除选中的路径段。

④复制路径：绘制路径后，使用工具箱中的"路径选择工具"选中路径，然后按住 Alt 键，拖动选中的路径，即复制了该路径。还可以用以下方法来复制路径：

方法一：在"路径"调板中选择任意一条已保存的路径，在该路径名称上单击鼠标右键，在弹出的快捷菜单中选择"复制路径"命令即可。

方法二：在路径调板中，按住 Alt 键并将路径拖到创建新路径图标上，会弹出"复制路径"对话框，单击"确定"按钮，即可将路径复制。

方法三：在"路径"调板中，拖动路径在调板底部的"创建新路径"按钮上，可直接创建路径副本。

方法四：选中"路径"调板，使用"编辑"菜单下的"复制"和"粘贴"命令，也可以实现复制路径的操作。

⑤保存工作路径：工作路径是一种临时性路径，在使用钢笔工具或形状工具绘制、创建路

径时，新的路径将作为"工作路径"出现在"路径"调板中，现有的工作路径被替代，且系统也不会进行任何提示，为了便于后期调整，可将绘制的路径存储起来。

在"路径"调板中，单击"工作路径"为当前路径，拖动工作路径至调板底端的"创建新路径"按钮上，或者从调板菜单中选择"存储路径"命令，都将弹出"存储路径"对话框，在对话框中可以更改路径名称，然后单击"确定"按钮即可保存路径。

15）文字的处理。使用文字工作组中的工具，可以在图像中任意位置创建文本或文字选区，然后会在"图层"调板中增加一个新的文字图层。

横排文字工具和直排文字工具：因为文字有时被称为文本，所以文字工具有时也被称为文本工具。在工具箱中，用来创建文本的工具有"横排文字工具"和"直排文字工具"两种。"横排文字工具"和"直排文字工具"的使用方法是相同的，只是一个是横排，一个是直排。

使用文字工具创建文本的操作步骤如下：

步骤1：打开一幅图片，在工具箱中选择"横排文字工具"，使用该工具在图像上单击，文档中将会出现一个闪动的光标，输入文字后，Photoshop将自动创建一个显示为T的图层。

步骤2：在视图中输入所需的文本内容，如图3-43所示。

步骤3：选中创建的文字，如图3-44所示。单击选项栏中的"切换文本方向"按钮，可切换文字方向为横排或竖排文字，如图3-45所示。

图3-43　创建文字图层

图3-44　输入文本

图3-45　切换文本方向

步骤4：在选项栏中，单击"设置文本颜色"色块，打开"拾色器（文本颜色）"对话框，设置颜色为蓝色，如图3-46所示。单击"确定"按钮将对话框关闭。

步骤5：鼠标在文本以外的图像区域单击，鼠标指向文字并移动文本位置。

步骤6：完成文本编辑后，在选项栏中单击"提交所有当前编辑"按钮，可完成编辑，如图3-47所示。

图3-46　设置文本颜色

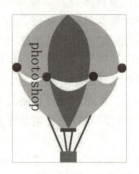
图3-47　完成文本编辑

横排文字蒙版工具和直排文字蒙版工具：使用"横排文字蒙版工具"和"直排文字蒙版工具"，可以创建出文字型的选区。

选取文字工具中的"横排文字蒙版工具"，并设置文字的各项属性，将"横排文字蒙版工具"移动到图像窗口中，如图 3-48 所示。

单击鼠标左键，视图进入模板编辑模式，如图 3-49 所示。

 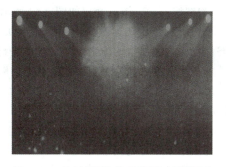

图 3-48　使用"横排文字蒙版工具"前的视图　　　图 3-49　使用"横排文字蒙版工具"视图

在其中输入文本，红色的区域为选区以外的内容，如图 3-50 所示。

完成文字编辑后，单击"提交所有当前编辑"按钮，文字蒙版区域将转换为文字的选区范围，如图 3-51 所示。为选区填充颜色，即可得到如图 3-52 所示的效果。

图 3-50　在蒙版中输入文本　　　图 3-51　完成编辑后效果图

图 3-52　为选区填充颜色效果图

4. Photoshop 的图层

（1）图层概述。

一幅由 Photoshop 制作的作品往往是由许多的图层合成而来的。通过图层，可以将图像中各个元素分层处理及保存，使图像的编辑处理具有更大的弹性和操作空间，每个图层相当于一个独立的图像文件，因此，几乎所有的命令都能对某个图层进行独立的编辑操作。

可以这样来理解图层的概念：每一张纸都代表一个图层，具有不同的透明度，具有自己的图像内容，将若干张纸，按照一定的顺序叠放在一起放在背景上，那么整幅图就是从上面看到的纸张叠加后的图像内容，下层的图像是否可见，取决于在其上的图层，是否具有一定的透明度。

（2）图层面板。图层面板如图 3-53 所示。

1）图层混合模式：该选框中的选项决定当前图层中的像素与其下面的图层中的像素以何种模式进行混合。

2）不透明度：其值决定当前层的不透明度。

3）锁定：从左到右是透明锁定、图像锁定、位置锁定和全部锁定。

4）显示与隐藏：单击该图标，图标上的眼睛消失，表示此时图层处于不可见状态。

5）链接：通过链接两个以上的层，可以一起移动它的内容，也可以对链接层执行对齐、合并等操作。

图 3-53　图层面板

6）添加图层样式：创建图层特效，用于对当前图层增加一些特殊效果。

7）添加蒙版：单击该按钮，可以在当前图层上创建图层蒙版。如在图像中创建选区，再单击该按钮，则可以根据选择区域在当前层上适当的蒙版。

8）创建新组：创建新的图层集合。

9）创建调节层：增加新的调节层或填充层。

10）创建新图层：创建新的普通图层。

11）删除图层：删除图层。

（3）图层的创建。

1）通过新建图层菜单创建图层。

2）通过图层面板弹出菜单创建新图层。

3）通过复制和粘贴命令创建新图层。

4）通过拖放建立新图层。

5）通过执行"图层"→"新建"→"图层（背景图层、复制的图层）"命令创建新图层。

（4）图层的编辑。包括图层的显示与隐藏、选择当前图层、图层的移动、复制、删除，以及背景图层和普通图层的转换。

（5）图层的混合模式。图层混合是将当前图层和下一图层进行颜色的混合，使用图层混合模式的图层具有贯穿下一图层的作用，即上面的图层覆盖下面的图层时，通过改变图层的混合模式，能透过上一层看到下一层。

（6）常用的图层类型。

1）普通图层：是最基本的图层类型，它就相当于一张透明纸。

2）背景图层：相当于作画时最下层不透明的纸，一幅图像可以没有背景图层，但如果有就只有一个背景图层。

3）文本图层：使用文本工具在图像中创建文字后，自动新建一个图层。

4）调整图层：本身不具备任何像素，但是可以执行调整命令，使图像发生变化。

5）形状图层：是在选择路径/形状工具后，单击其属性栏中的"形状"图层按钮，在绘制图层中自动生成的图层。

6）填充图层。单击图层面板上的"创建填充或调整图层"按钮，选择填充形式，分别可以选择"颜色""渐变"和"图案"三种形式。

（7）图层样式。单击图层面板底部的图层样式按钮，或者执行"图层"→"图层样式"→"混合选项"命令，弹出"图层样式"对话框，选择图层效果样式，并设置面板中相应的参数，确定后，所选图层就会应用所设图层效果，如图3-54所示。

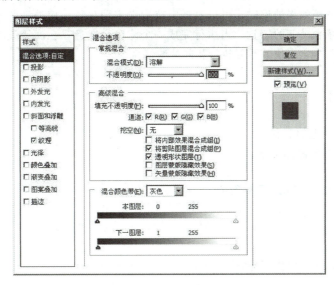

图3-54　图层样式

5. 通道和蒙版

(1)通道。通道是基于色彩模式的简化操作工具，用来存放图像的颜色信息，每种图像都包括一些基于色彩模式的颜色信息通道。例如，一幅RGB三原色图，就会对应三个默认通道：红、绿、蓝，图像在不同的独立通道下产生不同的效果。通道的特点如下：

1）每个图像能够包含24个通道，包括所有的三种通道；

2）所有通道都是一个8位灰度的图像，能够显示256级灰阶的画面效果；

3）所有通道具有与原图像相同的尺寸和像素数目。

通道可分为颜色通道、Alpha和专色通道三种，它们均以图标的形式显示在通道面板中。

(2)蒙版。蒙版就是对当前层再蒙上一个"保护层"，此层起到对当前层的隐藏或显示的作用，通过灰度进行控制。借助蒙版，可以将图像的某些部分分离出来，也可以保护图像的某些部分不被编辑。

有快速蒙版、Alpha通道蒙版、图层蒙版三种方式可以创建蒙版。

6. 路径

利用Photoshop提供的路径功能，用户可以绘制线条或曲线，并可对绘制的线条进行填充和描边，从而完成一些无法用绘图工具能完成的工作。路径是通过路径面板进行管理的。

7. 滤镜

(1)滤镜功能简介。Photoshop CS5提供了多种滤镜，每个滤镜功能各不相同，只有对每个滤镜的功能都熟悉，才能将它们用得恰到好处。

打开"滤镜"菜单，可以进行选择使用。

(2)滤镜的使用规则。

1)针对选取区域进行滤镜效果处理。

2)如果没有定义选区,则对整个图像作处理。

3)如果当前选中的是某一层或某一通道,则只能对当前层或当前通道起作用。

滤镜的处理效果是以像素为单位的,因此,滤镜的处理效果与图像的分辨率有关,因而,相同的滤镜处理不同的分辨率的图像,其效果也不同。

局部图像进行滤镜效果处理时,可以对选定范围设定羽化值,使处理的区域能自然而渐进地与原图像结合,减少突兀的感觉。当执行完成一个滤镜命令后,在滤镜菜单的顶行会出现刚刚使用过的滤镜,单击它可快速重复执行相同的滤镜命令。

实践提高

1. 去除素材图片上的瑕疵。
2. 给一张素材图片添加文字。

3.3.2 使用 Photoshop 制作图形

任务描述

使用常用工具,学会制作图形。

任务实施

制作禁止标志的图形。

步骤1:打开 Photoshop。

步骤2:新建文件,并将画板设为 800 像素×800 像素,名称为"禁止标志图形",预设为"自定"。如图 3-55 所示,分辨率为 72,颜色模式为"RGB 颜色"。

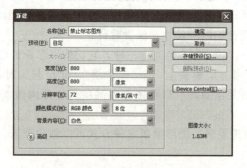

图 3-55 新建 Photoshop 画布设置

颜色模式是针对不同用途的。RGB 是基于光的色彩的模式,用于光显示,如显示器;CMYK 是用于印刷,很多能够在显示器上显示的色彩,并非都能够显示出来;Lab 色彩模式由光度分量(L)和两个色度分量组成,这两个分量即 a 分量(从绿到红)和 b 分量(从蓝到黄);Lab 颜色模式方便用户使用曲线功能调色。

步骤3：新建一个图层1，用椭圆选框工具，画出一个圆形，并且填充颜色为红色，如图3-56所示。

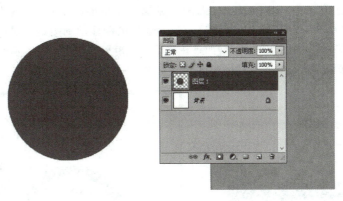

图 3-56　创建新图层

步骤4：复制图层1，然后将复制后图层中的图形进行自由变换（按 Ctrl＋T 键），如图3-57所示。

图 3-57　进行自由变换

步骤5：同时按住 Alt＋Shift 键，用鼠标将矩形框向里拖动，这时矩形框同时向内缩小，用油漆桶工具填充上白色，如图3-58所示。

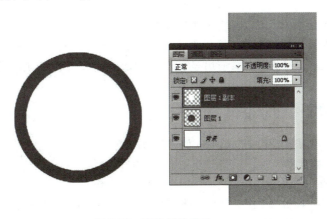

图 3-58　变换后的图形

步骤6：鼠标指向"图层1副本"图层名称，双击鼠标左键，将名字更名为"矩形"；或单击鼠标右键，选择"图层属性"命令，将名称更改为"矩形"，如图3-59所示。

步骤7：选择"矩形选框"工具，在工作区绘制一个矩形，并填充其颜色为红色。选中矩形，选择菜单栏的"编辑"→"变换"→"旋转"命令，这时鼠标移动到矩形上进行旋转，旋转完成后，将矩形移动到圆中，如图3-60所示（如果在移动后，矩形的长短可以利用Ctrl＋T快捷键来进行变换调整）。这样，这个禁止标的图形即绘制完成。

图3-59　图层1更名

图3-60　完成后的图层和图形

3.3.3　使用Photoshop处理图像

任务描述

利用Photoshop工具来处理图像。

知识准备

利用工具箱中的工具，可以再现现实生活中的图像，也可以创建出现实生活中并不存在的虚幻景象。可以对图像进行缩放、旋转或透视等操作，也可以修补、修饰图像的残缺内容，还可以将几幅图通过图层操作、工具应用等手法，合成完整的、意义明确的设计作品。

任务实施

通过下面两个例子来学习Photoshop如何处理图像。

实例1　窗外的世界

（1）打开Photoshop。

（2）打开源文件"项目3＼任务3＼素材＼烟火.jpg"位置窗口，按住"烟火.jpg"图像图标拖动到图像编辑区。按快捷键Ctrl＋0让图像适合窗口大小，如图3-61所示。

图 3-61 调整后的图像和图层

(3)按上述方法将源文件"项目 3 \ 任务 3 \ 素材 \ 选框 .jpg",拖动到正在编辑的文档中。使用快捷键 Ctrl+T,调整图像的大小与位置,如图 3-62 所示。

图 3-62 导入调整后的图像和图层

(4)将"背景"图层解锁。鼠标器指向背景图层,双击鼠标左键,弹出"新建图层"对话框,单击"确定"按钮,背景图层名称变为"图层 0",图层的锁被解除,如图 3-63 所示。

图 3-63 解锁"背景"图层

(5)定位于图层1,选择工具栏的"矩形选框"工具,拖选窗口,如图3-64所示。

图 3-64 使用"矩形选框"工具拖选窗口

(6)按 Delete 键将选区删除,以此类推,将右侧窗口用"矩形选框工具"选中并删除。可以选一个窗口删除一个窗口,也可以按 Shift 键加上矩形选框工具,将所有要删除的窗口选中,一起按 Delete 键删除。按 Ctrl+D 快捷键撤销选区。完成后的效果图如图 3-65 所示。

图 3-65 完成后的效果图

实例 2 美化图像,去除眼袋

(1)打开 Photoshop。选择"文件"→"打开"命令,在弹出的窗口中打开"项目 3 \ 任务 3 \ 素材 \ eye1.jpg",打开需要修复的图像,如图 3-66 所示。

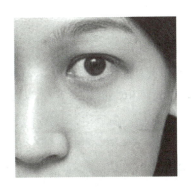

图 3-66 完成前的效果图

(2) 选中"仿制图章工具",在选项栏中设置画笔大小,其中设置"不透明度"为 60%,如图 3-67 所示。

图 3-67 选项设置

(3) 按住 Alt 键单击眼袋下较好的皮肤进行取样,然后使用仿制涂层工具,在人物掩盖位置,单击并拖动,逐步去除眼袋,如图 3-68 所示。

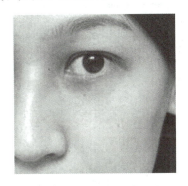

图 3-68 完成后的效果图

3.3.4 设置 Photoshop 发布

任务描述

图形图像处理完毕以后,需要进行保存。在保存时需要注意 PSD 文件是 PS 的工程文件,PSD 文件可以存储成 RGB 或 CMYK 模式,并且能够自定义颜色数并加以存储,还可以保存 Photoshop 的图层、通道、路径等信息,是唯一能够支持全部图像色彩模式的格式。用 PSD 格式保存图像时,图像没有经过压缩。所以,当图层较多时,会占很大的硬盘空间。图像制作完成后,除保存为通用的格式外,最好再存储一个 PSD 的文件备份,直到确认不需要在 Photoshop 中再次编辑该图像。

知识准备

PSD 格式的图像文件很少为其他软件和工具所支持，在图像制作完成后，通常需要转化为一些比较通用的图像格式（如 jpg、png、tiff、gif 格式等），以便于输出到其他软件中继续编辑。

 任务实施

（1）单击打开的 Photoshop 程序左上角的"文件"菜单，然后在打开的下拉菜单中选择"存储为"命令，如图 3-69 所示。

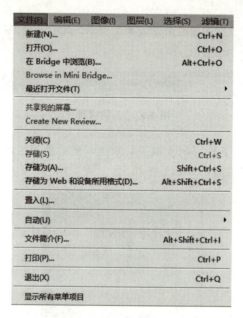

图 3-69 "存储为"命令

（2）弹出保存对话框。如果需要继续编辑文件，请选择 PSD 格式，然后单击"保存"按钮。如果需要将其保存为成品图片，可以选择"JPEG"图片格式，如图 3-70 所示。保存时，通常选择 JPG 格式，在网络上，JPG 格式图像是用得最多的一种格式，它非常小，但是不失真，容易被压缩。选择方法如图 3-71 所示。

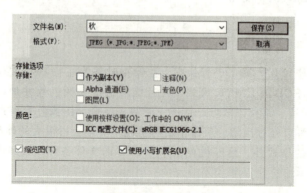

图 3-70 格式选择

项目 3　多媒体课件素材的采集与处理

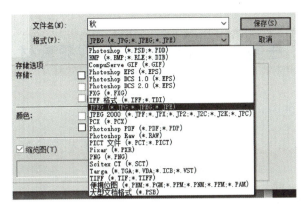

图 3-71　格式种类

(3) 保存时，在弹出的"格式选项"对话框中，可以直接单击"确定"按钮。如果不需要显示，也可以勾选"不再显示"，如图 3-72 所示。

图 3-72　格式选项

知识拓展

　　JPG 图片是一种有损压缩的图片格式，在 Photoshop 中将图片转换为 Web 所用，可以看到压缩选项。因为如果网上的图片过大，浏览时打开速度就会变慢，因此 Web 所使用的图片，一般压缩得更低，图片的尺寸要小一些。这样的压缩实际上是去掉了原图片中的很多色彩信息。要想保存文件小一些，就不能直接保存，在保存的时候可以修改参数，保存为 Web 格式。

　　Web 格式是用来放到网页上用的网页安全色，网页安全色是各种浏览器、各种机器才可以无损失、无偏差输出的色彩集合。在设计网络作品的时候尽量使用网页安全色，这样不会让观看的人看到的效果与制作时相差太多。否则色彩文件和观看者看到的可能会出现偏色很严重的情况。

　　在"存储为 Web 和设备所用格式"窗口中进行参数设置，单击"确定"按钮。在弹出的存储窗口中，设置保存文件位置、类型，单击"保存"按钮。

实践提高

1. 打开素材图片，修改后保存为 PNG 格式。
2. 将修改后的图像保存为 JPG 格式。

任务 3.4　制作声音、视频素材

3.4.1　认识 Camtasia Studio

任务描述

了解 Camtasia Studio 软件的特点，学习视频的录制、编辑，掌握音频编辑。

任务分析

Camtasia Studio 是一款制作音频、视频素材非常好的软件。其操作简单、功能强大，广泛应用于教学、培训等领域。其主要功能包括录制视频、编辑视频素材；视频素材特效处理、转场效果、注释、指针效果等；制作画中画；视频配音、音频编辑、音频效果及音、画、字幕同步，生成视频作品。

知识准备

1. Camtasia Studio 软件界面

Camtasia Studio 软件界面主要包括：①菜单；②工具栏；③选项卡；④选项卡列表；⑤画布；⑥播放控制条；⑦时间轴等。Camtasia Studio 软件界面如图 3-73 所示。

图 3-73　Camtasia Studio 软件界面

（1）菜单。菜单包括文件、编辑、视图、播放、工具、帮助 6 个菜单项。文件菜单包括的命令主要是对项目管理、项目保存、项目设置、导入媒体、库资源的导入导出、导入导出项目等进行操作。

（2）工具栏。工具栏为图3-73所标出的②条形区域，工具栏包括的按钮有录制屏幕、导入媒体、分享、裁剪、平移、切换到全屏模式等。单击"Record the screen"录制按钮，即打开CS软件的录像机；单击"Import media"导入媒体，可以将媒体文件导入"Clip Bin"剪辑箱中；单击"裁剪"按钮，可对视频画幅进行裁剪；单击"分享"按钮右侧的下三角，可打开分享菜单，菜单中包含的各项如图3-74所示。

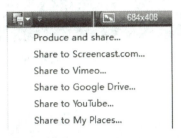

图3-74 分享菜单

（3）选项卡。选项卡包含"Clip Bin"剪辑箱、"Library"媒体库、"Callouts"标注、"Zoom-n-Pan"变焦、"Audio"音频、"Transitions"转场、"Cursor Effects"光标效果、"Voice narration"配音、"Record camera"录制摄像头等内容。

（4）选项卡列表。选项卡列表为图3-73所标出的④矩形区域。不同选项卡所包含的内容不同，单击某一选项卡，则在选项卡的上侧，显示相应选项卡列表。如单击"Callouts"标注选项卡，其选项卡列表如图3-75所示。

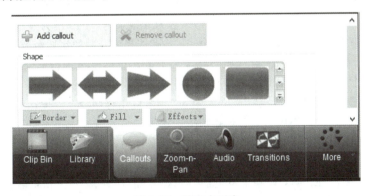

图3-75 选项卡列表

（5）画布与播放控制条。画布与播放控制条为图3-73所标出的⑤矩形、⑥条形区域。画布用来摆放各种媒体对象、编辑对象。在画布左上方的"画布选项"中，可以设置画布的大小、画布的显示比例、画面裁剪、移动、全屏模式等。播放控制条上，有上一帧、下一帧、播放、上一个媒体、下一个媒体按钮，通过这些按钮可以控制媒体的播放，如图3-76所示。

（6）时间轴。时间轴为图3-73所标出的⑦矩形区域，时间轴包含工具栏、标尺、轨道等内容，它们相互配合使用，可实现所有媒体对象的编辑功能。

2. 录制屏幕

打开Camtasia Studio，单击"Record the screen"按钮，打开录像机窗口，如图3-77所示。

图 3-76　画布与播放控制条

图 3-77　"录像机"窗口

（1）菜单。菜单包括"Capture"捕获、"Effects"效果、"Tools"工具和"Help"帮助 4 个菜单项。

1）"Capture"捕获：捕获菜单包括"Record"录制、"Stop"停止、"Delete"删除、"Select area to record"选择要录制的区域、"Lock to application"锁定应用程序、"Record audio"录制音频、"Record webcam"录制摄像头等命令。有些命令后面标有快捷键，当使用录像机录制视频时，按下相应的快捷键，即可完成相应的操作。例如，F9 键为开始录制，F10 键为停止录制。

执行"Capture"捕获菜单上的"Select area to record"选择要录制的区域命令，软件立即进入录制区域选择状态，鼠标指针变为十字线状，在屏幕上按住鼠标左键进行拖动，形成一个矩形区域，则该区域被设置为录制区域。

单击"Capture"捕获菜单的"Lock to application"锁定应用程序命令，鼠标指针变成十字线状，同时被录制的应用程序窗口周围呈现黄色矩形框，单击红色的"rec"按钮即可开始对该应用程序窗口进行录制。如果要进行音频录制或运用摄像头录制视频，则分别单击"Record audio"录制音频和"Record webcam"录制摄像头命令。

2）"Effects"效果："Effects"效果菜单包括"Annotation"注释、"Use mouse Clicksounds"使用鼠标单击声音、"Options"选项三个命令。

"Annotation"注释包括"Add system stamp"添加系统戳记和"Add caption"添加字幕两个选项。当勾选"Add system stamp"添加系统戳记选项后，可通过"Effects Options"效果选项窗口，为录制的视频预设系统戳记；当勾选"Add caption"添加字幕选项后，可通过"Effects Options"效果选项窗口，为录制的视频预设系统字幕。

如果勾选"Use mouse Clicksounds"使用鼠标单击声音选项，则在录制视频时，鼠标单击的声音将被一同录入视频中。

（2）选择区域。录像机窗口中的选择区域包含两个按钮，分别是"全屏按钮"和"定义"按钮。

录制全屏是指录制计算机整个屏幕，也就是计算机的桌面。

操作方法：打开 Camtasia Studio，单击"Record the screen"录制按钮的录像机，单击全屏按钮,然后单击"rec"按钮,即开始录制计算机桌面。

自定义区域是指用户可以根据录制的需要,自行设定录制屏幕区域,录制区域有锁定宽高比与非锁定宽高比两种状态。当单击"自定义"按钮右侧的下三角,会打开尺寸选择下拉列表框,其中包括"Widescreen 16∶9"宽屏、"Standard 4∶3"标准、"Recent areas"最近录制的区域、"Lock to application"锁定应用程序,"Select area to record"选择要录制的区域等选项,用户依据需要选择录制屏幕的尺寸即可。

当单击"自定义"按钮后,其后面显示出宽度、高度文本框和"链锁"按钮,单击"链锁"按钮,来切换锁定/非锁定状态。当处于锁定状态时,改变宽度(高度)文本框的数值,则高度(宽度)的数值等比缩放;当处于非锁定状态时,改变宽度(高度)文本框中的数值,则高度(宽度)的数值不变。

(3)录制输入区。

1)摄像头的设置:如果计算机装有摄像头,并且需要用摄像头录制计算机外部的画面,在录制视频前,需要单击"摄像头"按钮,打开摄像头,这样在录制计算机屏幕的同时,摄像头也会录制计算机外部的画面,从而形成画中画。摄像头打开状态下,在其按钮上有绿色的对钩,其右侧会出现摄像头包含的视频预览窗口,当鼠标悬停在该窗口上时,会出现更大的视频预览窗口,此时可以调整被摄像头录制的画面区域。

2)麦克风设置:当录制屏幕,并且需要录制音频时,一定要选择麦克风。单击录像机录制输入区的"音频"按钮后,其上出现一个绿色的对钩,表示启用了音频录制。单击该按钮右侧的下三角,会弹出一个菜单,菜单包括麦克风、"Do not record microphone"不录制麦克风、"Record system audio"录制系统音频、"Options"选项几个命令。

如果使用麦克风录制系统音频,则必须勾选"麦克风"选项;如果勾选了"Do not record microphone"不录制麦克风选项,则无法通过麦克风录制音频;若勾选"Record system audio"录制系统音频选项,则计算机播放的声音通过系统进行内录,此种录制方式不会掺入噪声。单击"Options"选项命令,弹出"工具选项"对话框,如图3-78所示。

图3-78 "工具选项"对话框

在工具选项对话框的输入选项卡中，其中间部分为音频设备、音量测试条、录制系统音频、音频设置。"音频设备"右侧有个下拉列表框，下拉列表框中包括麦克风、不录制麦克风两个选项；当对着麦克风讲话时，音量测试条会呈现波动状态，表示音量大小的变化；选择"录制系统音频"选项，表示录制系统音频，单击"音频设置"按钮，弹出"属性"对话框，在"属性"对话框中，可以对音频的相关参数做进一步设置。

录制音频前可以测试麦克风音量大小的变化。在音量测试条中显示麦克风音量大小，麦克风音量的调节，可用鼠标左键拖动音量调节滑块，调整到比较满意的音量，一般将音量调到90％左右最佳，这样既不会产生破音，系统电流声音也不会显得比较大。

通过录像机窗口完成录制区域、摄像头、音频等设置后，单击"rec"按钮开始录制，开始录制后，屏幕上会出现按 F10 键停止录制和数字 3、2、1 进行倒计时，倒计时到 1 时，表示正式开始录制。此时的录像机窗口如图 3-79 所示。

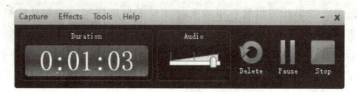

图 3-79　"工具选项"对话框

窗口中的录制按钮变为"Delete"删除、"Pause"暂停和"Stop"停止 3 个按钮，用户可根据需要单击相应的按钮。

单击"删除"按钮，先将刚刚录制的视频删除；单击"暂停"按钮，则视频录制暂时停止；单击"停止"按钮，则视频录制停止，此时所录制的视频自动加载到 CS 软件的媒体箱和轨道中。

3. 录制幻灯片

启动 PowerPoint 后，打开需要录制的演示文稿，在"加载项"选项卡的"自定义"工具组中，出现了 Camtasia Studio 录制插件的 5 个按钮，分别是录制、录制音频、录制摄像头、显示预览摄像头、录制选项。

（1）录制。当所需要录制的演示文稿处于打开状态时，在"加载项"选项卡中，单击"录制"按钮，屏幕右下角会弹出一个对话框，对话框包括音频测试条、"Microphone"麦克风音量显示、"Click to begin recording"单击开始录制按钮，暂停与停止快捷提示等，如图 3-80 所示。此时，如果通过麦克风输入音频，麦克风音频测试条上的滑块会左右移动，同时，麦克风音量显示条中的绿色音量条会随着声音的高低波动，使用此方法可以调节音量至合适状态，也可以用鼠标拖动"音频测试条"上的滑块来调节麦克风音量。然后单击"开始录制"按钮，开始幻灯片录制。在录制过程中有几组快捷键，如 Ctrl＋Shift＋F9 为暂停、Ctrl＋Shift＋F10（或 Esc 键）为停止。

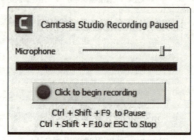

图 3-80　"录制开始提示"对话框

当整个演示文稿录制完毕，会自动弹出一个对话框，询问用户下一步的操作选择，如图 3-81 所示。单击"Stop recording"停止录制按钮，可对录制的视频进行保存；单击"Continue recording"继续录制按钮，可继续录制其他演示文稿。

图 3-81 "录制结束"提示对话

(2)录制音频。录制幻灯片时，如果需要录制幻灯片中的声音或讲解声，在"加载项"选项卡的工具组中，"音频"按钮要处于按下状态。

(3)录制摄像头、显示预览摄像头。录制幻灯片，实际上是 Camtasia Studio 软件录制计算机 PPT 窗口，而在实际中，往往需要在录制 PPT 窗口的同时，将讲解者(计算机外部的)画面与声音同时录制为视频，与录制的 PPT 形成画中画视频。此时需要打开录制摄像头，打开录制摄像头的方法是单击"录制摄像头"按钮，使其处于按下状态。

通过录制摄像头录制的画面，用户若想查看，则需单击"显示摄像头预览"按钮，打开预览窗口，即可预览摄像头录制的内容。

(4)录制选项。单击"录制选项"按钮，打开"Camtasia studio Add-in Options"加载项选项对话框，在对话框中包括"Program"程序、"Video and Audio"视频和音频、"Picture In Picture"画中画、"Record hotkey"录制热键 4 部分内容，如图 3-82 所示。

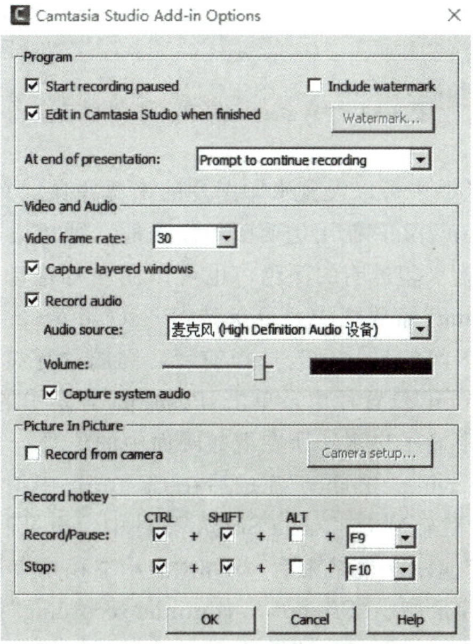

图 3-82 "Camtasia Studio Add-in Options"对话框

1)"Program"程序选项包括开始录制暂停、包含水印、水印、完成后在 Camtasia 中编辑、演示文稿结束后 5 部分内容的设置。

"Start recording paused"开始录制暂停：选中"开始录制暂停"复选框，单击"录制"按钮后，会在屏幕右下角弹出提示对话框，当单击提示对话框中的"单击开始录制"按钮后，才开始换灯片的录制；如果不选这个复选框，单击"录制"按钮后，不弹出提示对话框，即刻开始幻灯片的录制。

"Include watermark"包含水印：选择"包含水印"复选框，可在录制幻灯片过程中，同时为视频添加水印。勾选此复选框后，将弹出"Watermark Options"水印选项对话框，如图 3-83 所示。此对话框中包括"Image path"图像路径、"Effects"效果、"Scaling"缩放、"Position"位置、"Sample preview"示例预览 5 部分。

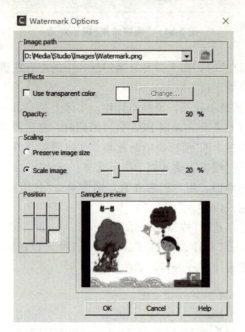

图 3-83 "Watermark Options"对话框

在"Image path"图像路径栏中可以设置水印图片的来源并自定义水印图片；在"Effects"效果栏中，若选择"Use transparent color"使用透明颜色复选框，则"Change…"更改按钮为可用状态，此时可单击"更改"按钮，设置水印透明的颜色，也可以用鼠标拖动"不透明度"右侧的滑块，调节水印的不透明度；在"Scaling"缩放栏中，可单选"Preserve image size"保留图像大小或"Scale image"缩放图像选项来调整图像的尺寸，若选择前者，则图片保持原始尺寸，若选择后者，则图片可等比例缩放；在"Position"位置栏中，单击"Position"位置中的缩图，来确定水印显示的位置，此时右侧"示例预览"栏中显示出水印所在视频画面中的位置。

"Edit in Camtasia Studio when finished"完成后在 Camtasia 中编辑：勾选此复选框，单击"停止"按钮结束录制，同时直接跳转到 Camtasia Studio 软件中编辑录制的视频。

"At end od presentation"演示文稿结束后：单击"演示文稿结束后"右侧的下拉列表框，可以选择"Continue recording"继续录制、"Prompt to continue recording"提示继续录制、"Stop recording"停止录制。若选择"Continue recording"继续录制选项，幻灯片演示完成后不会自动停止录制，需要单击屏幕左上角的停止录制按钮，方可结束幻灯片录制；若选择"Prompt to continue recording"继续录制选项，幻灯片播放完毕就会弹出提示对话框，可根据提示选择是否继续录制；若选择"Stop recording"停止录制，幻灯片播放完毕即会自行停止录制。

2)"Video and Audio"视频和音频。"视频和音频"选项中,包括"Video frame rate"视频帧率、"Capture layered windows"录制层叠窗口、"Record audio"录制音频 3 部分内容。

①"Video frame rate"视频帧率:"Video frame rate"视频帧率的右侧有一个下拉列表框,通过该下拉列表框,设置视频帧率的大小,取值范围为 1~30,视频帧率越大,录制的视频越清晰;反之则不然。

②"Capture layered windows"录制层叠窗口:选择此选项,录制 PPT 时,可以录制 PPT 的多层窗口。

③"Record audio"录制音频:选择该选项后,通过"Audio source"音频源右侧的下拉列表框,可以选择麦克风、不要录制麦克风二者之一;音量的调节,通过鼠标拖动"Volume 音量"右侧的滑块调节声音的大小。

3)"Picture In Picture"画中画。计算机在接入摄像头的情况下,要选择"Picture In Picture"画中画栏中的"Record from camera"录制摄像头选项,录制视频时,就会将摄像头采集到的视频,作为 PPT 视频的画中画。

4)"Record hotkey"录制热键。学习通过设置 Ctrl、Shift、Alt 与功能键之间的不同组合,构成录制/暂停、停止的热键。

4. 时间轴

时间轴是 Camtasia Studio 软件编辑视频的重要窗口,它和预览窗口、画布属性、面板各类面板结合使用,能够简单、快速地进行视频的编辑。

时间轴窗口包括:①工具栏、②刻度尺、③播放头、④视图切换按钮、⑤轨道、⑥媒体、如图 3-84 所示。

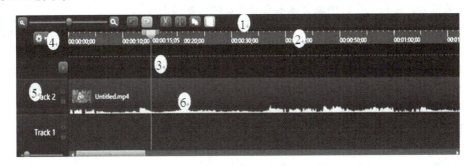

图 3-84 时间轴窗口

(1)工具栏。工具栏有两部分,一是对媒体的简单编辑;二是对轨道的水平缩放。添加到轨道上的媒体元素,运用时间轴工具,能够进行简单的编辑。编辑功能包括撤销、重做、剪切、复制、粘贴、分割等。

1)缩放条:工具栏缩放条的功能是水平方向上缩放时间轴,其可以使轨道上的图片、视频、音频等媒体元素在轨道上放大或缩小状态下显示,便于用户更精准地选择、编辑媒体元素。右击缩放条,在弹出的快捷菜单中选择相应的命令,同样可以完成时间轴的缩放。

2)媒体元素简单编辑。在添加到轨道上的媒体,如同生活中搭积木用的元件,用户可在轨道上用鼠标拖动的方法,随意改变其在轨道上的位置,运用工具栏上简单的定义命令,配合鼠标拖动的操作,就能简单而快速地进行媒体元素的编辑,完成视频的制作。

在轨道上拖动媒体元素:单击选定轨道上的某一媒体元素,然后在其上按下鼠标左键进行拖动,拖动到新的位置松开鼠标左键(可在同一轨道的不同位置,也可在不同轨道的某一位置),

此时媒体元素就改变了其在时间轴上的具体位置。

①剪切、复制、粘贴：添加在轨道上的媒体元素，用户可根据需要对其进行剪切、复制、粘贴等操作。选定某一轨道上的某一媒体元素，单击工具栏上的"Cut"剪切按钮，此时该媒体元素被放入剪贴板中，再选择某一轨道，并将播放头移动到某一个位置，单击工具栏中的"Paste"粘贴按钮，完成媒体元素的位置移动。在轨道上选择某一媒体元素，单击工具栏上的"Copy"复制按钮，再选择某一轨道，并将播放头移动到某一个位置，单击工具栏上的"粘贴"按钮，完成媒体元素一个副本的制作。

②分割：编辑视频时，经常需要将添加于轨道上的某一媒体元素分成若干段，运用媒体元素的不同段来进行视频编辑，而媒体元素的每一段，其开始、结束、播放时长均可调整为需要的状况。可将媒体元素分为若干段的操作称为分割。这个分割是理论上的分割，也就是说，当对某一媒体元素进行分割后，前一段媒体元素只是从分割点处隐藏了后一段媒体元素的内容，而后一段媒体元素只是从分割点处隐藏了前一段媒体元素的内容，对每一段媒体元素，用户需要时可以拖动其播放开始或播放结束的位置，从而显出隐藏的内容。

③撤销与重做：编辑视频时，经常会出现错误操作，为恢复到操作前的状态，单击工具栏上的"Undo"撤销按钮，每单击按钮一次，即撤销一次操作。"Redo"重做是撤销的相反操作。

(2)刻度尺与播放头。刻度尺是时间轴上选取视频的重要参考依据。因为视频在时间轴上的顺序是从左向右播放，所以刻度尺上某一点的时间代表视频的时间。

播放头由选择起点、播放头、选择终点三个滑块组成。以选择起点滑块为例，在播放头的左侧，选择中点滑块为红色，在播放头的右侧，播放图画在中间，为灰色。在时间轴刻度尺的某一个位置上单击，播放头就会定位在该位置处，同时3个滑块聚在一起。播放头所在的位置，就是选定该帧视频，在预览窗口中就会显示当前选定帧的视频内容。

将鼠标移动至播放头选择中点滑块上，按住鼠标左键向右拖动，则选择终点滑块与播放头分离；将鼠标移动至播放头选择起点滑块上，按住鼠标左键向左拖动，则选择起点滑块与播放头分离，此时所有轨道的两个滑块之间表现为反蓝显示，表示选择了所有轨道此区域的媒体剪辑。如果此时单击预览窗口的播放按钮，则只播放该区域的媒体元素。在三个滑块任意一个上双击，这三个滑块自动聚在一起。

将缩放条、刻度尺、播放头三者配合使用可以很方便地选取片段视频。

(3)轨道。轨道是时间轴上的重要组成部分。轨道可以有若干条，可以根据需要随时增减轨道数，每条轨道上可以加载视频、音频、图片、动画等媒体。

轨道垂直方向排列的顺序，决定着最终生成视频画面媒体元素的前后叠放顺序，排列于时间轴上部轨道的媒体元素的画面，在视觉上距离人最近，排列于时间轴下部轨道的媒体元素画面，在视觉上距离人远。垂直方向所有轨道同一帧的画面会同时播放。

同一轨道水平方向上的媒体元素，排列在轨道左侧的媒体元素先播放，排列在轨道右侧的媒体元素后播放，因此，轨道水平方向实质就是视频播放的时间线，如图3-85所示。

1)增加删除轨道：轨道的数量依据用户需要可以随时增加、删除。轨道的增加包括"Insert track above"插入轨道(上面)，"Insert track below"插入轨道(下面)；轨道的删除包括"Remove track"删除轨道、"Remove all empty tracks"删除所有空白轨道。

2)打开或关闭轨道：编辑视频时，打开轨道是为了编辑

图3-85　轨道操作窗口

该轨道。当出现以下三种情况时，可以关闭轨道：第一，暂时不希望该轨道上的媒体元素出现在画布上，从而不影响编辑其他轨道上的媒体元素在视觉上的感受；第二，最终生成的视频中不包含此轨道的媒体元素；第三，暂时不允许编辑此轨道上的媒体元素。

3）打开或关闭轨道方法：在选定的轨道名称后单击"Turn track off to disable content"按钮。

4）锁定或解锁轨道：轨道窗口中的所有轨道具有锁定和解锁两种状态，为避免影响非当前编辑轨道的内容，往往将非编辑轨道锁定，只是使当前编辑轨道处于解锁状态。锁定的轨道上的媒体元素不能执行剪切、复制、粘贴、删除、分割等任何操作，但锁定轨道上的媒体元素同样显示在画布上，并能够进行预览，也会出现在最后生成的视频中。锁定或解锁轨道的方法是：单击轨道名称右侧的"Lock track"锁定轨道/"Turn off track"解锁轨道按钮，在"锁定轨道"与"解锁轨道"之间切换。

5）缩放轨道：轨道的缩放，包括水平缩放和垂直缩放两种。水平缩放通过工具栏上的缩放条完成；垂直方向上缩放时，缩小会看到更多的轨道；放大可对某一放大后的轨道进行操作。方法有两种：一是使用缩放条，在轨道的下方有一个水平缩放条，在缩放条上用鼠标拖动滑块，向右放大轨道，向左垂直方向缩小轨道；二是鼠标悬停在两轨道名称间的分隔线上，这时鼠标变成双向箭头，可以上下拖动鼠标，改变下方轨道的垂直高度。轨道放大时，可对放大后的轨道进行操作，如设置音频、点调节音频的音量等操作。

知识拓展

自定义录制区域还有另一种方法。在单击"自定义"按钮后，在计算机桌面上出现一个绿色虚线，并且带有8个方块的矩形框，用鼠标左键拖动8个方块中的任意一个，均会改变录制区域的大小。绿色虚线矩形框中间有一个罗盘，用鼠标拖动罗盘图标，可改变录制区域在屏幕上的位置，如图3-86所示。

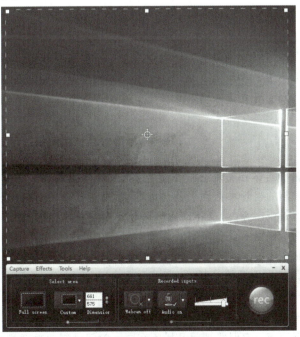

图3-86　自定义录制区

录制自定义区域时，常常会录制某个应用程序的窗口。首先，单击自定义按钮右侧的"链锁"按钮，使宽高比处于解锁状态；其次，用鼠标左键拖动录制区中的罗盘图标，改变矩形框在屏幕上的位置，用鼠标左键拖动屏幕上绿色虚线矩形框上的方块，调整其宽、高，使其与应用程序窗口大小相同；最后，单击"自定义"按钮右侧的下拉按钮，在弹出的下拉菜单中，选择"Lock to application"锁定应用程序命令，这样录制开始后，所录制的区域就只是选定的应用程序窗口区域。

实践提高

录制自定义区域步骤如下：

步骤1：在 Camtasia Studio 软件工具栏上，单击"录制"按钮，打开录像机窗口，单击录像机窗口中的"自定义"按钮，同时单击自定义按钮右侧的"链锁按钮"，切换到解锁状态。

步骤2：在"自定义"按钮右侧的宽度、高度文本框中，分别输入1 024、720，将鼠标移动到计算机桌面，绿色虚线矩形框中的罗盘图标上，按住鼠标左键拖动，从而改变其在屏幕上的位置，确定录制区域。

步骤3：在录像机窗口中单击"音频"按钮，打开音频录制开关，单击"音频"按钮右侧下拉箭头，在下拉列表框中选择麦克风选项。

步骤4：在录像机窗口单击"录制"按钮，开始自定义区域视频的录制，如图3-86所示。

3.4.2 使用 Camtasia Studio 处理音频

任务描述

掌握视频配音、音频编辑、音频效果的制作。

任务分析

在视频编辑工作中，音频的处理是重要内容之一。对音频的处理主要包括录制音频、音频音量的调节、音频效果及噪声去除等。

知识准备

1. 语音旁白

录制语音旁白功能，能够给视频添加语音。进行视频编辑时，经常需要对视频的部分内容进行讲解，有时前期录制的视频中存在一些讲解性错误，需要对此部分语音进行重新录制，以达到修正的目的，这就是录制旁白，如图3-87所示。

录制旁白前，要调节好输入设备录制音频的音量。在选项卡中，用鼠标左右拖动音量条上的滑块，自主设置录制音量的大小。

单击"Start recording"即可开始录制。

2. 音频编辑

录制视频时，如果出现讲解语音音量有时比较大，有时音量又比较小的情况，就可以对不同音频片段的音量进行调节。有时需要将几段不在同一时间录制的视频拼起来，生成新的视频，

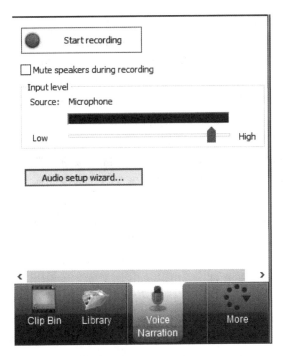

图 3-87　语音旁白窗口

视频中同样存在音频片段之间音量调节的问题。

(1)利用音频选项卡设置音频效果:选定轨道上的音频,在选项卡中选择"Audio"音频选项,弹出"音频选项"窗口,如图 3-88 所示。

可以对音频的"Enable volume leveling"使用音量水平、"Enable noise removal"降噪、"Editing tools"等编辑工具进行音频效果的编辑处理。

(2)降噪:在视频或音频中录制讲解声音的同时,也会将环境的声音一同录入,这里将环境的声音叫作噪声。还有比较大噪声的视频,观众观看时,噪声会对讲解的声音干扰较大,因此需要将视频中的噪声去除。音频降噪主要通过调整灵敏度和使用人工噪声选择,选择两个参数来调整,然后依据参数值对所选音频进行分析后,自动降噪。音量调整效果的功能是使音频音量始终保持在一个比较稳定的范围。音频的淡入是指

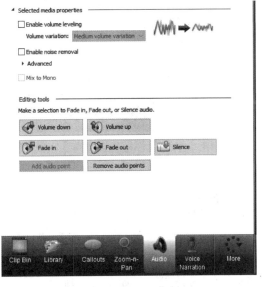

图 3-88　"音频选项"窗口

音频开始播放时,声音由小逐渐变大的效果;淡出效果是指音频结束播放时,声音由大逐渐变小的效果。在轨道上选择某一段音频,在音频选项卡中,选中"Fade in/Fade out"淡入/淡出效果,则该段音频即具有淡入/淡出的效果。

(3)在轨道上设置音频效果:在轨道上选定音频,此时音频上显示绿色"音量线",音频开始的音量线上有一个绿色圆句柄,称为音频点。添加音频点,当选中轨道上的音频时,自动显示

音量线,在默认情况下,音量线上开始处有一个音频点,可以在音量线上单击鼠标右键,选择需要添加音频点的位置,在弹出的快捷菜单中选择"Add audio point"添加音频点命令,也可以将播放头移动到需要添加音频点的位置,单击"Audio"声音选项卡的"Add audio point"添加音频点命令按钮。轨道上无用的音频点可以移除。删除一个音频点有两种方法:一是选定一个音频点,然后按键盘上的 Delete 键删除该音频点;二是在某音频点上单击鼠标右键,在弹出的快捷菜单中选择"Delete"删除命令。删除全部音频点也有两种方法:一是在选定某一个音频点上,并在其上单击鼠标右键,在弹出的快捷菜单中选择"Delete all audio points on media"删除所有音频点命令;二是单击"Audio"声音选项卡的"Remove audio points"按钮。音频点在音量线水平方向上的位置,代表了音频点在音频中的时间位置,选定音频点,按住鼠标左键,向左右拖动,可以改变音频点的时间位置。音频点在轨道垂直方向上的位置,代表了音频点所在位置的音量大小,选定音频点,按住鼠标左键上下拖动,即可改变音频点处的音量大小。

将鼠标悬停于音量线上,提示"Name"音频名称、"Start time"开始时间、"Duration"持续时间、"Media type"媒体类型等信息,此时鼠标指针变为双向箭头,按住鼠标左键向上拖动,增大音频音量,向下拖动,减小音频音量。

可以运用音频点在轨道上编辑音频。通过添加两个音频点,并使用鼠标上、下拖动两个音频点之间的音量连线,改变此音频片段的音量,拖动音频点在轨道垂直方向上的位置,使两个音频点之间音量差有渐变,产生淡入、淡出的效果。选定两音频点之间的音频,实现静音替换等。

录制完成的视频,一方面在开始、结束时,可能需要使声音淡入或淡出,另一方面可能需要为视频再次添加背景音乐或插入一段语音旁白,为了避免突兀,也需要对新插入的音频的进入与退出,设计上述效果。对音频效果的设置主要包括音频淡入、音频淡出和片段音频间的过渡效果。

选择音频所在的轨道,在音频开始播放后一段时间处的音频线上添加一个音频点。用鼠标将开始处的音频点垂直上下拖动,这样两个音频点之间的声音就会出现逐渐变大的效果。两个音频点之间的水平距离,决定着音频淡入的时间;两个音频点之间的垂直距离,决定着音频带入音量的变化范围。设置整个音频淡出的方法与上述设置淡入效果方法相同。片段音频间过渡效果,实质是设置上一段音频的淡出效果,以及下一段音频的淡入效果,如图 3-89 所示。

图 3-89 音频过渡效果

知识拓展

1. 录制旁白

步骤 1:启动 Camtasia Studio 软件,导入媒体文件"项目 3\素材\Capture-2.camrec",并将该文件拖到轨道上,如图 3-90 所示。

步骤 2:将鼠标移动到"Track 1"轨道 1 上,单击鼠标右键,在弹出的快捷菜单里选择"Delete"命令,将轨道 1 删除,则该视频的声音文件随之删除,如图 3-91 所示。

如果是视频文件,可以将音频和视频分离,再将声音所在的轨道删除。操作见 3.4.3 使用 Camtasia Studio 处理视频。

步骤 3:单击选项卡中的"Voice Narration"配音选项,如图 3-92 所示。如图设置好参数后,单击"Start recording"按钮,开始录制语音旁白,如图 3-93 所示。

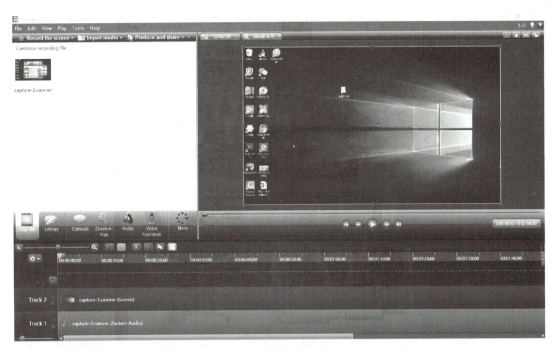

图 3-90　导入媒体文件

图 3-91　删除声音后的轨道

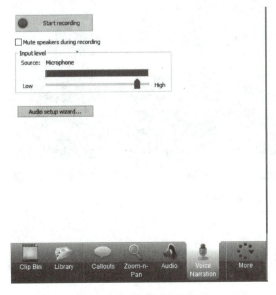 

图 3-92　录制旁白选项　　　　　　　图 3-93　正在录制旁白窗口

录制完成后单击"Stop recording"停止录制按钮,弹出"Save Narration As"保存声音文件窗口,如图 3-94 所示。

图 3-94　音频保存窗口

步骤 4：单击"保存"按钮后,在"Clip Bin"剪辑箱和"Track 2"轨道 2 上就会出现录制的音频文件,如图 3-95 所示。

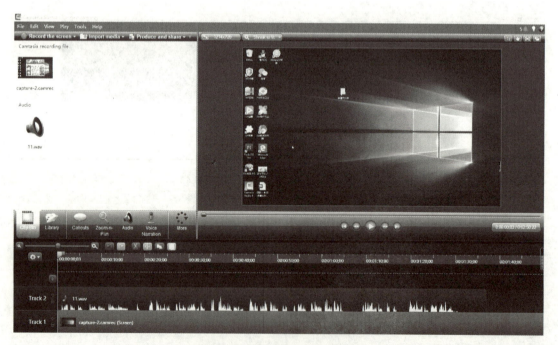

图 3-95　旁白录制完成后窗口

2. 音频效果

视频效果包括降噪、音量调整、淡入淡出等。

以配乐朗诵为例,学习音频效果添加。

步骤 1：启动 Camtasia Studio 软件,将两个文件"项目 3 \ 素材 \ 背景音乐 1. wav、项目 3 \

素材\古诗朗读.wma"导入"Clip Bin"剪辑箱中。

步骤 2：从"Clip Bin"剪辑箱中将"古诗朗读.wma"文件拖动到轨道 1 上，打开"Audio"音频选项卡，如图 3-96 所示。

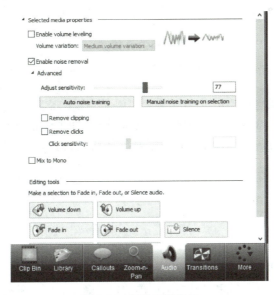

图 3-96　降噪设置窗口

勾选"Enable noise removal"降噪选项，单击"Auto noise training"按钮，软件会自动按照设定的参数对音频进行降噪处理。"降噪过程"窗口如图 3-97 所示。

步骤 3：从"Clip Bin"剪辑箱中把"背景音乐 1.wav"音频拖到轨道 2 上，将播放头拖动到轨道 1 的音频结束位置，单击时间轴工具栏上的

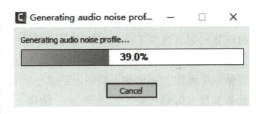

图 3-97　降噪过程

"Split"分割按钮，将轨道 1 上的音频从播放头所在位置分割开，选定被分割的后一段音频，并将它删除，这样，朗诵和背景音乐长度即一致。

将鼠标悬停于音量线上，此时鼠标指针变为双向箭头，按住鼠标左键向下拖动，减小音频音量，这样就可以调整背景音乐的音量了。

步骤 4：选中"Track 2"轨道 2 上的背景音乐，打开"Audio"音频效果选项，单击"Editing tools"编辑工具栏的"Fade in"淡入按钮、"Fade out"淡出按钮，这样就给背景音乐添加了淡入淡出的效果，如图 3-98 所示。

图 3-98　配音朗诵效果图

3.4.3 使用 Camtasia Studio 处理视频

任务描述

学习视频编辑的基本常识,掌握编辑视频的要领。

任务分析

在录制视频过程中,常会出现一些错误的操作,此时如果停止操作,重新录制,会使工作量变大,所以一般不用重新录制,而是通过后期编辑将出现的错误操作删除,并对视频进行编辑。

知识准备

1. 媒体元素简单编辑

添加到轨道上的媒体,如同生活中搭积木用的元件,用户可以在轨道上用鼠标拖动的方法,随意改变其在轨道上的位置,运用工具栏上简单的定义命令,配合鼠标拖动的操作,就能简单而快速地进行媒体元素的编辑,完成视频的制作。

(1)在轨道上拖动媒体元素:单击选定轨道上的某一媒体元素,然后在其上按下鼠标左键进行拖动,到新的位置松开鼠标左键(可在同一轨道的不同位置,也可在不同轨道的某一位置),此时媒体元素就改变了其在时间轴上的具体位置。

(2)剪切、复制、粘贴:添加在轨道上的媒体元素,用户可以根据需要对其进行剪切、复制、粘贴等操作。选定某一轨道上的某一媒体元素,单击工具栏上的"Cut"剪切按钮,此时该媒体元素被放入剪贴板中,再选择某一轨道,并将播放头移动到某一个位置,单击工具栏中的"Paste"粘贴按钮,完成媒体元素的位置移动。在轨道上选择某一媒体元素,单击工具栏上的"Copy"复制按钮,再选择某一轨道,并将播放头移动到某一个位置,单击工具栏上的"Paste"粘贴按钮,完成媒体元素一个副本的制作。

(3)分割:编辑视频时,经常需要把添加于轨道上的某一媒体元素分成若干段,运用媒体元素的不同段来进行视频编辑,而媒体元素的每一段,其开始、结束、播放时长均可调整为需要的状况。可将媒体元素分为若干段的操作称为分割。这个分割是理论上的分割,也就是说,当对某一媒体元素进行分割后,前一段媒体元素只是从分割点处隐藏了后一段媒体元素的内容,而后一段媒体元素只是从分割点处隐藏了前一段媒体元素的内容,对每一段媒体元素,用户需要时可以拖动其播放开始或播放结束的位置,从而显出隐藏的内容。

方法:在某一轨道上选定要分割的媒体元素,用鼠标拖动的方法,将播放头定位在需要分割的位置,单击工具栏中的"Split"分割按钮,或单击"Edit"编辑菜单中的"Split"分割命令,此时,媒体元素被分割为两部分。被分割后的两个媒体元素,轨道上会显示有分割线。将鼠标移动到前一段媒体元素结束的分割线上,此时鼠标变为双向箭头,按住鼠标左键,向左拖动调整该媒体元素的结束位置,将鼠标移动到该媒体元素的开始位置,鼠标变成双向箭头,按住鼠标左键向右拖动,调整该媒体元素的开始位置。后一段媒体元素的调整也可以用此方法进行。

(4)撤销与重做:编辑视频时,经常会出现错误操作,为恢复到操作前的状态,单击工具栏上的"Undo"撤销按钮，每单击按钮一次，即撤销一次操作。"Redo"重做是撤销的相反操作。

2. "Transitions"转场

在片段媒体间添加的过渡效果，叫作转场。转场效果实际上是设置了前一段媒体的退出效果和后一段媒体的进入效果，"Transitions"转场选项卡如图3-99所示。

在使用某种转场效果前，可以将鼠标指向某种转场效果上，单击鼠标右键，在弹出的快捷菜单里面选择"Preview"预览效果，这时在右侧画布上就显示了当前转场的实际效果。

(1) 添加转场。无论视频动画还是图片，只要需要在两个片段媒体之间添加转场，都可以运用转场效果来完成。添加转场的方法是：在"Transitions"转场选项卡中选择所需要的转场效果，并用鼠标拖曳的方式，将该转场效果拖到轨道上的片段媒体的开始位置或结束位置，此时该转场效果就添加到了片

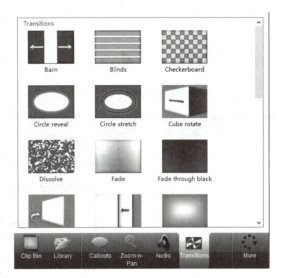

图3-99 转场选项窗口

段媒体上。将鼠标悬停于该转场效果上，会提示转场名称、开始时间、持续时间、媒体类型信息。

(2) 调整转场时间。片段媒体添加转场后，可根据需要调整转场时间。将鼠标移动到某一转场效果的边线左右拖动，即可调整该转场播放的时间长度。

(3) 更换转场。更换转场的方法是，从转场选项卡中选择所需转场，按住鼠标左键，以鼠标拖曳的方式将该转场拖到轨道媒体元素需要替换的专场上，此时该转场变为红色，松开鼠标左键，即完成转场的替换。

(4) 删除转场。在轨道上选择某一转场，此时选定的转场变为黄色，单击鼠标右键，在弹出的快捷菜单中选择"Delete"删除命令，或按键盘上的Delete键，即可删除所选转场。

3. 字幕

字幕是指显示在视频上的文本，主要是在播放媒体资源时，为观众提供视觉的帮助或解释性信息。字幕窗口包括"Advanced"脚本选项、"Captions"字幕列表、"Add caption media"添加字幕按钮。脚本选项用来导入或导出字幕文件，包括"Sync captions..."同步字幕、"Import captions..."导入字幕、"Export captions..."导出字幕、"Speech-to-text..."语音转字幕4个功能。如果已经添加了字幕，则在字幕窗口的字幕列表中会显示出每一条字幕，显示的内容包括该条字幕的开始时间、字幕的文本内容。

(1) 添加字幕：在选项卡中单击"Captions"添加字幕选项，弹出字幕编辑窗口，在文本输入区中输入字幕文本，就完成了一条字幕的添加。

(2) 要修改某条字幕的内容，可以在字幕窗口中单击该条字幕的文本框，即可对文本进行修改。删除字幕包括字幕文本删除和字幕删除。

(3) 删除字幕有两种方法：一种是在字幕编辑窗口选取文本框的内容，按Delete键；另一种是在字幕窗口中选择一条字幕，在该条字幕的开始时间上单击鼠标右键，在弹出的快捷菜单里，选择"Delete caption text"清除字幕文本命令，该条字幕的文本即被删除。

（4）更改字幕，持续时间。字幕在轨道上是有一定播放时间的，如果需要调整某一字幕的播放时间，可将鼠标移动到该字幕的开始位置或结束位置，按住鼠标的左键左右拖动，来调整它的开始时间和结束时间，就会使该字幕播放的时长发生改变。

知识拓展

标注是指在媒体中添加注释、指向、特效或强调重点内容的文字或图形，其主要作用是吸引观众的注意力，或者对某些内容做进一步解释，如图3-100所示。

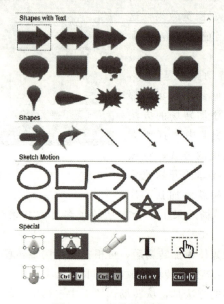

图3-100　标注选项窗口

（1）图形与文本。"Shapes with Text"图形与文本标注由图形和文本组成。标注的图形部分可对其进行边框、填充、效果等设置；标注的文本部分使用标注面板可设置字体、字号、颜色、对齐等。

（2）图形。"Shapes"图形标注主要起指示作用，只是图形，不包含文本。

（3）手绘图形。"Sketch Motion"手绘图形标注主要起动态提示、指示作用，可吸引观众的注意力，达到对重点内容的强调效果。这类标注会在特定时间内实现绘制效果，可设置绘制的时间、颜色、厚度、水平翻转、垂直翻转等效果。

（4）特效。特效标注主要起到对视频部分区域进行特殊效果的处理，其中的交互功能/热点标注与标记、超级链接配合使用，能够制作简单的交互视频。特效标注主要包括模糊标注、聚光灯标注、高亮标注、交互功能/热点标注、像素化标注。

编辑视频时，往往有些信息是属于机密、敏感内容或个人隐私，生成视频中这些信息就不需要清晰显示，运用模糊标注、像素化标注就可以得到部分信息的模糊化或像素化效果。编辑视频时，如果需要对媒体的某个区域进行突出显示，以提高观众的注意力，可以运用聚光灯标注，使该区域突出显示而其他区域变暗，也可以通过高亮标注突显该区域，使其他区域不变。

在特效里面还包括按键标注。添加一个设置快捷键的标注，而此类注释与热点结合，通过按钮组合键来实现视频的交互跳转。

1. 编辑视频

步骤1：启动 Camtasia Studio 软件，将视频文件"\项目3\素材\录1.mp4"导入"Clip Bin"剪辑箱中，从剪辑箱中将该视频添加到轨道1上，在时间轴工具栏的缩放条上单击鼠标右键，在弹出的快捷菜单中选择"Zoom to fit"缩放到合适命令。

步骤2：部分删除视频。将"播放头"移动到要删除的区域前面，选定一个位置，单击时间轴工具栏中的"Split"分割按钮，选定后一段视频，将其从轨道上删除。中间区域的删除，可以观看视频，将不理想的视频分割出来，如图3-101所示。选中分割出来的视频，按Delete键删除。

图3-101 分割后的效果

步骤3：分离音视频。选择轨道1并在其上单击右键鼠标，在弹出的快捷菜单中选择"Separate video and audio"分离音频和视频命令，此时，分离出的音频为轨道2。选定轨道2，在其音量线上按住鼠标左键垂直向上拖动，调整其音量为300%，如图3-102所示。

图3-102 分离音视频后的效果图

步骤4：为视频画面添加转场效果。打开"Transitions"转场选项卡，选择"Gradient wipe"渐变擦除选项，按住鼠标左键，将其拖动到轨道1第1段视频的开始位置，这样，在开始位置就加了一个转场效果，默认的转场效果时间为1秒。给轨道1的第1、2段视频添加转场效果时，选择转场选项卡中的一个选项，按住鼠标左键，拖动到轨道1两段视频之间，完成两个视频之间转场效果的添加，如图3-103所示。

图3-103 相邻视频的转场效果图

如果两段视频之间有一定的间隔，转场效果只能加在这两个视频的结束位置或者是开始的位置，如图3-104所示。

图3-104 分离的视频转场效果图

将鼠标移动到转场标记的边缘,鼠标指针变成双向箭头时,按住鼠标左键向左或向右拖动,可以调整转场的时长。

2. 添加字幕

字幕的操作主要通过"Captions"字幕窗口完成,包括添加字幕、分割字幕、同步字幕、导入字幕、语音转字幕的操作。

步骤1:启动 Camtasia Studio 软件,将视频文件"\项目1\素材\录1.avi"导入"Clip Bin"剪辑箱中,从剪辑箱中将该视频添加到轨道1上,在时间轴工具栏的缩放条上单击鼠标右键,在弹出的快捷菜单中选择"Zoom to fit"缩放到合适命令。

步骤2:添加字幕。

方法一:在"Captions"字幕选项窗口中,单击"Add caption media"添加字幕按钮,打开字幕编辑窗口,就完成了一条字幕的添加。"Captions"字幕窗口显示了该条字幕的开始时间字幕内容,如图3-105所示。

方法二:同步字幕。同步字幕可以将大量的文本快速地制成字幕,将 doc 文档或 txt 文档中的文本内容进行复制,在字幕窗口中单击添加字幕按钮,在打开的字幕编辑窗口中的"文本输入区"中粘贴文本,则会在轨道上添加一段字幕。

单击字幕窗口中的"Sync captions…"同步字幕按钮,弹出同步字幕窗口,单击"继续"按钮时,视频就会播放。在视频播放过程中,当听到一句话结束后,将鼠标器移动到字幕窗口文本的显示区中,单击下一句开始的单词,就会创建一条新的字幕,这样重复的操作,就会将全部文本分割成若干条新的字幕,在播放过程中,还可以使用"暂停"和"停止"按钮来控制视频的播放,如图3-106所示。

图3-105 添加字幕

图3-106 同步后的字幕窗口

方法三:语音转字幕。对于录制好的视频,有时需要将讲解的声音内容生成字幕,实现字幕与音频同步。单击字幕窗口中的"Speech-to-text…"语音转文本按钮,就会进行语音转录,当转录完成后,字幕就会出现在轨道上。双击轨道上的某个字幕,在字幕编辑窗口对该字幕进行内容校对、编辑格式、添加符号等,如图3-107所示。

图 3-107　语音转字幕窗口

步骤 3：编辑字幕。选中轨道上的字幕，打开"Captions"字幕编辑窗口，选中要修改的文本，在字幕"文本样式"窗口中设置字符颜色、大小、填充颜色及填充颜色的不透明度。

3. 添加标注

(1) 图形与文本。在"Callouts"标注选项卡中选择"Shape"窗口右下的下拉列表框，在"Shape with text"选项中的"Speech bubble"演讲气泡上单击，该标注就添加到画布和时间轴上，在时间轴上的位置默认的是播放头开始的位置。在时间轴的轨道上选中演讲气泡标注，在标注选项窗口中输入文本"标注的操作"，如图 3-108 所示。

在画布上，该标注四周有 8 个空心圆句柄，可改变标注的大小。另外，标注的中间有两个空心圆句柄。一个是标注的中心圆句柄，可以改变标注在画布上的位置；另一个是标注中心圆句柄右侧的旋转圆句柄，当鼠标器指向该圆句柄时（鼠标移至其上会变为绿色），鼠标指针变为旋转箭头，用来旋转该标注，如图 3-109 所示。

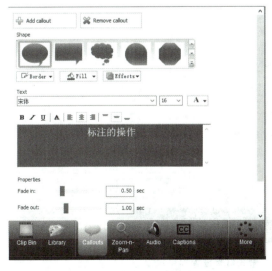

图 3-108　标注选项窗口

图 3-109　画布上的气泡标

(2)手绘图形。在轨道或画布上添加任意一个手绘图形标注后,轨道的手绘图形标识上会自动添加阴影效果。在"Callouts"标注选项卡中选择"Shape"窗口的下三角,弹出菜单,在"Sketch Motion"选项中的"Sketch Motion Star"五角星上双击,该标注就添加到画布和时间轴上,在时间轴上的位置默认的是播放头开始的位置。其参数设置如图 3-110 所示。

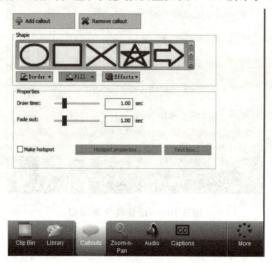

图 3-110　画布上的手绘图形标

(3)标注特效。

步骤 1:启动 Camtasia Studio 软件,将视频文件(…\项目 1\素材\录 1.avi)导入"Clip Bin"剪辑箱中,从剪辑箱中将该视频添加到轨道 1 上,在时间轴工具栏的缩放条上右击,在弹出的快捷菜单中选择"Zoom to fit"缩放到合适命令。

步骤 2:将播放头定位于 00:00:11;21 处,选择"Callouts"标注选项卡并添加一个"Spotlight"聚光灯标注,调整该标注结束的时间为 00:00:17;22 处。在画布上调整聚光灯标注的位置、大小,其参数设置如图 3-111 所示。

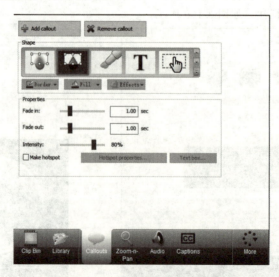

图 3-111　聚光灯标注窗口

步骤3：插入轨道3，将播放头定位于00：00：41；22处，选择标注选项卡，添加一个"Sketch Motion Perfect Oval"椭圆标注，将插入的标注移到轨道2相同的位置，调整该标注结束的时间为00：00：47；22处。

在画布上调整椭圆标注的位置、大小，其参数设置如图3-112所示。

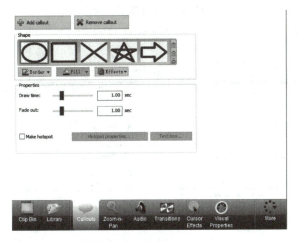

图3-112　椭圆标注窗口

完成后的时间轴效果如图3-113所示。

图3-113　加标注的时间轴

掌握Camtasia Studio软件屏幕录制视频、编辑视频，能够比较容易和简单快速地制作出属于自己的精彩视频。

3.4.4　设置Camtasia Studio发布

任务描述

了解生成视频的途径和方法，掌握将视频生成不同格式，并分享于不同应用环境中。

任务分析

Camtasia Studio通过两种途径生成视频。一是使用Camtasia Studio软件工具栏的"Produce and share"分享按钮，单击该按钮，会打开下拉菜单，从下拉菜单中选择生成与分享视频的方式；二是使用Camtasia Studio软件的菜单，选择"File"文件菜单的"Produce and share"分享命令，打开"Production Wizard"生成向导，完成视频的生成与分享。

知识准备

单击"Produce and share"生成视频按钮,在弹出的"Production Wizard"生成向导窗口中选择"Custom Production settings"自定义生成设置,如图 3-114 所示。

单击"下一步"按钮,进入"How would you like to produce your video?"(你想如何生成视频?)页面,如图 3-115 所示。

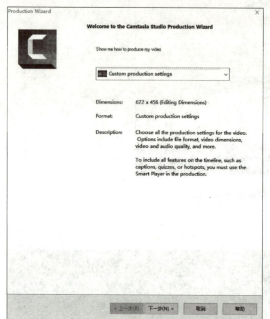

图 3-114　生成向导页面

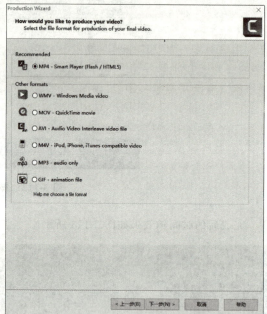

图 3-115　"你想如何生成视频"

界面中可以选择生成的视频格式,包括 MP4-Smart Player(Flash/HTML5)、WMV-Windows Media video、MOV-QuickTime movie、AVI-Audio Video Interleave video file(音频视频交错视频文件)、M4V-iPod,iPhone,iTunes compatible video、MP3-audio only、GIF-animation file 动画文件。

MP4-Smart Player(Flash/HTML5)格式的视频适合发布到网上,可以在优酷网等网络平台上进行播放;MV-Windows Media video 格式的视频适用于在计算机上进行播放,这个格式的视频,在所有安装 Windows 系统的计算机上都可以播放;AVI 格式输出的文件比较大,但是输出的视频文件是最清楚、最完整的;GIF 动画文件格式适用于时间比较短的动画格式视频。

以选择 MP4 格式为例,继续介绍视频生成的相关内容。单击"下一步"按钮,弹出"Smart Player Options",页面如图 3-116 所示。该页面中包括控制条、大小、视频设置、音频设置、选项 5 个选项卡。"Controller"控制条选项卡中的参数主要决定在生成视频中,是否有控制视频播放的控制条。当勾选"Produce with controller"生成控制条选项时,下面有:"Produce with controller"自动隐藏控制条、"Pause at start"在开始时暂停两个选项模块可进行设置。例如,当勾选自动隐藏控制条选项时,视频在播放时控制条会自动隐藏。

"Size"大小选项卡的设置包括嵌入大小和视频的大小。视频的大小包括视频的宽度、高度保持宽高比等参数。"Video settings"视频设置选项卡包括帧率、每秒多少关键帧、编码模式等。

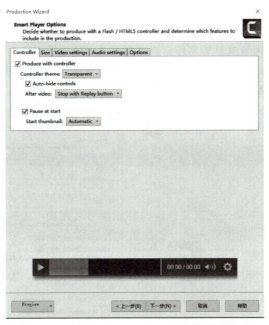

图 3-116 "Smart Player Options"选项页图面

"Audio settings"音频设置选项卡的设置，类似于视频设置。"Options"选项卡包括目录搜索字幕、字幕类型、在播放时显示字幕等内容，如图 3-117 所示。

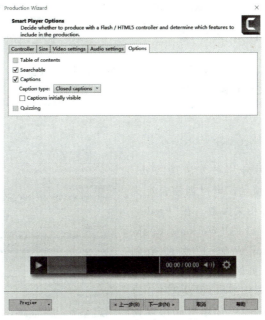

图 3-117 "Option"选项卡

当编辑的视频需要运用字幕时，则必须勾选字幕选项，同时，在字幕类型右下的下拉列表框中选择烧录字幕，并勾选在播放时显示字幕选项，否则生成的视频无法显示字幕。

设置完"Smart player 选项"页面相关参数后，单击"下一步"按钮，打开"Video Options"视频选项页面，如图 3-118 所示。

页面中包括视频信息、报告、水印、HTML 等选项设置。例如，当选择包括水印选项时，可使用图片或其他视频作为该视频的水印；当选择 SCORM 选项时，可生成课程压缩包。

继续单击"下一步"按钮，弹出"Produce Video"制作视频页面，如图 3-119 所示，此页面中设置输出视频文件的项目名称、存储的文件夹等。

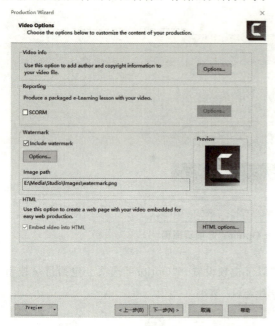 

图 3-118 "Video Options"选项页面　　　　图 3-119 "Produce Video"选项页面

最后单击"完成"按钮，Camtasia Studio 软件开始对视频进行渲染，最终生成视频文件和文件夹（文件夹中包含程序文件和视频文件等）。

知识拓展

生成新视频文件的另外一种方法是"Add/Edit preset…"添加/编辑预设，可以创建自定义预设、自定义生成视频的相关参数。在"Production Wizard"生成向导窗口的"Welcome to the Camtasia Studio Production Wizard"欢迎来到 Camtasia Studio 生成向导页面的下拉列表框中，选择"Add/Edit preset…"添加编辑/预设选项，打开"Manage Production Presets"管理生成预设窗口，如图 3-120 所示。

管理生成预设窗口包括"Production presets"生成预设、"Description"描述、"Preset informaton"预设信息三部分内容。生成预设包括视频尺寸选择、新建、编辑、删除。

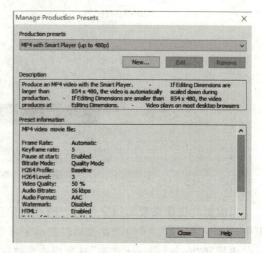

图 3-120 "Manage Production Presets"窗口

单击"New"新建按钮，打开"Create a Production Preset"生成预设向导窗口，如图 3-121 所示。

窗口中可以设置"Preset name"预设名称、撰写"Description"描述信息、选择"File format"文件格式等。描述主要是在创建该预设时，对该预设编写的一些描述信息。预设信息主要是该预设参数的描述，主要包括 MP4 视频、帧率、关键帧率、开头处暂停、视频质量、音频编码、水印、HTML 等参数。创建好的预设，只要用户不重新安装 Camtasia Studio 软件，则在以后生成视频时，均可以使用。

然后单击"下一步"按钮，根据提示完成生成预测的相关参数设置后，返回管理生成预设窗口，单击"关闭"按钮，返回欢迎来到 CS 生成向导界面，此时在页面的下拉列表框中就会出现新的预设。另外，管理生成预设窗口的生成预设下拉列表框中，同样会出现刚刚编辑好的预设，选择其中的某一个预设，单击"编辑"按钮，可对该预测进行编辑，单击"删除"按钮，可以删除该预设。

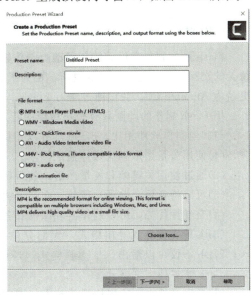

图 3-121 "New"新建窗口

实践提高

1. 打开文件"\项目3\素材\1.camproj"，利用视频的自定义生成向导，依据提示，完成视频的生成。

2. 利用"Add/Edit preset…"添加/编辑预设，创建一个自定义预设。

任务 3.5 制作动画素材

3.5.1 认识动画制作工具

任务描述

随着网络的飞速发展，Flash 动画的应用也越来越广泛。在多媒体课件中，动画受到人们的喜爱，它可以充分发挥人的想象力、创造力，给人们展现一些客观不存在或人力达不到的奇妙情境。恰当地使用动画可以起到强调主题、化解教学难点、添加趣味等作用。

任务分析

了解 Flash 软件的基本功能及操作，熟悉操作界面，掌握 Flash 软件常用工具的使用，学会使用 Flash 软件制作动画素材。

> 知 识 准 备

　　Flash 是一款非常优秀的矢量动画制作软件，学习者可以在不懂程序的情况下，使用它做出精美的交互动画。随着技术的更新，也为了能让这款软件适应新的环境，Flash 被不断地完善并更名为 Animate CC。我们通过学习 Flash，来制作多媒体课件中动画素材。
　　用 Flash 制作的动画具有短小精悍的特点，被广泛应用于网页动画的设计和课件的制作。
　　与其他制作软件相比，Flash 具有以下特点：
　　(1)使用矢量图形和流媒体播放技术。
　　(2)通过使用关键帧和矢量图形，使得所生成的动画(.swf)文件非常小。
　　(3)可以将音乐、动画、声效、交互方式融合在一起。
　　(4)交互性优势，可以制作游戏课件和各种测试性课件，从而拓宽了课件的应用范围。
　　(5)多种文件导入导出格式，大部分位图图像格式和矢量图文件格式都可以在 Flash 中导入；Flash 不仅可以输出 .fla 动画格式，还可以输出 .avi、.gif、.html、.mov、.smil 和可执行文件 .exe 等多种文件格式。
　　(6)导出文件小，流媒体播放技术使课件的播放流畅，容易携带和在网上传播。

> 知 识 拓 展

1. Flash CS3 的启动与退出

(1)常用的启动方法如下：
1)选择"开始"→"程序"→"Adobe Flash CS3 Professional"命令。
2)直接打开一个 Flash 文档，双击这个文档即可启动 Flash。
(2)退出 Flash CS3 的方法主要有以下几种：
1)单击 Flash CS3 主窗口右上角的"关闭"按钮。
2)执行"文件"→"退出"命令。
3)按"Alt＋F4"组合键。

2. Flash CS3 的工作界面

　　Flash CS3 的工作界面就像表演节目的舞台，以表演舞台为中心，为其服务的幕后设备围绕在舞台的中心，如图 3-122 所示。Flash CS3 的工作界面主要可分为标题栏、菜单栏、工具栏、图层及时间轴、工具箱、舞台、属性面板、浮动面板。
　　(1)标题栏。标题栏中可以查看当前打开的文件名称，如图 3-123 所示，标题栏中显示打开的文件名为"题目 4-7.fla"。
　　(2)菜单栏。Flash CS3 的菜单栏包括文件、编辑、视图、插入、修改、文本、命令、控制、调试、窗口和帮助等 11 个菜单。
　　每个菜单都包括下拉菜单，下拉菜单有很多选项，执行这些选项可以完成对指定对象的操作。其中一些菜单选项带有下三角图标，表明该菜单项还有子选项，如图 3-124 所示。
　　(3)工具栏。可以通过选择"窗口"→"工具栏"→"主要工具栏"命令打开主要工具栏。主要工具栏提供一些常用的菜单操作命令，方便用户在制作动画过程中快速运用。
　　主要工具栏包括新建、打开、转到、保存、打印、剪切、复制、粘贴、撤销、重做、贴紧至对象、平滑、伸直、旋转与倾斜、缩放、对齐，如图 3-125 所示。

项目3 多媒体课件素材的采集与处理

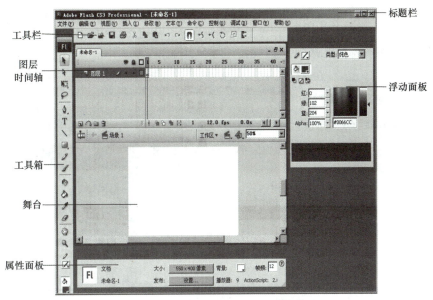

图 3-122 Flash CS3 的工作界面

图 3-123 标题栏

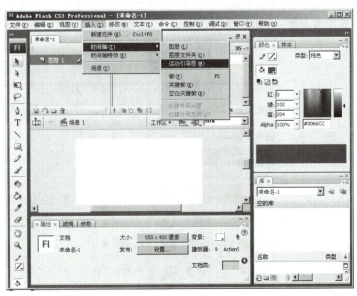

图 3-124 菜单选项

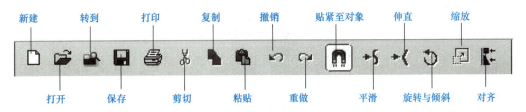

图 3-125 主要工具栏

（4）舞台。舞台在窗口中占有比较大的区域，它是 Flash CS3 的主要工作区域，舞台又称为编辑区，是制作动画的区域，位于工作界面的中间位置，如图 3-126 所示。Flash CS3 动画中大部分对象的设计与操作都是在舞台中进行的。

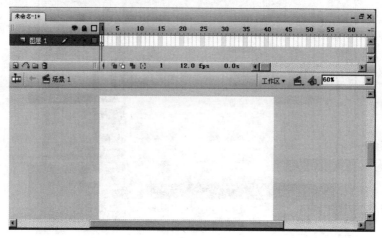

图 3-126　舞台区

（5）工具箱。在制作动画的过程中，需要绘制各种图形。Flash CS3 提供了各种绘图工具，包括编辑工具（箭头、部分选取、套索工具、橡皮）、绘制工具（直线、曲线、椭圆、矩形工具）、填色工具（墨水瓶、颜料桶、吸取工具）和一些辅助工具，这些工具集中在工具箱中，位于 Flash CS3 工作界面的左侧，如图 3-127 所示。

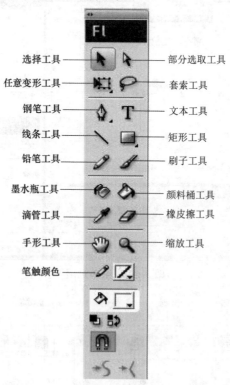

图 3-127　工具箱

可以选择"窗口"→"工具栏"→"主要工具栏"命令打开工具箱。工具箱中的一些工具带有黑色的三角形标识,这样的工具中还包含其他工具。如矩形工具,指向该工具,单击鼠标左键,会显示出该工具中的其他工具选项,如图 3-128 所示。

(6)属性面板。Flash CS3 中每一个对象都有其自身的属性,对象的属性在属性面板中进行设置,属性面板可以执行"窗口"→"属性"→"属性"命令打开,默认情况下,属性面板位于工作界面的下方。

选定某个对象,在属性面板中会显示该对象属性的各个选项。如图 3-129 所示,显示的是 Flash CS3 舞台的"属性"面板。

(7)图层、时间轴与帧。

1)图层。图层对应着一个舞台,在图层上绘制和编辑动画对象。图层就像透明的薄片一样,一层层地向上叠加,在本图层上绘制和编辑对象,并不会影响其他图层上的对象。

图 3-128　展开矩形工具图

图 3-129　舞台的"属性"面板

2)时间轴。时间轴用于组织和控制舞台上的对象在一定时间内播放的层数和帧数。

在"时间轴"面板中,帧是用小格符号表示的,关键帧带有一黑色的圆点。图层列表占据了时间轴左侧的空间,时间轴标尺上的红色直线就是播放头,标识了当前帧的位置,用户可以通过左右移动播放头来移动当前帧。默认情况下,时间轴位于舞台的下方,有时为了方便舞台内容的操作,用户可以隐藏时间轴,方法是选择"窗口"→"时间轴"命令,或按快捷键 Ctrl+Alt+T 也可以显示或隐藏"时间轴"面板。

3)帧。在时间轴上表现为一个小格,根据在动画设计中的作用不同可以分成关键帧、普通帧、补间帧,它们在时间轴上的显示如图 3-130 所示。

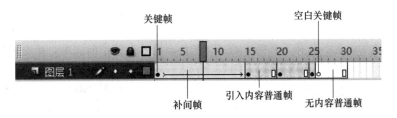

图 3-130　时间轴与帧

关键帧是与它前面或后面的帧内容不相同的帧,实心的圆圈代表了有内容的关键帧;空心的圆圈代表无内容的关键帧;普通帧只延长前一个关键帧的内容;补间帧根据开始和结束关键帧的内容由系统自动产生其内容。

(8)元件。在制作动画的过程中,往往会重复使用某些素材或动画,若每次都从外面导入或重新制作,很浪费时间。这时可以将素材转换为元件,从而解决重复使用的问题。

一幅优秀的 Flash 动画一般由很多小动画和素材组成，若将这些小动画和素材全部体现在一个时间轴上几乎是不可能的。这就需要将这些小动画制作成元件，待需要的时候再调用。

元件是 Flash 动画中可以反复使用的一个小部件，它可以是图片按钮或一段小动画。每个元件都有一个唯一的时间轴、舞台及几个层。元件可以反复使用，不但大大提高了工作效率，而且可以很大程度地减小动画的体积。

Flash 中的元件包括图形元件、按钮元件和影片剪辑元件三种类型。不同类型的元件可以产生不同的交互效果，在创建动画时，应根据动画的需要来制作不同的元件。

实 践 提 高

Flash 基本制作工具的使用。

1. 文本工具

文本是 Flash 中的重要组成部分，在制作课件、动画时都会用到文本。文本用于存储文字信息。Flash CS3 具有文本创建和编辑功能，能够做出各式各样的文字效果，包括一些动感的文字特效。文本工具的使用方法如下：

(1) 固定文本宽度的输入方式。选择工具箱中文本工具，鼠标指针为细十字线形状，将鼠标指针移动到舞台上，按下鼠标左键并拖动鼠标，在舞台上形成一个适当大小的文本框（图 3-131），释放鼠标左键，光标在文本框中，这时可以从键盘上进行字符的录入，如图 3-132 所示。

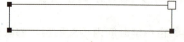
图 3-131 固定文本宽度的输入方式

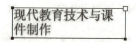
图 3-132 固定宽度文本录入

(2) 不固定宽度的单行文本输入方式。选择工具箱中的文本工具，鼠标指针为细十字线形状，将鼠标指针移动到舞台上，单击鼠标左键，在舞台上形成一个文本框（图 3-133），光标在文本框中，这时可以从键盘上进行录入字符，如图 3-134 所示。

图 3-133 不固定宽度的输入

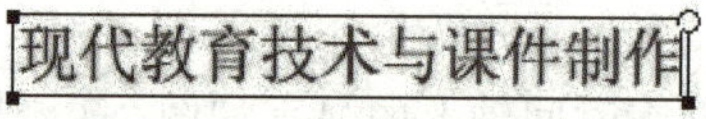

图 3-134 不固定宽度文本录入

(3) 文本属性的设置。选择工具箱中的选择工具，鼠标指针指向文本，单击鼠标左键，在窗口的下方会显示"文本属性"面板，如图 3-135 所示。

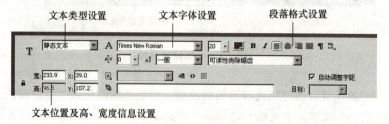
图 3-135 "文本属性"面板

"文本属性"面板中包括"文本类型""字间距""字体""字型"等属性，这些属性的设置方法将在实例应用中详细讲解。

2. 绘图工具

一个生动有趣的课件常常包括各种几何图形，这些几何图形是通过绘图工具绘制的。

Flash CS3 提供了各种有效且强大的绘图工具，方便自己动手绘制各种图形。

Flash CS3 提供的绘图工具包括线条工具、矩形工具等。运用这些工具，可以绘制不同的几何图形并填充各种颜色，从而制作出丰富的数学、化学、生物等学科的演示型课件。

(1) 绘图工具的使用方法。工具箱中有"线条工具"和"矩形工具"。其中，矩形工具还包括椭圆工具和多角星形工具等。选择某一个工具，将鼠标指针指向舞台，进行鼠标的拖动，就能绘制对应的图形，如图 3-136 所示分别绘制了直线、矩形和椭圆形。

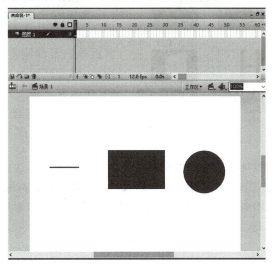

图 3-136　绘图工具绘制的图形

(2) 图形的属性设置。选择工具箱中的"选择工具"，鼠标指针指向图形，单击鼠标左键，在窗口的下方会显示对应的"形状属性"面板。"形状属性"面板中包括"线型""线宽""坐标""颜色"等属性，这些属性的设置方法将在实例应用中详细讲解。

3. 位图的使用

(1) 素材基础知识。在制作 Flash 动画的过程中，常常需要用到不同类型的素材，如图片、声音、视频文件等，学会利用已有的素材制作 Flash 动画，不但可以节省手工绘图的时间、提高工作效率，还可以提高动画的质量。

素材是 Flash 动画中不可或缺的组成部分，在 Flash 动画中扮演着重要的角色。

(2) 位图的使用方法。在制作课件时使用图片素材可以使课件更加生动，画面更加美观，从而提高学生的学习兴趣。

Flash CS3 可导入的图片素材文件格式包括 eps、dxf、bmp、emf、spl、gif、jpg、png、swf 和 wmf 等。

在 Flash CS3 中，导入图片的具体操作如下：

步骤 1：选择"文件"→"导入"→"导入到舞台"命令，弹出"导入"对话框。

步骤 2：在"查找范围"下拉列表框中选择要导入的图片位置，再在列表框中选中要导入的图片。

步骤 3：单击"打开"按钮，将图片导入 Flash 场景中，如图 3-137 所示。

图 3-137 "导入"对话框

3.5.2 基本动画效果的制作

任务描述

动画是通过迅速而连续地呈现一系列图像（或图形）来获得的，这些图像在相邻的帧之间有较小的变化（形状、位置、方向），就会形成动态效果。在舞台上看到每一帧，都是静止的画面，只有当播放时以一定速度沿各帧移动时，才能从舞台上看到动画，常用的动画制作方法中，主要包括逐帧动画和补间动画。

任务分析

熟悉图层和帧的创建方法，掌握逐帧动画的制作，熟悉元件的创建方法，掌握补间动画的制作方法。

知识准备

1. 图层

图层就像透明的醋酸纤维薄片一样，一层层地向上叠加，在图层上绘制和编辑对象，并不会影响其他图层上的对象，如图 3-138 所示。

如果一个图层上没有内容，那么就可以透过它看到下面图层，图层不仅可以作绘图用，还可以作动画用，因为每个图层都有自己的时间轴线。这种方法对于动画的制作来说非常方便，例如，用户制作一个行走的人，只要改变手脚所在的图层，就可以产生良好的效果。

要绘制、上色或对图层或文件夹做其他修改，需要选择该图层以激活它。图层或文件夹名称旁边的铅笔图标表示该图层或文件处于活动状态。一次只能有一个图层处于活动状态（尽管一次可以选择多个图层）。

插入图层方法：将鼠标器指针指向图层的名称，单击鼠标右键，在弹出的快捷菜单中，单击"插入图层"按钮；也可以单击时间轴面板左下角的"插入图层"按钮；还可以选择"插入"→"时间轴"→"图层"命令，插入图层。

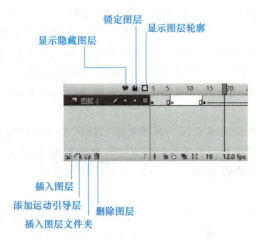

图 3-138　图层各部分功能

2. 帧的操作

（1）插入关键帧：一是在时间轴上选取一帧，按 F6 键；二是在时间轴上的某帧单击鼠标右键，在弹出的快捷菜单中选择"插入关键帧"选项；三是在时间轴上选取一帧，然后选择"插入"→"时间轴"→"关键帧"命令。

（2）插入空白关键帧：添加新的关键帧以后，前面关键帧中的对象就会自动出现在工作区。如果不想在新关键帧中出现前面的关键帧中的内容，可以采用插入空白关键帧的方法。插入空白关键帧的方法如下：一是在时间轴上选取一帧，再按 F7 键；二是在时间轴上的某一帧单击鼠标右键，在弹出的菜单中选择"插入空白关键帧"选项；三是在时间轴上选取一帧，然后执行"插入"→"时间轴"→"空白关键帧"命令。

（3）选择帧：在选择帧或关键帧时，将鼠标移动到相应的帧或关键帧上，单击鼠标左键。将鼠标移动到要选择的帧上，按住鼠标左键拖动，可以选取一段区域内的帧；双击可以选择整个关键帧跨度或空跨度。

（4）延伸帧（插入帧）：延伸帧是在关键帧后面插入一般的帧，插入帧的内容与该关键帧相同，实现关键帧内容的延伸。其方法是：选择需要插入帧的帧格，按 F5 键，也可以单击鼠标右键，在弹出的快捷菜单中选择插入帧。

（5）移动帧：选中要移动的帧，按住鼠标左键拖动到目标位置，释放鼠标即可。

（6）复制帧：选中要复制的帧，单击鼠标右键，在弹出的快捷菜单中选择"复制帧"，然后选取一帧或多帧，在选中的帧上单击鼠标右键，在弹出的菜单中选择"粘贴帧"，这样，复制的帧就将选中的帧覆盖。

（7）删除帧：选取要删除的帧，在选中的帧上单击鼠标右键，在弹出的快捷菜单中，选择"删除帧"即可，需要注意的是，删除的只是帧，如果选中的要删除的帧中含关键帧，只删除关键帧后的帧。

（8）清除帧和清除关键帧：选中要清除的帧或关键帧，单击鼠标右键，在弹出的快捷菜单中选择"清除帧"。清除帧是将帧的内容全部删除，使其成为空白关键帧，而清除关键帧是将其变为一般的帧。

（9）翻转帧：翻转帧是颠倒帧的播放顺序。翻转方法是：选取要翻转的多个帧，在选中的帧上单击鼠标右键，在弹出的快捷菜单中选择"翻转帧"。

(10)帧标签和注释：帧标签用于标识时间轴中的关键帧，主要用于帧的定位，如在动画中要跳转到某一帧进行播放，此时在跳转的动作语句中使用帧标签优于使用帧编号，因为在时间轴中添加帧或删除帧时，帧标签会随着帧一起移动，但此时帧的编号已经改变，所以，使用帧标签的动作语句可不用修改，但使用帧编号的动作语句则必须修改帧当前的编号，否则跳转就会发生错误。帧注释用于对时间轴中的关键帧进行注释说明，帧注释不会输出到发布的作品中。

添加帧标签和注释的方法基本相同。选择要添加帧标签或注释的关键帧，在"属性面板"中的"帧标签"框中输入标签或注释。如果是标签文字，则直接输入即可，如果是注释应在文字开头输入两个斜杠（//），以区别帧标签。

3. 元件的创建

元件的创建方式有两种：一种是从舞台上直接选取对象，将它们转换为元件；另一种是新建一个空白元件，然后在元件的编辑窗口中制作或导入元件的内容。

（1）在舞台上选择一个或多个元素，执行"修改"→"转换为元件"命令；或者将选中元素拖动到"库"面板中；或者单击鼠标右键选择"转换为元件"命令，弹出"转换为元件"对话框，输入元件名称、选择元件类型、设定注册点，单击"确定"按钮，如图 3-139 所示。

图 3-139 转换为元件窗口

Flash 会将该元件添加到库中。舞台上选定的对象此时就变成了该元件的一个实例。不能在舞台上直接编辑元件，必须在元件编辑模式下对它编辑。

（2）创建新元件。选择"插入"→"新建元件"命令，或按 Ctrl+F8 快捷键，或单击"库"面板左下角的"新建元件"按钮图标，弹出"创建新元件"对话框，输入元件名称、选择元件类型，单击"确定"按钮，Flash 会将该元件添加到库中，并切换到元件编辑模式。在元件的编辑模式下，元件的名称将会出现在编辑栏内场景名称的右面，舞台上的十字表示该元件的注册点。

知识拓展

1. 逐帧动画

逐帧动画就是将连续的不同内容的帧顺序播放形成的动画。在制作过程中，通过对帧上的内容进行修改，通过对时间轴的编辑，可以形成动画效果。

实例 1 小星星眨眼睛

（1）新建一个 Flash 文档，在"属性"面板中将背景改为红色。

（2）选择"工具"面板中的"矩形工具"→"多角星形工具"命令，在属性中选择"工具设置"→"选项"命令，在弹出的"工具设置"面板中，在"样式"中选择"星形"，其他选项默认，如图 3-140 所示。

（3）单击"确定"按钮。在"属性面板"中将"笔触颜色"设置为"无"，"填充颜色"设置为黄色。选中图层 1 的第 1 帧，在"舞台"上绘制一个五角星，如图 3-141 所示，将鼠标变成选择工具，选中五角星，在属性中设五角星的大小为高度：50，宽度：50。

项目 3　多媒体课件素材的采集与处理

图 3-140　工具设置

图 3-141　绘制星星

（4）选中图层 1 的第 2 帧，插入一个空白关键帧（单击鼠标右键，在弹出的快捷菜单中选择空白关键帧或单元 F7），如图 3-142 所示。

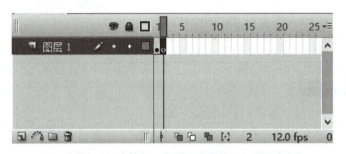
图 3-142　插入空白关键帧

（5）选中第 1、2 帧并复制帧，定位于第 3 帧并粘贴帧，定位于第 5 帧并粘贴帧，如图 3-143 所示。

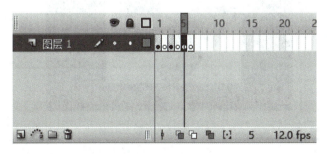
图 3-143　完成时的时间轴

（6）保存文件并测试影片，观看效果。

实例 2　蝴蝶飞

（1）新建一个 Flash 文档，在"属性"面板中将背景改为黑色。
（2）选择"文件"→"导入"→"导入到舞台"命令，弹出"导入"对话框，如图 3-144 所示。

在弹出的对话框中选择"项目 3 \ 素材 \ 蝴蝶 .jpg"文件，单击"打开"按钮，图片就导入到了舞台上，利用"任意变形工具"调整图片大小。选择"修改"→"分离"命令，将图片分离（或用快捷键 Ctrl＋B 也可以将图片分离），如图 3-145 所示。

141

图 3-144 "导入"对话框

图 3-145 导入舞台、调整其大小，并将图片分离

（3）选择工具栏中的"套索工具"，在套索选项中选择"魔术棒"和"魔术棒设置"，弹出"魔术棒设置"对话框，将选项"平滑"设置为"像素"，单击"确定"按钮，如图 3-146 所示。

（4）将鼠标器移到图片外单击，撤销对图片的选择。再将鼠标器移到图片上，这时，鼠标器变成魔术棒形状，移到白色背景区，单击鼠标左键，选中白色背景区域，按 Delete 键删除白色背景区域。其余小部分可以用套索选中，并删除。删除背景后的图片如图 3-147 所示。

（5）将鼠标变成"选择工具"，选中剩余部分蝴蝶，单击鼠标右键，在弹出的快捷菜单中选择"转换为元件…"，将其转换为名字为"蝴蝶图"的图形元件，如图 3-148 所示，并再次利用"任意变形工具"调整其大小。

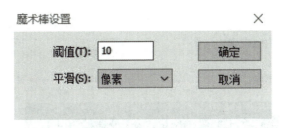

图 3-146　魔术棒设置

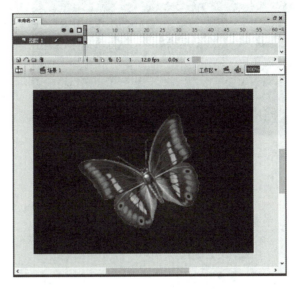

图 3-147　删除背景后的图片

图 3-148　转换为图形元件

(6)在"图层 1"的第 3、5、7 帧分别插入关键帧，定位于"图层 1"的第 3 帧，利用"任意变形工具"调整蝴蝶的水平宽度。同样定位于"图层 1"的第 3 帧，利用"任意变形工具"调整蝴蝶的水平宽度，如图 3-149 所示。这样就形成了一个蝴蝶飞的逐帧动画。

2. 补间动画

实例 3　图片的淡入淡出效果

(1)新建一个 Flash 文档，在"属性"面板中将背景色改为黑色。

(2)选择"文件"→"导入"→"导入到库"命令，从素材库中将图片"项目 3 \ 素材 \ 秋 .jpg"导入到库中。

(3)选择"插入"→"新建元件"命令，创建一个名为"风景"的图形元件，如图 3-150 所示。

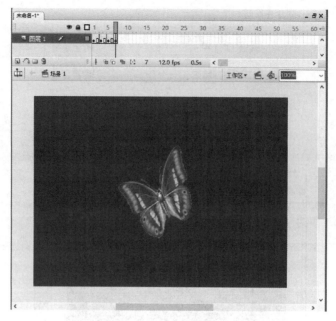

图 3-149　蝴蝶飞的逐帧动画

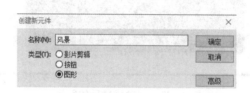

图 3-150　创建图形元件"风景"

(4) 将图片"秋.jpg"从库中拖出，放入图形元件中，如图 3-151 所示。

(5) 切换到场景 1 中，将"风景"元件拖到舞台中央，这时"风景"元件变成了元件在舞台上的一个实例。用"任意变形工具"设置实例图片大小与舞台一致；按 F6 键分别在 20 帧、25 帧、45 帧插入关键帧。

(6) 在 1~20 帧之间和 25~45 帧之间设置补间动画，如图 3-152 所示。

图 3-151　图形元件"风景"

图 3-152　设置传统补间动画后的时间轴效果图

(7)播放头定位在第 1 帧,单击"风景"元件在舞台上的实例,将该实例在"属性"面板中"颜色"下拉列表中选择"Alpha"选项,将其值设置为 0,如图 3-153 所示。第 45 帧同样操作。

图 3-153　属性中 Alpha 通道设置

(8)保存文件,文件名为"淡入淡出",并测试影片(按组合键 Ctrl+Enter),观看淡入淡出的效果。

实例 4　矩形到圆形的形状变化

(1)新建一个 Flash 文档。

(2)在工具栏中选择"矩形工具"选项,在"属性"面板中设笔触颜色为"蓝色",笔触高度为"2",填充色为"红色",线型为"实线",在舞台上绘制一个矩形,如图 3-154 所示。

(3)在第 20 帧插入空白关键帧,用上面的方法绘制一个圆形,在第 1~20 帧的任意帧单击鼠标右键,在弹出的快捷菜单中选择"创建补间形状"命令,这样一个从矩形变化到圆形的形状补间动画就做好了。

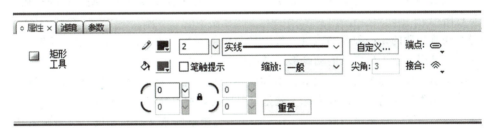

图 3-154　矩形工具属性设置

(4)选中补间,可以在"属性面板"中设置形状补间动画的缓动属性,如图 3-155 所示。

图 3-155　属性设置

需要注意的是,"缓动"选项用来控制动画的加减速,其设置范围为-100~100。当设置为-100~-1 时,动画内容越来越快;当设置为 1~100 时,动画内容越来越慢;当设置为 0 时匀速播放,缓动数值偏离 0 越多,动画内容的速度变化越明显;当值为-100 或 100 时,加减速幅度最大。适当应用此功能,能够创建出更自然、更生动的动画效果。

实践提高

1. 制作一个汽车由远及近开过来的动画。
2. 制作点到线的动画。

3.5.3 特殊动画效果的制作

任务描述

熟悉引导层的创建方法，掌握引导动画的制作，熟悉遮罩层的创建方法，掌握遮罩动画的制作方法。

任务分析

在动画制作过程中，有时需要让物体作非直线运动，即沿着特定的路线运动。Flash 提供了引导线功能，可以为物体设定运动路线。遮罩动画是一种具有特殊效果的 Flash 动画。

知识准备

引导线动画使对象沿着指定的路径运动，这种动画形式就是引导线动画。引导线动画由运动引导层和被引导层组成。将对象放置在被引导层中，而在引导层中常绘制一条线段用来指定对象的运行路径。

引导线动画设置的是一种运动轨迹，被引导层中的对象是沿着运动引导层中绘制的路径运动的，所以，被引导层中最常见的动画形式是动作补间动画。

引导动画由引导层和被引导层组成。引导层用于放置对象运动的路径；被引导层用于放置运动的对象。制作引导动画的过程实际上就是对引导层和被引导层的编辑过程。

遮罩，顾名思义，就是遮挡的意思。在 Flash 中，遮罩的意义恰好相反，应用遮罩功能后，被遮挡层的画面被遮挡的区域显示出来。

将某个图层作为遮罩层，以遮罩图层的区域来显示被遮罩图层的内容，就是遮罩效果。遮罩由遮罩层和被遮罩层组成。遮罩层相当于一个"视窗"，该层下方的对象可以通过这个"视窗"显示出来，而"视窗"之外的对象将不会显示。

遮罩层中的内容可以是填充的形状、输入的文字或创建的元件，但线条不能作为遮罩层，更改遮罩层内容的颜色不会影响遮罩的效果；被遮罩层中可以放置任意内容。

要创建遮罩效果，至少需要两个图层。在上面的图层上单击鼠标右键，在弹出的快捷菜单中选择"遮罩层"，则可以将该图层转换为遮罩层，下一层会自动链接到遮罩层下成为被遮罩层。同时，遮罩层和被遮罩层会自动锁定，如果要对遮罩层和被遮罩层进行编辑，再将把它们开锁即可。

知识拓展

实例 5 小球沿一定路径运动

（1）新建 Flash 文档，选择"椭圆工具"选项，在"属性"面板中将笔触颜色设置为"无"，填充颜色为"♯000 000"，在图层 1 第 1 帧上绘制一个小球。选中小球，单击鼠标右键，在弹出的快捷菜单中选择"转换为元件"选项，将小球转换成为图形元件。制作一个小球运动的传统补间动画，如图 3-156 所示。

(2)添加运动引导层。选中"图层 1",单击鼠标右键,弹出快捷菜单,选择"添加引导层",如图 3-157 所示。

(3)绘制路径。选中引导层的第 1 帧,利用"铅笔工具"绘制路径,这时在图层 1 中的第 1 帧,小球自动被吸附到路径上,如图 3-158 所示。

绘制路径通常使用能够绘制线条的工具,如钢笔工具、线条工具、铅笔工具、椭圆工具、矩形工具等。其中选用椭圆工具和矩形工具时,填充色设置为"无",同时,要用橡皮擦工具擦除一个断点,作为运动的起点和终点。但是最常用的绘制工具是铅笔工具,而且通常需要将铅笔选项设置为"平滑"。

(4)对齐路径。创建完引导层的路径后,使用"选择工具"将运动对象的关键帧锁定到相应路径的两个端点上,如图 3-159 所示。

图 3-156　小球运动的动作补间动画

图 3-157　添加引导层后的图层

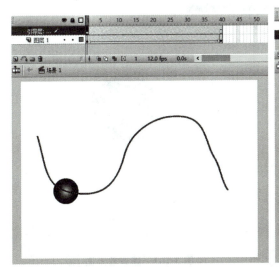

图 3-158　绘制路径后的效果

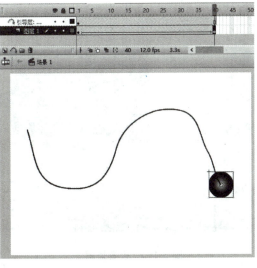

图 3-159　对齐路径后,末帧的显示效果

(5)测试并保存文档。

实例 6　制作遮罩效果

（1）在舞台中导入一张图片（素材 \ 荷花.jpeg），作为被遮罩层的内容，并在"属性"面板中设置图片大小宽为 550 像素，高为 400 像素，并将图层 1 更名为被遮罩层，如图 3-160 所示。

（2）新建一图层，更名为遮罩层，并绘制一个圆的矢量图形，作为遮罩层的内容（可以利用椭圆工具，也可以是基本椭圆工具），如图 3-161 所示。

（3）在新建的图层上单击鼠标右键，在弹出的快捷菜单中选择"遮罩层"命令，如图 3-162 所示。

（4）这样就可以将圆形作为下层图片的遮罩，只显示圆形区域的图片内容，如图 3-163 所示。

图 3-160　导入图片作被遮罩层

图 3-161　绘制椭圆作遮罩层

图 3-162　设置遮罩

图 3-163　遮罩效果图

实例 7　创建遮罩动画

（1）打开刚刚制作的具有遮罩效果的文件，将遮罩层解除锁定，如图 3-164 所示。

(2)在遮罩层的第 20 帧插入关键帧,并用被遮罩层的帧延续到第 20 帧,如图 3-165 所示。

(3)改变遮罩层中两个关键帧的圆形位置,如图 3-166 所示。

(4)在两个关键帧之间创建补间形状动画,单击"绘图纸外观"按钮,实现动画如图 3-167 所示。

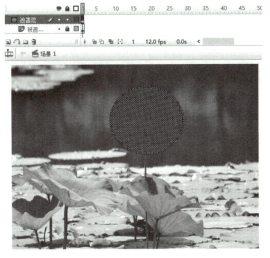

图 3-164　解除遮罩层的锁定后效果

图 3-165　遮罩层和被遮罩层的处理

图 3-166　改变关键帧圆形位置

图 3-167　创建补间形状动画

(5)这样就为遮罩层添加了动画,课件运行时只会显示圆经过区域,如图 3-168 所示。

实践提高

1. 制作一个小球从高处落下的动画,并调整缓动值。
2. 制作一个探照灯效果的动画。

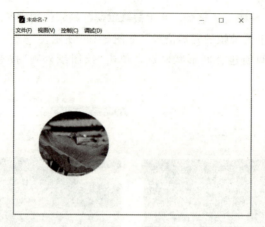

图 3-168　效果图

3.5.4　设置动画发布

任务描述

制作动画完成后，掌握根据制作课件的需要导出相应的动画素材。

任务分析

动画制作完成后，可利用导出或发布命令将 Flash 动画输出为多种特定的文件格式，如 .swf、.avi、.mov、.gif、.exe 等格式。

知识准备

"发布"动画文件的步骤如下：

(1)动画制作完成后，选择"文件"→"发布设置"命令，弹出"发布设置"对话框，如图 3-169 所示。

(2)在"发布设置"对话框中，默认有 3 个标签选项卡，格式选项卡中，可以设置发布的类型和文件名称及文件的位置，然后从"保存类型"下拉列表框中选择一种输出文件类型。Flash 可以导出图片（PNG、JPG、动画图片 GIF），可在执行文件 EXE（无须插件就能播放），Flash 播放文件 SWF，电影格式 MOV。在格式里勾选某种格式时，就会生成该格式的标签选项卡，在标签选项卡中，可以对该格式进行相关参数的设置。

(3)单击"确定"按钮，将保存该发布设置。单击"发布"按钮，选定格式文件就保存在指定文件夹中。

图 3-169　"发布设置"对话框

(4)可以在"文件"→"发布预览"的命令中,选择相应的文件进行预览,在"文件"→"发布"命令中进行发布。

> **知识拓展**

Flash 除在发布中可以导出相应的文件外,还可以选择"文件"→"导出"→"导出图像""导出影片"命令导出。

选择"文件"→"导出"→"导出图像"命令时,弹出"导出图像"对话框,确定保存位置、文件名、文件类型,单击"保存"按钮即可。

实例 8　利用发布设置,导出 gif 文件

(1)选择菜单中"文件"→"发布设置"命令,弹出"发布设置"对话框,在对话框里勾选"GIF 图像(.gif)",如图 3-169 所示。

(2)选择 GIF 标签选项,在该标签选项内,设置生成 gif 文件,相应的参数如图 3-170 所示。

(3)单击"发布"按钮,即可完成。

实例 9　利用"导出图像"命令导出 gif 文件

(1)选择"文件"→"导出"→"导出图像"命令,弹出"导出图像"对话框,如图 3-171 所示。保存位置为文档、文件名为"未命名-1"、保存类型选择为"GIF 图像(*.gif)"。

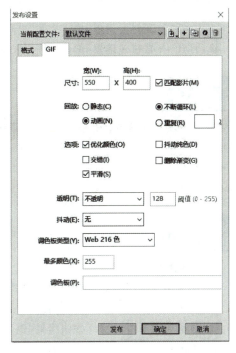

图 3-170　导出设置(GIF 选项)

图 3-171　"导出图像"对话框

(2)单击"保存"按钮后,弹出"导出 GIF"对话框,设置相应参数后,单击"确定"按钮,完成 GIF 文件的导出。

1. 打开"\素材\遮罩.fla"文件，导出 PNG 文件。
2. 打开"\素材\遮罩.fla"文件，发布 SWF 文件。

通过本项目的学习，认识了多媒体课件素材，了解了采集多媒体课件素材的方法；认识了制作图形和图像的工具 Photoshop，掌握了制作图形和图像素材的方法；熟悉了制作声音、视频素材的工具 Camtasia Studio，掌握了制作声音、视频素材的方法；认识了制作动画素材的工具 Flash，掌握了制作动画素材的方法。

一、选择题

1. 选取不连续图层时用到的快捷键是（　　）。
   A. Ctrl　　　　　　B. Alt　　　　　　C. Shift
2. 选取连续图层时用到的快捷键是（　　）。
   A. Ctrl　　　　　　B. Alt　　　　　　C. Shift
3. 对选区内容进行删除时需要用到的快捷键是（　　）。
   A. Delete　　　　　B. Enter　　　　　C. Backspace
4. （　　）格式是 Photoshop 专用的图像文件格式。
   A. TIF　　　　　　B. TGA　　　　　　C. GIF　　　　　　D. PSD
5. Photoshop 生成的文件默认的文件格式扩展名为（　　）。
   A. JPG　　　　　　B. PDF　　　　　　C. PSD　　　　　　D. TIF
6. 如果使用矩形选框工具画出一个以鼠标单击为中心的矩形选区应按住（　　）键。
   A. Shift　　　　　B. Ctrl　　　　　C. Alt　　　　　D. Shift＋Gtrl
7. 在使用套索工具后按（　　）键去掉蚂蚁线。
   A. Ctrl＋T　　　　B. Ctrl＋Z　　　　C. Ctrl＋D
8. 下面关于在 Photoshop 中修补工具的使用描述正确的是（　　）。
   A. 修补工具和修复画笔工具在修补图像的同时都可以保留原图像的纹理、亮度、层次等信息
   B. 修补工具和修复画笔工具在使用时都要先按住 Alt 键来确定取样点
   C. 在使用修补工具操作之前所确定的修补选区不能有羽化值
   D. 修补工具只能在同一张图像上使用
9. 下列不属于修复工具的是（　　）。
   A. 修复画笔工具　　　　　　　　　　B. 修补工具
   C. 橡皮擦工具　　　　　　　　　　　D. 去红眼工具
10. 在 Photoshop 中使用仿制图章工具按住（　　）键并单击可以确定取样点。
    A. Alt　　　　　　B. Ctrl　　　　　C. Shift　　　　　D. Alt＋Shift
11. 使用仿制图章功能时，按住 Alt 键单击鼠标的作用是（　　）。

A. 取相似像素　　　　　B. 进行删除像素　　C. 复制图层

12. 以下关于矢量图的叙述错误的是（　　）。

A. 不同的教学媒体在传播的深度与广度上没有区别

B. 图形是可修正的文件

C. 图形可通过扫描静态图形获得

D. 图形常被称作计算机图形

13. 遮罩的制作必须用两层才能完成，下面选项描述正确的是（　　）。

A. 上面的层称之为遮罩层，下面的层称之为被遮罩层

B. 上面的层称之为被遮罩层，下面的层称之为遮罩层

C. 上下层都为遮罩层

D. 以上答案都不对

14. 制作形变动画中，使用打散命令可以将（　　）。

A. 图像分离（打散）　　　　　　　　B. 图像转换为元件

C. 普通帧转换为关键帧　　　　　　　D. 以上都不是

15. 使用钢笔工具时，按（　　）键绘制一条水平或者垂直的线。

A. Shift　　　　　B. Tab　　　　　C. Alt　　　　　D. Ctrl

二、多选题

1. 以下是 Photoshop 中修复功能的工具的是（　　）。

A. 污点修复画笔工具　　　　　　　　B. 修复画笔工具

C. 内容感知移动工具　　　　　　　　D. 修补工具

2. Photoshop 中 p 掉一棵背景在渐变或者自然纹理中的树可以用到的工具是（　　）。

A. 仿制图章工具　　　B. 背景橡皮擦工具　　C. 修复画笔　　D. 修补工具

3. 下面关于引导层动画的说法中正确的是（　　）。

A. 引导层动画是利用引导层中的引导线建立的运动动画路径

B. 被引导层里的物体能沿着所建路径运动

C. 引导层动画必须由引导层和被引导层组成

D. 引导层中的绘制路径在动画播放时是可见的

4. 遮罩动画常用来制作一些特效，如（　　）。

A. 光彩字　　　　　B. 树叶飘落　　　C. 探照灯　　　D. 小鸟飞翔

5. 在套索工具中包含的套索类型有（　　）。

A. 自由套索工具　　　　　　　　　　B. 多边形套索工具

C. 矩形套索工具　　　　　　　　　　D. 磁性套索工具

三、简答题

1. 录制一段屏幕操作视频，将录制好的视频拖动放到轨道上，并进行编辑。

2. 导入三张图片，并添加转场效果，录制一段解说的语音旁白。

3. 将"\项目3\素材\古诗朗读1.mp3"进行音效处理（增大音量、降低噪声、添加淡入淡出效果）。

4. 给"\项目1\素材\录1.avi"添加字幕和相关标注。

5. 使用工具箱中的工具，为"\项目3\任务3\素材\人物.jpg"图片，去除人物眼袋。

6. 为两个媒体添加背景音乐，并将朗诵旁白。

7. 为一张图片添加探照灯效果动画，并导出为 gif 格式图片。

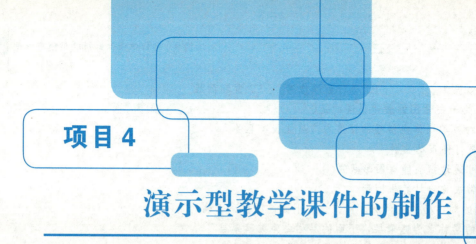

项目 4

演示型教学课件的制作

教学与学习目标

知识目标：
◇掌握在 PowerPoint 中图片、声音、素材的设置方法
◇掌握 PowerPoint 中动画设置方法
◇掌握多媒体课件的一般结构
◇掌握多媒体课件设计的一般过程

能力目标：
◇能够利用 PowerPoint 制作二维演示型课件
◇能够灵活运用教学设计理论和课件设计原则进行课件分析

任务 4.1　制作课件"黄山奇石"

任务描述

本课件是小学语文人教版第三册第二课《黄山奇石》的演示型课件。

《黄山奇石》这篇课文通过对黄山奇石的学习，使学生了解黄山风景的秀丽神奇，尤其是奇石很有趣，激发学生对祖国黄山的喜爱之情。

通过本课件教学，黄山风景真实地出现在学生眼前，学生能够更准确，更直观、真实、生动、形象地感知课文内容，同时，能够理解文章中的重点词语。

任务分析

1. 教学设计

（1）教学目标。正确、流利地朗读课文，选择自己喜欢的段落背下来；通过读课文，体会黄山奇石的生动有趣；通过观察图画，进一步理解课文内容，培养学生的观察能力和想象能力，激发学生对祖国大好河山的热爱之情。

（2）教学重点。正确、流利、有感情地朗读课文；通过朗读课文，了解黄山奇石的特点。

(3)教学难点。结合课文内容，引导学生展开想象。

2. 课件设计

(1)课件结构设计。为了更好地突出教学重点，化解教学难点，在课件中加入了黄山石头的动画，帮助学生了解课文中提到的黄山奇石，进而激发学生的好奇心，让学生主动去了解黄山的奇石。课件采用总分总的顺序，用一幅幅真实的动画、图片来说明黄山奇石的具体特征。

媒体选择：首先通过课件，展示出"黄山"其中的一个画面，让学生将所获得的已有知识经验和屏幕上的画面相互对照，感知这就是"黄山"。课件中将文字的说明转化为图片，让学生观察仙桃石、猴子观海、仙人指路、金鸡叫天都这四张图片，根据石头的特点，来命名石头。伴随着依次出现的图片，课件中做了文字说明，这种图文并茂的呈现方式，能够帮助学生通过课文的学习和真实的图像进行对照，进行赏析的熏陶。久而久之，学生理解和运用语言文字的能力自然会提高，思维同时也得到了发展。

(2)设计说明。本课件共分为 7 大部分：第 1 部分是课件封面，第 2 部分是目录，第 3 部分是课文分析，第 4 部分是生字，第 5 部分是巩固练习，第 6 部分是作业，第 7 部分是结束。

1)课件封面用来显示课件标题和作者。
2)目录是为了方便地进入课件的各个环节。
3)课文分析是利用动画吸引学生走进课文当中。
4)生字部分是让学生掌握生字的结构、读音和笔画。
5)巩固练习是让学生进一步掌握课文的中心。
6)作业部分是对本课重点内容进行巩固和复习。
7)结束部分通过播放图片，让学生对所学内容进行巩固。

知识准备

1. 建立演示文稿

PowerPoint 幻灯片演示文稿的建立，知识点讲解请参考"2.4.1 了解 PowerPoint"。

2. 插入幻灯片

插入幻灯片的相关操作，知识点讲解请参考"2.4.2 创建演示文稿"。

3. 幻灯片的外观设计

为了使课件中的多张幻灯片具有一致的风格，应为课件中的幻灯片设置统一的背景样式和文字风格，幻灯片的外观设计详见知识点"2.4.7 设计 PowerPoint 幻灯片的外观"。

4. 插入艺术字

艺术字能够提高文字的显示效果，艺术字的插入与格式设置操作请参考知识点"2.4.3 应用文本对象"。

5. 图片、Flash 文件的插入与编辑

插入图片及图片格式设置详见知识点"2.4.4 应用图形、图片对象"；Flash 文件的插入与编辑操作详见知识点"2.4.5 应用声音、视频、Flash 文件等多媒体素材"。

6. 幻灯片的切换效果和自定义动画设置

在幻灯片中设置动画效果，可以增强幻灯片的感染力和吸引力，增强播放效果，具体知识点详见"2.4.6 设置动画效果"。

任务实施

1. 制作课件封面

(1) 新建一个空白演示文稿，以"黄山奇石"为文件名保存。

(2) 选择"设计"选项卡，打开"主题"组列表，选择"龙腾四海"模板，如图 4-1 所示。

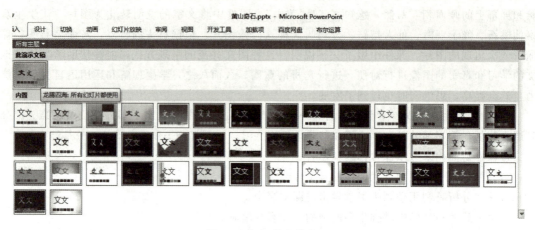

图 4-1　幻灯片设计主题

(3) 选择"视图"选项卡，在"母版视图"组中选择"幻灯片母版"命令，进入"幻灯片母版视图"编辑界面，设置幻灯片的标题样式、文本样式、背景、图案等。设置结束后，选择"幻灯片母版"工具栏上的"关闭母版视图"命令。

(4) 选择"插入"选项卡下"艺术字"命令，在弹出的列表框中选择一种艺术字样式，输入"黄山奇石"；选定文字"黄山奇石"，选择"格式"选项卡，在"艺术字样式"组中调整文本轮廓、文本填充、文本效果。

(5) 分别拖出"黄山奇石"四个字，形成四个艺术字。选中四个字，选择"动画"选项卡下"动画窗格"命令，弹出"动画窗格"列表，再选择"添加动画"命令，选择"进入"→"飞入"效果，开始为：单击时；方向为：自右侧；速度为：快速。"添加动画"→"强调"→"陀螺旋"，设置开始为：之前；数量为：360°逆时针；速度为：中速。"添加动画"→"强调"→"放大/缩小"，设置开始为：之前；尺寸为：150％；速度为：中速。

课件封面及动画窗格设置如图 4-2、图 4-3 所示。

2. 制作目录

(1) 单击"开始"选项卡"幻灯片"组中的"新建幻灯片"右侧的箭头，选择空白版式，新建一张空白版式的幻灯片。

(2) 在"插入"选项卡下的"文本"组中打开"文本框"列表，选择"横排文本框"，输入目录的文字内容分别为"课文分析""生字部分""巩固练习""作业部分""结束界面"。

(3) 选中文本框，在"开始"选项卡的"段落"组中，选择"项目符号"→"项目符号和编号"→"自定义"，选择一个☆，单击"确定"按钮。

(4) 选中文本框，在"格式"选项卡的"艺术字样式"组中设置文本轮廓、文本填充、文本效果。

图 4-2 "黄山奇石"课件封面

图 4-3 "黄山奇石"课件封面动画窗格

目录页幻灯片效果如图 4-4 所示。

3. 制作课文分析一(图 4-5)

(1)插入一张新幻灯片。

(2)在幻灯片上方插入 Flash 动画的播放文件。

选择"文件"→"选项"命令,在"PowerPoint 选项"对话框中,选择"快速访问工具栏"→"开发者工具"→"其他控件"命令,单击"添加"按钮,再单击"确定"按钮,具体知识点详见"2.4.5 应用声音、视频、Flash 文件等多媒体素材"。

单击快速访问工具栏中的"其他控件"按钮,在弹出的"其他控件"对话框中,选择"Shockwave Flash Object"选项,单击"确定"按钮。在幻灯片中画一个矩形框,选中矩形框,单击鼠标右键,在弹出的属性对话框的"movie"选项中输入"黄山奇石.swf"。需要注意的是,黄山奇石.swf 文件必须和 PowerPoint 文件在同一个文件夹下,否则黄山奇石.swf 应该是绝对路径。

图 4-4 目录页幻灯片

(3)在幻灯片上插入横排文本框,输入文字介绍内容,设置字体:楷体,字号:28,文本左对齐。文本前四个字颜色:红色,其余为黑色。

图 4-5 制作课文分析一

4. 制作课文分析二（图4-6）

（1）新建一张空白版式幻灯片。

（2）在"插入"选项卡中选择"图像"组的"图片"按钮，在弹出的"插入图片"对话框，选中"项目4 \ 任务1 \ 素材 \ 仙桃石 .jpeg"，单击"确定"按钮。这样仙桃石的图片导入幻灯片中，调整大小和位置。按同样的方法，导入图片"猴子观海 .jpeg" "仙人指路 .jpeg" "金鸡叫天都 .jpeg"，并调整图片的位置，具体知识点详见"2.4.4 应用图形、图片对象"。

（3）在对应的图片下方输入文字"仙桃石" "猴子观海" "仙人指路" "金鸡叫天都"，设置字体：华文楷体，字号：36，颜色默认，文本左对齐。

图4-6　制作课文分析二

（4）动画设置。选中"仙桃石"图片，选择"动画"选项卡下"添加动画"命令，选择"进入"→"盒状"，参数设置为"开始：单击时；方向：缩小；速度：非常快"；选中"仙桃石"文字，选择"动画"选项卡下"添加动画"命令，选择"进入"→"淡出式缩放"，参数设置为"开始：单击时；速度：非常快"。采用同样的方法设置其他三组图片和文字的动画效果，具体知识点详见"2.4.6 设置动画效果"。

5. 制作生字部分

（1）插入一张新幻灯片。

（2）选择"快速访问工具栏"中的"其他控件"命令，在弹出的其他控件列表中选择"Shockwave Flash Object"，再单击"确定"按钮。在幻灯片中画一个矩形框，选中矩形框，单击鼠标右键，在弹出的"属性"对话框的"movie"选项中输入"黄山奇石生字 .swf"。需要注意的是，黄山奇石生字 .swf 文件必须和 PowerPoint 文件在同一个文件夹下，否则黄山奇石生字 .swf 应该是绝对路径。

1. PowerPoint 的基本结构

PPT课件的基本结构由封面、目录页、节标题、内容页、封底组成。在制作 PPT 课件时，应根据课件的结构，正确地选择幻灯片的版式。

2. 多媒体课件的界面设计

在多媒体演示文稿教学过程中，真正的主角是人（教师），而不是文稿本身。使用演示文稿（幻灯片）的目的并不只是在上面写一些东西代替老师讲课，而是列出授课内容目录和辅助内容材料，使上课内容形象化，更容易被理解和接受。为了设计出较好的演示文稿，应遵循以下七

项基本原则:

(1)风格统一。风格统一是要求演示文稿的所有幻灯片上的背景、标题大小、颜色、版面空间分配等尽量保持一致。这样可使作品整体感强,便于阅读。

(2)内容简洁。内容简洁是指幻灯片的每页只保留必要的内容,以提纲形式出现,只强调一个要点,做到要点强化、文字简练、重点突出的效果。忌讳将所有内容全部写在几张幻灯片上。

(3)制作规范。制作规范是对文字处理、页面设置等方面进行合理搭配。

1)文字处理:文字是PPT的灵魂,它帮助人们传达信息。文字内容要做到"一目了然",这是PPT课件制作的第一条原则。要做到"一目了然"其实并不难,只需要将文字内容中的要点提炼出来,并用大号字呈现出来。不能将文字全部罗列在幻灯片上。

为了使PPT课件上的文字具有良好的可阅读性,在选择字体时,应避免使用"华文行楷"等装饰性字体,因为装饰性字体显得线条复杂,可辨认性较差,不利于信息传达。建议PPT课件的标题字体采用"黑体"44号或更大号字的字较醒目,正文字体采用"宋体",这两种字体美观大方,清晰可读。另外,由于"宋体"文字处理笔画较细,通过投影演示时看起来有些发白,因此使用"宋体"时最好要"加粗"。行间距应根据字体的大小进行设置,过窄或过宽都会影响阅读速度。

2)页面设置:幻灯片的作用是辅助教师,不能代替教师,因此,每一页不上应该放置太多的信息。每页只有一个主题,页面大致留出1/3左右的空白(上下左右都要留白),标题、文字、图和四周均应留有适当的空白;文字版式要符合规范和人们的浏览习惯,公式、上下标等必须表达准确,符合相关标准。这样的页面设置便于主题突出、版面清爽、疏密相间,不但有利于阅读,还有利于稳定视线。

(4)排版一致。排版一致是指同类型的文字或图片应使用相同的版式,设计时注意构图的合理性,使整个画面尽量做到均衡和对称,突出主题内容。

(5)配色协调。课件要求色彩融合、搭配合理。要视点明确、突出主题;前景色与背景色的对比度大且和谐。且背景以简单、柔和较合理,文字以鲜明的颜色为主,不能喧宾夺主。例如,深蓝底黄色字(或白字)对比度大,其效果好。

(6)图表简明。设计中遵循"用图不用表,用表不用字"的原则,图表内容与表达的内容有关,且注意图表风格的统一,不要添加或少添加没有意义的装饰性图案,避免页面出现凌乱的感觉。

(7)衔接合理。各页面间的链接设置固定在文字和按钮上,便于使用者记忆和操作,能够避免复杂的层次结构之间的转换,使课件思路清晰明了。

1. 制作巩固练习

(1)插入一张新幻灯片。

(2)选择"插入"选项卡,从"文本框"组中选择"横排文本框",绘制一个文本框,输入"我会读"和"读读写写"两段文本,并设置进入动画。

2. 制作作业部分(图4-7)

(1)插入一张新幻灯片。

(2)绘制一个横排文本框,输入课文最后一段在幻灯片的下方,并设置文本轮廓、文本填充、文本效果。导入声音文件"项目4\任务1\素材\06.mp3",并在"自定义动画"任务窗格中选中声音文件，在"效果选项"中设置"停止播放"为"在当前幻灯片之后"，单击"确定"按钮。

导入七组图片文件，导入第一组，选中导入的两张图片，在"自定义动画"任务窗格中选择"添加效果"→"进入"→"百叶窗"，设置开始：单击时；方向：水平；速度：中速。在"自定义动画"任务窗格中选中两张图片，在"效果选项"中设置"动画播放后"→"下次单击后隐藏"→"确定"。导入第二组图片，选中导入的两张图片，在"自定义动画"任务窗格中选择"添加效果"→"进入"→"菱形"，设置开始：单击时；方向：缩小；速度：中速。在"自定义动画"任务窗格中选中两张图片，在"效果选项"中设置"动画播放后"→"下次单击后隐藏"→"确定"。以此类推，导入其他几组图片。

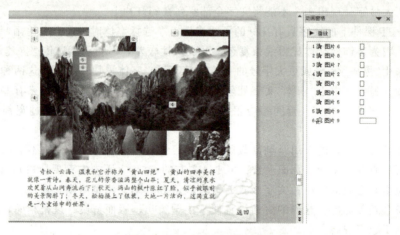

图 4-7　作业部分效果图

3. 制作结束界面

（1）插入两张新幻灯片。

（2）在第一张幻灯片上绘制一个横排文本框，输入一段说明文字在幻灯片的下方，并设置文本轮廓、文本填充、文本效果。导入几组图片文件，并设置进入的动画效果（与制作作业部分导入的图片相同）。

（3）在第二张幻灯片上插入文本框，输入文字，并设置文本轮廓、文本填充、文本效果。在"动画窗格"中选中文本框，设置"添加动画"→"进入"→"飞入"，开始：单击时；方向：自的底部；速度：非常慢。设置"添加效果"→"强调"→"放大/缩小"，开始：之后；尺寸：150%；速度：中速。设置"添加效果"→"退出"→"飞出"，开始：之后；方向：到顶部；速度：非常慢。

任务 4.2　制作课件"认识五官"

本课件适合特殊教育学校智障班学龄前儿童语言领域教学使用。课件使用图片和实物，通过听一听、唱一唱、闻一闻、尝一尝、看一看、讲一讲课堂实际体验的方式让学生进一步知道五官的作用，能够用不同的感官感知各种物体，同时培养智障儿童的语言表达能力，引导他们用完整的语言表述所见所闻。

1. 教学设计

(1)教学目标：

1)熟识五官的名称与位置。

2)了解五官的作用。

3)提高学生的观察能力与语言表达能力。

(2)教学重点。

1)了解五官的作用。

2)提高观察能力。

3)提高语言表达能力。

4)让每一个学生都认识到不能将异物塞进耳朵和鼻子里，否则后果严重。

(3)教学难点。认识脸上的五官及感知正确的位置。

2. 课件设计

(1)课件的结构设计。

1)以能力培养为目标，五官的认知与生活实际密切相关，课件设计突出重点与难点，培养认识五官和了解五官两个方面的能力。

2)智障生很容易忘记学过的内容，所以课件内容应设计适量、针对性强。为了与智障生的认知规律相适应，课件中教学内容采用循序渐进和反复练习相结合的原则，在巩固环节反复练习，通过强化训练以巩固新课内容。

3)智障生思维认知水平既直观又形象，本课件呈现了生活图片和视频来辅助教学，这些生动形象的素材可以提升学生的注意力，激发学生的学习兴趣。

4)所有生活的内容都是对智障生教育的内容，因此，生活的方法也就是对智障生教育的方法。课件中还设计了游戏与相关生活活动，形成生活与实践的课堂氛围，突出培养学生的生存能力。

(2)设计说明。本课件共分为7大部分：第1部分是课件封面，第2部分是旧知识复习，第3部分是新课导入，第4部分是探究新知，第5部分是小组交流，第6部分是练习与拓展，第7部分是结束。

1)课件封面用来显示课件适用对象、领域、标题。

2)旧知识复习部分呈现图片信息，引导学生产生联想，复习上节课所学内容。

3)新课导入部分播放儿歌动漫视频吸引学生学习的兴趣与注意力，使学生在现实情境中，产生探索的需求，激发了浓厚的学习兴趣。

4)探究新知部分以卡通人物为素材，设置动画突出重点内容，以接近生活的清晰图片为案例，使学生即看即会。

5)小组交流部分，出示具有情节的动漫图片，教师设问，学生交流与讨论。

6)练习与拓展部分，以动画形式呈现题目，设置问题，在巩固新知的同时深化了学生的认知。

7)结束部分播放"五官歌"，教师做示范，带动学生一同表演律动，进而培养学生的应用意识，激发学生的学习兴趣。

知识准备

1. 媒体选择与收集

在网络上搜索人体五官的图片、卡通人物图片、"泥娃娃"儿歌动漫视频、表情动画素材，对图片、视频素材进行编辑与处理，使用前面项目中所学的图像处理工具，具体知识点详见"3.3.3 使用 Photoshop 处理图像"，去掉图片所带背景，另存为".jpg"格式，也可以使用 Flash 工具箱中的魔术棒工具进行抠图，具体知识点详见"3.5.2 基本动画效果的制作"；将下载的儿歌视频进行剪辑，具体知识点详见"3.4.3 使用 Camtasia Studio 处理视频"。

课件首先播放儿歌动漫视频"泥娃娃"，以视频的形式导入新课内容，激发学生的学习兴趣。

2. PowerPoint 图片、图形工具的使用

插入图片及图片格式设置相关操作详见知识点"2.4.4 应用图形、图片对象"。

3. 插入声音素材、声音相关设置

插入与编辑声音素材操作详见知识点"2.4.7 应用声音、视频、Flash 文件等多媒体素材"。

4. 插入艺术字、艺术字效果的设置

艺术字能够提高文字的显示效果，艺术字的插入与格式设置操作请参考知识点"2.4.3 应用文本对象"。

5. 添加动画效果、动画效果相关选项设置

在幻灯片中设置动画效果，可以增强幻灯片的感染力和吸引力，增强播放效果，具体知识点详见"任务 2.4.6 设置动画效果"。

任务实施

1. 制作封面

（1）启动 PowerPoint，将文件保存为"五官认知.pptx"。

（2）选择"插入"选项卡下"图像"组中的"图片"命令，在"插入图片"对话框中选择"现代教育技术\素材\第六章\背景.jpeg"，单击"确定"按钮，将"背景"图片插入幻灯片中，调整图片大小。

选择"插入"选项卡下"文本框"组中的"横排文本框"，在幻灯片中插入文本框，输入"培智教育系列培智一年级"，设置文本的大小：28 磅，字体：华为细黑。将文字移动到幻灯片左上部。同样的方法在幻灯片上输入文字"生活适应"，字号：72，字体：华文细黑。

选择"插入"选项卡下"艺术字"，在艺术字样式中选择"填充→强调文字颜色 1"，"内部阴影→强调文字颜色 1"，输入文字"五官认知"，选中文字，在"格式"选项卡下的"艺术字样式"组中，选择"文本效果"列表"转换"选项组的"正三角"，设置文本的效果。

课件封面效果如图 4-8 所示。

2. 制作复习页

选择"开始"选项卡下"新建幻灯片"按钮，插入

图 4-8 "五官认知"课件封面

一页空白版式幻灯片。

选择"插入"选项卡下"图像"组中的"图片"命令，在弹出的"插入图片"对话框中，选中"项目 4 \ 任务 2 \ 素材 \ 双手 .jpeg"，单击"确定"按钮，选中图片，将其尺寸调整为合适的大小，如图 4-9 所示。

3. 制作导入页

选择"开始"选项卡下"新建幻灯片"命令，插入一页空白版式幻灯片。

选择"插入"选项卡下"视频"列表中的"文件中的视频"，选择"项目 4 \ 任务 2 \ 素材 \ 泥娃娃 .mpeg"，单击"确定"按钮。单击插入的视频，选择"视频工

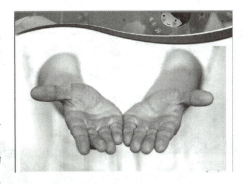

图 4-9 "五官认知"复习页

具"的"播放"选项卡，在"视频"组中将视频文件的打开方式设为"单击时"，如图 4-10 所示，插入视频、视频格式设置相关操作详见知识点"2.4.5 应用声音、视频、Flash 文件等多媒体素材"。

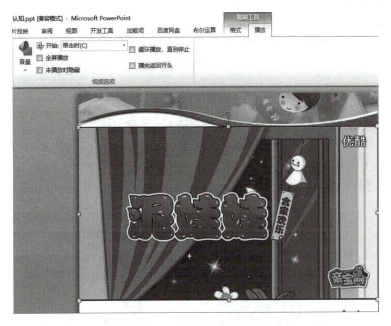

图 4-10 视频打开方式设置

4. 探究新知页面一

选择"开始"选项卡的"新建幻灯片"命令，插入一页空白版式幻灯片。

选择"插入"选项卡"图像"组中的"图片"命令，在弹出的"插入图片"对话框中，分别将图片"项目 4 \ 任务 2 \ 素材 \ 思考 .jpeg"和"项目 4 \ 任务 2 \ 素材 \ 问号 .jpeg"插入幻灯片中，两幅图片在幻灯片上的布局如图 4-11 所示。

选择图片，在"格式"选项卡的"图片样式"组中，

图 4-11 探究新知页面一

将图片的显示样式设为"棱台形椭圆,黑色",如图 4-12 所示。

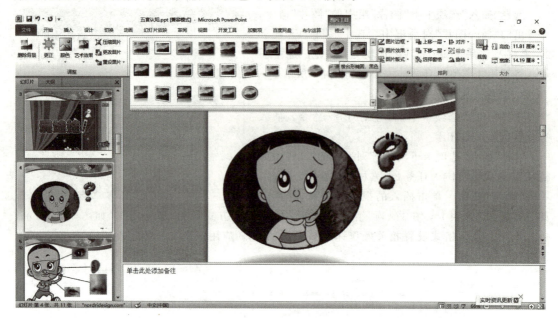

图 4-12　图片样式设置

5. 制作新知页面二

(1)选择"开始"选项卡下"新建幻灯片"命令,插入一页空白版式幻灯片。

(2)选择"插入"选项卡下"图像"组中的"图片"命令,分别将图片"项目 4 \ 任务 2 \ 素材 \ 壮壮.jpeg""项目 4 \ 任务 2 \ 素材 \ 眼.jpeg""项目 4 \ 任务 2 \ 素材 \ 耳.jpeg""项目 4 \ 任务 2 \ 素材 \ 鼻.jpeg""项目 4 \ 任务 2 \ 素材 \ 口.jpeg"插入幻灯片中,图片在幻灯片上布局如图 4-13 所示。

图 4-13　新知页面(1)

(3)选择"插入"选项卡下"插图"组"形状"列表,选择"自由曲线",沿"大头儿子"两只耳朵的轮廓绘制两条曲线。再分别选择两条曲线,选择"格式"选项卡,在"形状样式"组的"形状轮廓"中,设置"颜色"为"红色","线条粗细"为"1.5 磅",图形相关设置操作详见知识点"2.4.4 应用图形、图片对象",如图 4-14 所示。

用同样的方法,分别画出"大头儿子"嘴巴、眼睛和鼻子的轮廓,并设置颜色与线条粗细,

项目4 演示型教学课件的制作

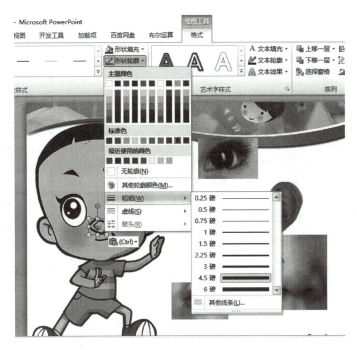

图4-14 设置线条轮廓

如图4-15所示。

(4)选择"插入"选项卡下"插图"组"形状"列表,选择"直线",从大头儿子的五官出发,分别画四条直线指向对应的图片。选择"格式"选项卡,在"形状样式"组的"形状轮廓"中,设置每条直线"颜色"为"黑色","线条粗细"为"1.5磅",如图4-16所示。

图4-15 绘制五官轮廓

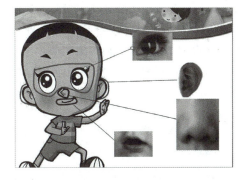

图4-16 新知页面(2)

(5)选择"插入"选项卡下"音频"列表中的"文件中的声音",将声音文件"大头儿子小头爸爸"插入文件中。选择幻灯片上的"声音"图标,在"播放"选项卡中将声音文件的打开方式设置为"单击时"。

(6)自定义动画设置:选择"眼睛轮廓线"选项,选择"动画"选项卡中的"添加动画"命令,选择"出现"→"轮子",如图4-17所示。选择"眼睛轮廓线"与"眼睛图片"的连接线条,设置动画效果为"擦除"。选择"眼睛图片",设置动画效果为"随机线条"。

重复上面的操作,将各个器官的轮廓线、连接线条、图片分别设置动画效果,动画窗格如

图 4-18 所示。

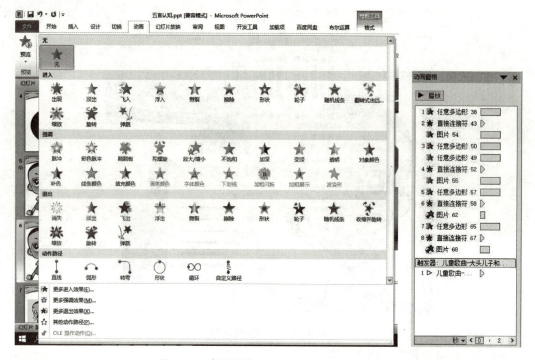

图 4-17 动画设置　　　　　　　　　图 4-18 动画窗格

知识拓展

如果将幻灯片演示文稿比作一个人，那么图片就是 PPT 的灵魂。一个没有图片的 PPT 就像没有灵魂一样，单调而枯燥。下面介绍 PPT 中图片的应用。

1. 文字介绍加入图片，内容更生动

PPT 课件是将想表达的内容用一种图片加文案方式更好呈现出来，如图 4-19、图 4-20 所示的效果对比。

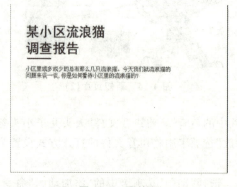

图 4-19 原效果　　　　　　　　　图 4-20 图片增强效果

2. 选择高质量且有留白的图片

选择分辨率高、无水印，构图清晰合理，让人看起来舒适的图片，最好有一些留白，留白处用于插入文字,如果将文字直接放在图片上,那么文字就和背景图片重叠在一起,不能突显文字的内容。

3. 选择有趣的图片

选择有趣、有意思的图片能够使课件的内容更加吸引人、更加生动。例如,课件最后一般都要加上感谢语,如图 4-21 所示,看起来比较平庸。如图 4-22 所示,插入了一个小朋友的照片,小朋友好像在思考,同时文案内容已调整,这样的 PPT 给人会心一笑的感觉。

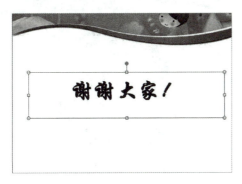

图 4-21 普通的致谢页面

图 4-22 改进的致谢页面

4. 蒙版法处理图片

如果选择的图片素材作为背景看起来显得有些杂乱,如图 4-23 所示。选择"插入"选项卡下"插图"组"形状"列表,选择"矩形"选项,在幻灯片上绘制一个与图片一样大小的矩形。选择矩形,选择"格式"选项卡,弹出"设置形状格式"对话框,设置填充类型为"纯色填充",调整"透明度",设置相关选项以后单击"确定"按钮,如图 4-24 所示。图片添加蒙版以后幻灯片效果如图 4-25 所示。

图 4-23 杂乱的背景图片

图 4-24 "设置形状格式"对话框

图 4-25 背景图片添加蒙版的效果

> **实践提高**

(1) 完善课件"认识五官",制作小组交流页面一、小组交流页面二,页面布局如图 4-26、图 4-27 所示。

图 4-26　小组交流面页一

图 4-27　小组交流面页二

(2) 完善课件"认识五官",制作"拓展练习"页,制作"洋娃娃"的五官按先后顺序退出的动画效果。

使用图像处理软件,通过抠图操作,将"洋娃娃"的五官单独存储为一个图片文件,具体操作详见知识点"3.3.3 使用 Photoshop 处理图像",也可以使用 Flash 工具箱中的"魔术棒工具"进行抠图,具体操作详见知识点"3.5.2 基本动画效果的制作"。

选择"动画"选项卡,单击"添加动画"按钮,分别设置每一个器官的动画效果,动画过程结束页面如图 4-28 所示,动画过程及窗格设置如图 4-29 所示。

图 4-28　动画过程结束页面

图 4-29　动画过程及动画窗格设置

(3) 完善课件"认识五官",制作结束页,选择"插入"选项卡下"音频"列表中"文件中的声音",在弹出的"声音"对话框中,选择"项目 4 \ 任务 2 \ 素材 \ 眼 .jpeg \ 五官歌 .mp3"。

单击"声音"图标,在"播放"选项卡中设置"声音打开的方式"为"单击",结束部分页面如图 4-30 所示。

选择"插入"选项卡下"图像"组中的"图片"命令,分别将图片"项目 4 \ 任务 2 \ 素材 \ 音符 1.jpeg""项目 4 \ 任务 2 \ 素材 \ 音符 2.jpeg""项目 4 \ 任务 2 \ 素材 \ 音符 3.jpeg""项目 4 \ 任务 2 \ 素材 \ 音符 4.jpeg""项目 4 \ 任务 2 \ 素材 \ 音符 5.jpeg""项目 4 \ 任务 2 \ 素材 \ 音符 6.jpeg"插入幻灯片中。图片在幻灯片上布局如图 4-30 所示。

图 4-30 结束部分页面

选中所有的图片,将它们组合为一个图形,图片组合操作具体知识点详见"2.4.4 应用图形、图片对象"。

任务 4.3 制作课件"要是你在野外迷了路"

任务描述

《要是你在野外迷了路》选自义务教育课程标准实验教科书语文(人教版)二年级下册第五单元课文。本篇课文是一首以自然科学为题材的儿童诗歌,向学生介绍了大自然中很多细微的、能帮助人们识别方向的自然现象。课文通过简单易懂的词句,介绍了自然界里四种辨别方向的方法,即通过正午时大树的影子的方向分辨南北;通过夜晚北极星的位置来分辨方向等;阴雨天,大树的枝叶稀稠可以帮人们辨别方向;冬天里,沟坡积雪的多少也能帮助人们判别南北的方向。

任务分析

1. 教学设计

(1)教学目标:

1)会认 14 个生字,会写 9 个字。

2)正确、流利、有感情地朗读课文、背诵课文。

3)掌握一些辨别方向的方法。启发儿童观察研究大自然,发现更多的天然指南针。

4)培养学生热爱大自然的情感。

(2)教学重点:掌握辨别方向的方法。

(3)教学难点:怎样识别方向。

2. 课件设计

(1)课件结构设计。这一课的学习重点可分为三部分:第一部分是需要学生认读的字词,这些字词不要求学生会书写,所以要从认和读两部分入手学习;第二部分是需要会书写的几个生字,需要学生记忆每个字的书写方法、字形等知识;第三部分要求学生通过学习课文,了解自然界里辨别方向的几种方法,掌握这些技能。这部分偏重于知识的介绍,采取演示型课件的方式,分四个部分来演示每一种辨别方向的方法。

(2)设计说明。本课件共分为7大部分：第1部分是课件封面，第2部分是目录，第3部分是认读的生字，第4部分是需要会书写的生字，第5部分是课文分析，第6部分是拓展练习，第7部分是作业。

1）课件封面用来显示课件标题和作者。
2）目录是为了方便地进入课件的各个环节。
3）认读生字部分不要求学生会书写，只认读即可。
4）会书写的生字，要求学生记忆每个字的书写方法、字形等知识。
5）课文分析是利用动画吸引学生走进课文当中，了解自然界里辨别方向的几种方法，并掌握这些技能。
6）拓展练习是让学生进一步掌握课文的中心，学会要是在野外迷了路该怎么办。
7）根据课文仿写小儿歌《要是你在野外迷了路》。

知识准备

1. 媒体选择与收集

在网络上搜索背景图片、夜晚图片、大树图片、太阳等图片素材，选择高分辨率、简洁、清晰、卡通的相关素材下载，对图片、视频素材进行编辑与处理。使用前面项目中所学的图像处理工具，具体操作详见知识点"3.3.3 使用 Photoshop 处理图像"，去掉图片所带的背景，另存为".PNG"格式，也可以使用 Flash 工具箱中的"魔术棒工具"进行抠图，具体知识点讲解请参考"3.5.2 基本动画效果的制作"。

2. PowerPoint 相关操作

(1)幻灯片的外观设计。
(2)图片、声音文件的插入与编辑。
(3)幻灯片的切换效果设置。
(4)幻灯片的自定义动画设置。

任务实施

1. 制作课件封面

(1)新建一个空白演示文稿，以"要是你在野外迷了路"为文件名保存。
(2)选择"设计"选项卡，在"主题"列表中选择"夏至"。
(3)选择"插入"选项卡下"图像"组中的"图片"命令，在"插入图片"对话框中选中"项目4\任务3\素材\眼.jpeg\背景.jpeg"，单击"确定"按钮。这样"背景"图片插入幻灯片中，调整图片大小。

在"插入"选项卡下"文本框"列表中选择"横排文本框"，在幻灯片上插入一个横排文本框，输入"义务教育课程标准实验教科书语文(人教版)二年级下册"，设置文本的大小：20磅，字体：仿宋。将文字移动到幻灯片左上部。

在"插入"选项卡下"艺术字"中选择"填充－强调文字颜色1，内部阴影－强调文字颜色1"，输入文字"要是你在野外迷了路"；选中文字，在"格式"选项卡下"文本效果"列表中选择"转换"中的"正三角"，设置文本的效果。

在幻灯片的右下方输入文本"制作者",并设置字体字号,调整位置,课件封面效果如图 4-31 所示。

设置文本动画效果:选择"要是你在野外迷了路"文字,在"动画"选项卡下"添加效果"选择"进入"→"淡出式缩放",设置"开始:单击时;速度:中速"。

2. 制作目录

选择"开始"选项卡下"新建幻灯片"命令,插入一页空白版式幻灯片。

选择"插入"选项卡下"图像"组中的"图片"命令,在"插入图片"对话框中选中"项目 4＼任务 3＼素材＼图 5.jpeg",单击"确定"按钮,调整导入幻灯片中的图片大小。

图 4-31　课件封面效果

在"插入"选项卡下"艺术字样式"中选择"填充→白色,轮廓→强调文字颜色 1",输入文字"我会读"。其他文字的输入同"我会读"的输入方法,目录页面效果如图 4-32 所示。

设置文本动画效果:选择"我会读",在"动画"选项卡下选择"添加效果"为"进入"→"轮子",设置"开始:单击时;辐射状:4;速度:中速"。其他文字的动画效果设置同"我会读"。

3. 制作"我会读"幻灯片

选择"开始"选项卡下"新建幻灯片"命令,插入一页空白版式幻灯片。

在"插入"选项卡下"图像"组中选择"图片"命令,在"插入图片"对话框中选中"项目 4＼任务 3＼素材＼图 6.jpeg",单击"确定"按钮,调整导入幻灯片中的图片大小。

图 4-32　目录页效果

在"插入"选项卡下"文本框"列表中选择"横排文本框",在幻灯片上插入一个横排文本框,输入文字,文字内容及布局如图 4-33 所示。

设置文本动画效果:选择文字,在"动画"选项卡下选择"添加效果"为"进入"→"颜色打字机",设置"开始:单击时;速度:快速"。

插入声音文件:在"插入"选项卡下"音频"列表中选择"文件中的声音",在弹出的"声音"对话框中选中"项目 4＼任务 3＼素材＼天然.mp3",单击"确定"按钮;单击声音图标,在"播放"选项卡中选择"声音打开的方式"为"单击时"。

图 4-33　"我会读"幻灯片

4. 制作我会写

选择"开始"选项卡下"新建幻灯片"命令,插入一页空白版式幻灯片。

单击"快速访问工具栏"中的"其他控件"按钮,在弹出的其他控件列表中选择"Shock Wave

Flash Object",再单击"确定"按钮。在幻灯片中画一个矩形框,选中矩形框,单击鼠标右键,在弹出的"属性"对话框的"movie"选项中输入"生字.swf"。需要注意的是,生字.swf 文件必须和 PowerPoint 文件"要是你在野外迷了路"在同一个文件夹下,否则"movie"选项中输入的应该是绝对路径。

"我会写"页面如图 4-34 所示。

图 4-34 "我会写"页面

5. 制作课文内容——"太阳指方向"页面

选择"开始"选项卡下"新建幻灯片"命令,插入一页空白版式幻灯片。

选择"插入"选项卡下"图像"组中的"图片"命令,在"插入图片"对话框中选中"项目 4 \ 任务 3 \ 素材 \ 图 2.jpeg",单击"确定"按钮,调整导入到幻灯片中的图片大小。

制作树木阴影:在"插入"选项卡下"插图"组"形状"列表中选择"任意多边形",在大树阴影位置绘制一个阴影,选择阴影部分,在"格式"选项卡下"形状样式"中选择形状轮廓为"无轮廓",设置形状填充色为"渐变-线性向下"。

在"插入"选项卡下"插图"组"形状"列表中,选择"圆角矩形",绘制一个圆角矩形,选择绘制好的矩形,在"格式"选项卡下"形状样式"中,设置形状轮廓为"黑色",在"形状填充"列表中选择"渐变"→"其他渐变",弹出"设置形状格式"对话框,在"填充"选项中选择"渐变填充",设置"渐变填充"的参数。

在"插入"选项卡下"文本框"列表中选择"横排文本框",在幻灯片中插入一个横排文本框,输入文字,文字内容如图 4-35 所示,将文本移到圆角矩形上。

设置文本动画效果:选择多边形,在"动画"选项卡下选择"添加效果"为"进入"→"脉冲",设置"开始:单击时;速度:快速"。单击自定义动画面板中任意多边形右侧的箭头按钮,在列表中选择"效果选项",弹出如图 4-36 所示的对话框,在"计时"选项下设置"重复"选项设置为 3,单击"确定"按钮。这样就给阴影设置了"忽明忽暗"的效果。

图 4-35 "太阳指方向"页面

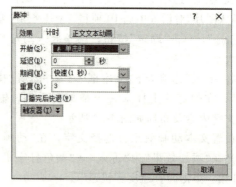

图 4-36 多边形动画效果设置

选择文字"北",在"动画"选项卡下选择"添加效果"为"进入"→"飞入",设置"开始:单击时;方向:自顶部;速度:非常快"。

选择文字"南",在"动画"选项卡下选择"添加效果"为"进入"→"展开",设置"开始:单击时;速度:快速"。

选择文本"中午的时候太阳在南边,地上的树影正指着北方。",在"动画"选项卡下选择"添加效果"为"进入"→"百叶窗",设置"开始:单击时;方向:水平;速度:非常快"。完成效果如图 4-37 所示。

"北极星指方向""树叶指方向"和上述的"太阳指方向"制作方法类似,制作时可以参照上面进行。图 4-38 所示为北极星指方向完成效果,图 4-39 所示为大树指方向完成效果。

图 4-37 设置自定义动画

图 4-38 北极星指方向完成效果图

图 4-39 大树指方向完成效果图

6. 制作拓展练习

选择"开始"选项卡下"新建幻灯片"命令,插入一页空白版式幻灯片。

选择"插入"选项卡下"图像"组中的"图片"命令,在"插入图片"对话框中选中"项目 4＼任务 3＼素材＼雪.jpeg",单击"确定"按钮,调整导入幻灯片中的图片大小。

在"插入"选项卡下"文本框"列表中选择"横排文本框",在幻灯片上插入一个横排文本框,输入文字"山坡南坡""山坡北坡""雪化得快的一边是（ ）坡,雪化得慢的一边是（ ）坡。""南""北"几组文字,并调整文字到适当的位置,如图 4-40 所示。

图 4-40 "我会练"幻灯片

选择文字"山坡南坡",在"动画"选项卡下选择"添加效果"为"进入"→"展开",设置"开始:单击时;速度:快速"。

选择文字"山坡北坡",在"动画"选项卡下选择"添加效果":"强调"→"脉冲",设置"开始:单击时;速度:非常快"。

选择"动画窗格"命令,选择"山坡南坡"的"脉冲"效果,单击右侧的箭头按钮,弹出下拉式菜单,在菜单中选择"效果选项",单击"计时"标签,设置"重复"选项为 4。单击"效果"标签,设置"增强"选项组下"动画播放后"的选项为"下次单击后隐藏",单击"确定"按钮。这样就给阴影设置"脉冲"的效果。"山坡北坡"的文字效果和"山坡南坡"相同。

选择文本"雪化得快的一边是( )坡,雪化得慢的一边是( )坡。",在"动画"选项卡下选择"添加效果"为"进入"→"颜色打印机",设置"开始:单击时;方向:水平;速度:0.08 秒"。

选择文字"南",在"动画"选项卡下选择"添加效果"为"进入"—"飞入",设置"开始:单击时;方向:自顶部;速度:非常快"。

选择文字"北",在"动画"选项卡下选择"添加效果"为"进入"—"飞入",设置"开始:单击时;方向:自右侧;速度:非常快"。

1. PPT 中的布尔运算

PPT 中的合并图形工具被称为布尔运算,它包括联合、组合、拆分、相交、剪除五种功能。当在幻灯片中出现两种或两种以上的图形时就可以进行布尔运算。

2. 添加布尔运算工具按钮

PowerPoint 中有"形状交点""形状剪除""形状联合""形状组合"布尔运算的一些功能,这些工具都不在 PPT 功能区的主界面选项卡中。为了使用方便,需要将这些工具按钮添加到某一个选项卡中或添加到一个新的选项卡中。

在 PowerPoint 中选择"文件"→"选项"命令,弹出"PowerPoint 选项"对话框,选择,"自定义功能区"命令,如图 4-41 所示。

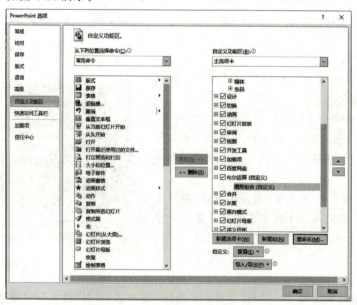

图 4-41 "PowerPoint 选项"对话框

在"自定义功能区(B)"所对应的下拉列表中选择"主选项卡"。单击"主选项卡"列表所对应的"新建选项卡"按钮，然后选中"新建选项卡（自定义）"，单击"重命名"按钮，在弹出的对话框输入新建选项卡的名称，如"形状运算"，单击"确定"按钮。再用同样的方法新建一个组，如图4-42所示。

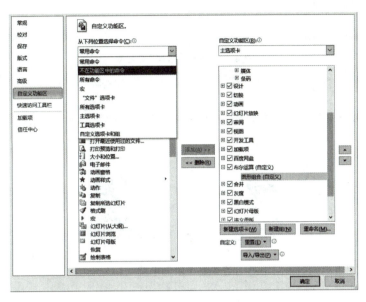

图4-42 "新建选项卡""新建组"操作

在"从下列位置选择命令"列表中选择"不在功能区中的命令"，如图4-43所示。

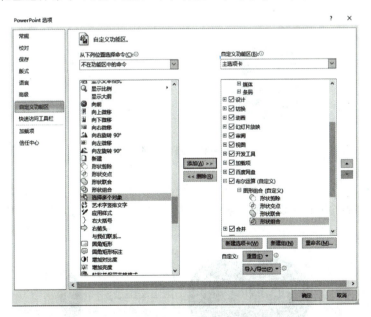

图4-43 选择"不在功能区中的命令"操作

在"不在功能区中的命令"列表中分别选择"形状交点""形状剪除""形状联合""形状组合"命令，选择"添加"按钮，将这四个命令添加到新建选项卡所包含的组中，单击"确定"按钮完成设置,添加了布尔运算命令后,选项卡如图 4-44 所示。

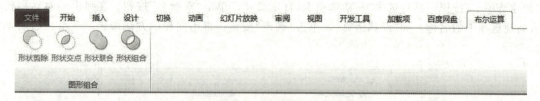

图 4-44 "知识拓展"页效果

3. 联合运算

联合运算将两个或两个以上的图形合并成一个形状,如图 4-45 所示。

图 4-45 联合运算

4. 组合运算

组合运算将两个或两个以上的元素组合为一个形状,元素之间重合的部分被白掏空了,如图 4-46 所示。

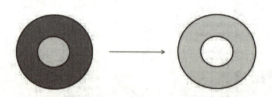

图 4-46 组合运算

5. 交点运算

交点运算是将两个及两个以上的元素进行相交,保留重合的部分,如图 4-47 所示。

图 4-47 交点运算

6. 剪除运算

剪除运算是对于两个或两个以上的元素做减法运算,如图 4-48 所示。

图 4-48　剪除运算

知 识 拓 展

1. 制作作业

选择"开始"选项卡下"新建幻灯片"命令,插入两页空白版式幻灯片,分别制作"知识拓展"页、"课后练习"页,效果如图 4-49、图 4-50 所示。

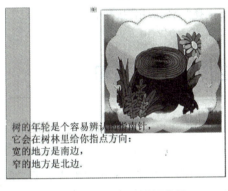

图 4-49　"知识拓展"页效果　　　　图 4-50　"课后练习"页效果

2. 制作各部分的链接和幻灯片的切换效果

为了让课件具有更好的交互效果,为目录幻灯片设置链接,并为各部分的幻灯片设置返回的链接。选中目录幻灯片中的文字"我会读",单击鼠标右键,在弹出的菜单中选择"超链接",如图 4-51 所示,在弹出的"插入超链接"对话框中(图 4-52),选择"本文档中的位置(A)",在"请选择文档中的位置(C)"中选择想要链接的幻灯片,这里选择"3. 幻灯片3",这时右侧的幻灯片预览窗口中可以看到选择的幻灯片的具体内容,单击"确定"按钮,完成链接的设置。

图 4-51　设置超链接

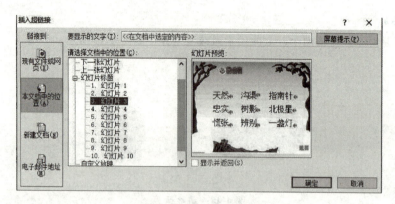

图 4-52　插入超链接设置

　　选择幻灯片 3（"我会读"部分的最后一个幻灯片），插入文本"返回"，选中"返回"两个字，单击鼠标右键，在弹出的菜单中选择"超链接"，在弹出的"插入超链接"对话框中设置"本文档中的位置"为"2. 幻灯片 2"（即目录幻灯片），单击"确定"按钮。这样就完成了一组超链接。其他的超链接此处略。

　　选择"切换"选项卡，在"切换到此幻灯片"列表中为幻灯片增加切换效果。选择一张幻灯片，选择一种切换效果，如果该切换效果只用于本幻灯片，可以选择"切换声音""切换速度"选项。如果该切换效果要想应用于全部的幻灯片，那么就要选择"全部应用"按钮。

任务 4.4　制作课件"四边形的内角和"

任务描述

　　"四边形的内角和"是人教版小学数学四年级下学期的课本内容，是在学生认识了三角形内角和基础之上学习的，主要探索和研究四边形的内角和。在教学探索四边形的内角和时，可以先让学生猜一猜四边形四个内角的和是多少度。然后通过判断了解长方形和正方形的 4 个角都是直角，初步感知四个内角的和是 360°，思考用什么办法求出其他四边形的内角和。最后通过拼一拼、分一分、剪一剪等方法进行验证。

任务分析

1. 教学设计

（1）教学目标。

1）经历多种方法探究四边形的内角和的过程，并知道四边形的内角和是 360°，渗透归纳、猜想和验证的数学思想。

2）提高动手操作、观察比较和抽象概括的能力，体验数学活动的探索乐趣，体会研究数学问题的思想方法。

（2）教学重点。经历多种方法探究四边形的内角和的过程，并知道四边形的内角和是 360°。

(3)教学难点。感知四边形内角和是360°这一规律，体验数学活动的探索乐趣，体会研究数学问题的思想方法。

2. 课件设计

(1)课件结构设计。本课件为三个层次：

第一层次，唤起学生的旧知。"你都知道哪些四边形？"

第二层次：分类验证思考，由特殊四边形(长方形、正方形)内角和是360°，猜想到任意四边形内角和可能是360°，激发学生探究兴趣。

第三层次：拓展延伸到五边形、六边形。

通过三个层次让学生亲历动手操作过程，感悟"转化"方法，归纳出四边形内角和是360°。

(2)设计说明。本课件共分为6大部分：第1部分是课件封面，第2部分是新知导入，第3部分是探究新知，第4部分是习题练习，第5部分是总结提高，第6部分是作业。

1)课件封面用来显示课程课件标题和作者。

2)新知导入部分，将旧知的复习和问题创设相结合，激发学生学习的兴趣。

3)探究新知部分，共设计三页幻灯片，分别演示"四边形内角和"三种推理方法，渗透数学文化，通过直观演示，让学生掌握从不同角度探究问题的方法并学会有效地解决问题。

4)习题练习部分，设置练习题目，使学生巩固所学，强化知识点。

5)总结提高部分，让学生进一步掌握课程重点知识。

6)作业部分，布置课下拓展作业，锻炼学生分析问题、解决问题的能力。

3. 媒体选择与收集

在网络上搜索背景边框素材，选择高分辨率、简洁、清晰、卡通的相关素材下载，对图片、视频素材进行编辑与处理。使用前面项目中所学的图像处理工具，具体操作详见知识点"3.3.3 使用Photoshop处理图像"，去掉图片所带背景，另存为".PNG"格式，也可以使用Flash工具箱中的"魔术棒工具"进行抠图，具体知识点讲解请参考"3.5.2 基本动画效果的制作"。

4. PowerPoint 相关操作

(1)幻灯片背景设计。

(2)插入图形、图形的组合操作。

(3)引导路径动画效果的设置。

任务实施

1. 封面设置

打开PPT，新建一个幻灯片演示文稿，保存文件名为"四边形的内角和.pptx"。

在幻灯片空白处单击鼠标右键，选择"背景格式"，设置填充类型为"图片"，选择"项目3\任务4\素材\图片\边框.jpeg"，选择"全部应用"。在幻灯片上插入艺术字"四边形的内角和"，将艺术字放到幻灯片的合适位置。封面效果如图4-53所示。

2. 制作导入页

新建一页幻灯片，在"插入"选项卡下"插图"组

图4-53 "四边形的内角和"封面

"形状"列表中分别选择"长方形""正方形""梯形""菱形"工具,在幻灯片上绘制长方形、正方形、梯形、菱形各一个;通过鼠标框选的方式同时选取上面所绘制的四个图形,在"格式"选项卡的"形状样式"组中,设置图形的填充颜色为"无",设置轮廓线的颜色为"红色",线形为"实线",粗细为"2.25磅"。

在"插入"选项卡下"插图"组"形状"列表中选择"直线"工具,在幻灯片上绘制四条直线,这四条直线首尾相接组成一个任意四边形;通过鼠标框选的方式同时选取四条直线,在"格式"选项卡的"形状样式"组中,设置图形的填充颜色为"无",设置轮廓线的颜色为"红色",线型为"实线",粗细为"2.25磅";在"格式"选项卡下"排列"组中的"组合"列表中,选择"组合",将四条直线组合为一个图形。

在每一个图形的下方插入一个文本框,分别输入"长方形""正方形""梯形""菱形""任意四边形",设置文字的字体为"华文琥珀",字号为"18"。

选取每一个图形和其对应的文本框,在"格式"选项卡下"排列"组的"组合"列表中选择"组合",将每个图形与其对应的文本框进行组合,导入页如图4-54所示。

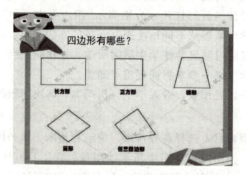

图4-54 "四边形的内角和"导入页

按顺序依次选取每一个组合图形,选择"动画"选项卡的"添加动画"按钮,动画效果为"进入"→"浮入","动画窗格"如图4-55所示。

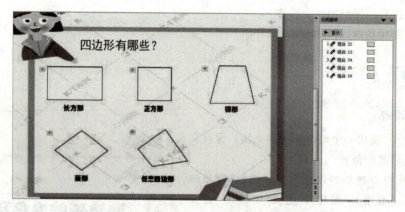

图4-55 动画窗格

3. 探究新知页——方法1

新建一页幻灯片,插入横排文本框,输入文字"特殊四边形的内角和",字体:宋体,字号:32。

绘制直角标识:将导入页幻灯片中组合后的长方形和正方形复制粘贴到当前页,在"插入"

选项卡下"插图"组"形状"中选择"直线工具",在幻灯片上绘制两条线段,使两条线段互相垂直;在"格式"选项卡的"形状样式"组中设置线条颜色:蓝色,线型:实线,线条粗细:2.25磅;通过鼠标框选,同时选择两条线段,在"格式"选项卡下"排列"组中选择"组合"列表中的"组合"命令,将其组合为一个图形;将组合后的图形进行复制、粘贴七次,在"格式"选项卡的"旋转"组中分别选择"向右旋转90°""向左旋转90°""垂直旋转"命令,将每一个直角标识旋转为正确的方向并分别作为每个角的标识,如图4-56所示。

依次插入四个文本框,文本框中插入角的序号标识,字体:宋体,字号:18,加粗显示,如图4-57所示。

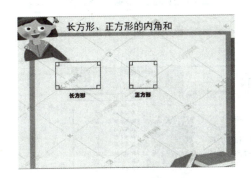

图 4-56 绘制直角标识

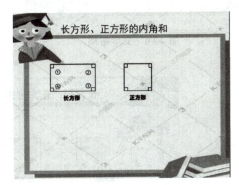

图 4-57 添加角的序号标识

选择角①的直角标识符号和文本序号标识,如图4-58所示。在"格式"选项卡下"排列"组中选择"组合"列表中的"组合"命令,将角的标识和序号标识组合为一个图形。再依次将其余三个角的标识和序号分别组合,如图4-59所示。

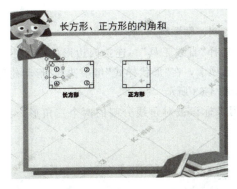

图 4-58 选择角的标识和序号标识

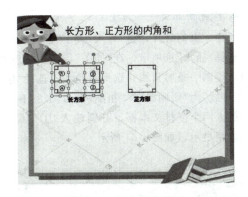

图 4-59 组合后的图形

插入横排文本框,输入文字"长方形和正方形的内角和都是90°",字体:宋体,字号:24,文字布局如图4-60所示。

选择"插入"选项卡的"表格"命令,在幻灯片上绘制一个3行4列的表格,表格样式默认,表格内容及位置如图4-61所示。

设置动画效果,依次选择长方形每个角的组合标识图形、正方形每个角的组合标识、文字说明信息、表格,选择"格式"选项卡下"添加动画"命令,设置动画效果:"进入"→"劈裂","开始:单击时",动画窗格如图4-62所示。

图 4-60　文字布局　　　　　　　　图 4-61　插入表格

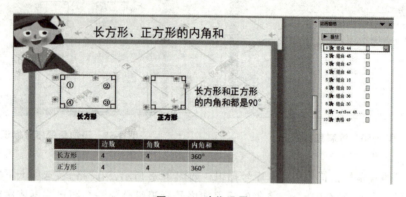

图 4-62　动作设置

4. 探究新知页——方法 2

新建一页幻灯片，将"导入"页上"任意四边形"复制、粘贴到当前幻灯片。

选择"插入"选项卡，在"插图"组"形状"列表中选择"直线工具"，连接四边形的两个不相邻的顶点绘制一条对角线；选择对角线，选择"格式"选项卡，在"形状样式"组中选择"形状轮廓"，设置"虚线"为"短画线"，"粗细"设为"2.25 磅"，如图 4-63 所示。

插入两个横排文本框，分别输入"①""②"，用来标识被对角线分割的两个三角形，字号：28，加粗显示，如图 4-64 所示。

图 4-63　绘制四边形的对角线　　　　　　图 4-64　添加三角形序号标识

选择"插入"选项卡,在"插图"组"形状"列表中选择"直线"工具,绘制三条和三角形①的三边完全重合的线段,在"格式"选项卡下"形状样式组"中,设置"形状轮廓",线型:实线、粗线:2.25磅、颜色:红色;将三条线段同时选定,在"格式"选项卡下"排列"组"组合"列表中选择"组合",将三条线段组合为一个图形,图形组合操作相关知识点详见"2.4.4 应用图形、图片对象"。

同样的方法,再绘制一个三角形和三角形②完全重合。

动画设置:选定对角线,选择"动画"选项卡的"添加动画"命令,设置动画效果为"进入"→"擦除",在"动画窗格"列表中,单击动画效果右侧的箭头,选择"效果选项"命令,在"效果"选项卡中设置"方向:自左侧",如图4-65所示;在"计时"选项卡中设置"速度:中速;开始:单击时",如图4-66所示。

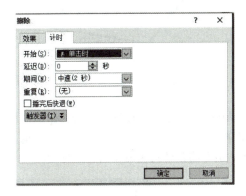

图4-65　设置"效果"选项　　　　图4-66　设置"计时"选项

选定三角形①,选择"动画"选项卡下"添加动画"中的,"动作路径"→"向右";再选定三角形②,选择"动画"选项卡的"添加动画"按钮,"动作路径"→"向右"。调整动作路径结束点的位置,使两个三角形动画结束后正好拼成一个任意四边形,动画设置如图4-67所示。

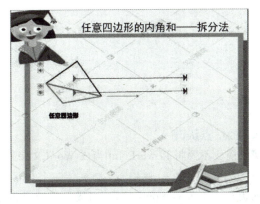

图4-67　三角形动画设置

5. 探究新知页——方法3

新建一页幻灯片,插入横排文本框,输入文字"任意多边形的内角和",字体,宋体、字号:32。

将导入页幻灯片中任意多边形复制、粘贴到当前幻灯片,在"插入"选项卡下"插图"组"形状"列表中选择"直线工具",绘制两条线段和长方形一个角的两条边重合,线段线型:实线,颜色:蓝色,粗细:3 磅,如图 4-68 所示。同时选取两条线段,将两条线段组合为一个图形,用同样的方法绘制其余四个角的标识,如图 4-69 所示。

 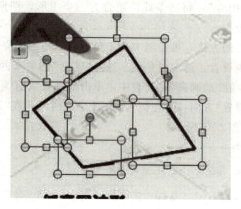

图 4-68　绘制角的两边　　　　　图 4-69　组合后的角的标识

动画设置:依次选择每一外角的标识,选择"动画"选项卡下"添加动画"中的"动作路径"→"自左向右引导线",通过调整角的旋转手柄,使动画结束时四个角拼成一个圆周角,如图 4-70 所示,引导路径动画相关知识点详见"2.4.6 设置动画效果"。

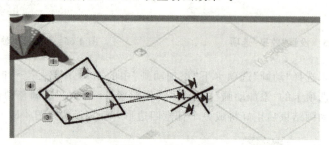

图 4-70　图形的剪裁

1. 对于 PowerPoint 课件的三点认识

(1)课件不是单纯的演讲稿。不要将 PowerPoint 当成 Word 文字处理软件来使用,不要将更多的文字信息罗列在幻灯片上。

(2)课件不仅是授课的提纲。不要将 PowerPoint 当成白板或黑板来使用,在课件中要体现教学思路。

(3)课件不是用来演示动画的。不要将 PowerPoint 看作动画软件,而是要将教学想法、教学设计方法用动画过程去实现。

2. PowerPoint 课件中动画设计的原则

(1)醒目原则。

(2)简洁原则。

(3)适当原则。
(4)自然原则。
(5)创意原则。

3. PowerPoint 课件的结构布局

(1)每个页面的布局要保证有空余空间,文字、图形、图片等对象不要紧贴幻灯片的边缘。
(2)幻灯片中的标题、文字的大小和字体设置要与背景风格相一致,字的颜色要与背景色形成较大反差,不能设置同一色调。
(3)美化页面,在适当的位置用图片或图形装饰。
(4)根据模板的色调美化幻灯片中的图片。

4. 幻灯片设计中注意的问题

(1)能用图,不用表;能用表,不用字。
(2)不要用幻灯片阐述复杂的概念。
(3)幻灯片中不要使用过多的颜色,避免使人眼花缭乱。
(4)演示文稿中所有幻灯片的背景要一致,切忌一页一个背景图片。
(5)在播放幻灯片时,切忌回翻,造成混乱。

完善课件"四边形内角和"的设计,增加三页幻灯片,分别设计"习题探究""归纳总结""课后作业"相关内容。幻灯片布局及内容根据教学内容自行拟定,要求与本课知识点相符合,突出重点难点。

通过项目的学习,可以掌握在 PowerPoint 中设计二维演示型课件的方法;熟练掌握 PowerPoint 进行课件设计;熟练掌握动画设置的方法;熟练应用图形工具进行图形组合操作;掌握利用 PowerPoint 设置路径动画效果的方法;掌握设置超链接的方法;掌握插入音、视频素材和 Flash 动画的方法;能够灵活运用教学设计理论和课件设计原则进行课件分析等。

一、选择题

1. 在幻灯片中母版设置可以起到( )作用。
   A. 统一整套幻灯片风格　　　　B. 统一标题内容
   C. 统一图片内容　　　　　　　D. 统一页码内容

2. 在 PowerPoint 中,可以改变单个幻灯片背景的( )。
   A. 颜色和底纹　　　　　　　　B. 颜色、图案和纹理
   C. 图案和字体　　　　　　　　D. 灰度、纹理和字体

3. 在 PowerPoint 自定义动画中,不可以设置( )。
   A. 动画效果　　　　　　　　　B. 动作循环的播放
   C. 时间和顺序　　　　　　　　D. 多媒体设置

4. 在 PowerPoint 处理的对象是（　　）。
A. 文档
B. 电子表格
C. 电子演示文稿
D. 数据库

5. PowerPoint 的"设计模板"包含（　　）。
A. 预定义的幻灯片样式和配色方案
B. 预定义的幻灯片版式
C. 预定义的幻灯片背景颜色
D. 预定义的幻灯片配色方案

6. 在 PowerPoint 中，模板与母版的相同之处是（　　）。
A. 两者控制范围相同
B. 演示文稿中的每张幻灯片具有统一的风格
C. 两者的应用方式相同
D. 两者的存在方式相同

7. 在 PowerPoint 中，当要改变一个幻灯片模板时，（　　）。
A. 所有幻灯片都采用新模板
B. 只有当前幻灯片采用新模板
C. 所有剪贴画都丢失
D. 除空白幻灯片，所有幻灯片均采用新模板

8. 下列各项中，不能实现新建演示文稿的是（　　）。
A. 打包功能
B. 空演示文稿
C. 模板设计
D. 内容提示向导

9. 在 PowerPoint 中为用户提供了一个（　　）功能区，用于编辑剪贴画及图片。
A. 剪贴画
B. 图片
C. 插图
D. 图像

10. 在 PowerPoint 中保存的电子演示文稿的默认文件扩展名是（　　）。
A. .docx
B. .xlsx
C. .pptx
D. .exe

二、简答题

简述 PowerPoint 中动画设计的原则。

三、操作题

1. 制作一个自我介绍的演示文稿，并给演示文稿添加动画效果。
2. 根据 PPT 的功能与特点，结合本专业的学科内容，制作一个教学课件。要求：
(1) 风格统一、内容简洁、制作规范、配色协调、图表简明、衔接合理。
(2) 主题明确、清晰，一目了然。
(3) 课件适当使用进入、强调、退出等动画效果。
(4) 动画使用多媒体元素来增强视觉效果，如表格、动画、视频等。

项目 5

交互型教学课件的制作

教学与学习目标

知识目标：
◇ 掌握在 Flash 中导入及管理素材的方法；
◇ 熟练运用 Flash 基本工具；
◇ 熟练掌握创建补间动画方法；
◇ 熟练应用特殊动画效果；
◇ 掌握利用 Flash 制作特效文字的方法；
◇ 掌握简单动作语句的使用。

能力目标：
◇ 能够利用 Flash 工具软件制作简单交互型课件；
◇ 能够灵活运用教学设计理论和课件设计原则进行课件分析。

交互可以被理解为一种双向的互动。教学是教师与学生双向互动的过程。交互是信息化教学中必不可少的环节。交互型课件需要体现出互动的功能，要体现教师能够控制课件的演示，能够以教师的意愿来呈现信息。

前面已经熟悉了课件制作的基本流程，为了更好地理解交互课件的设计方法，本项目的任务分析会从教学与学习目标分析入手，讲解如何将基本教学目标分解设计成课件。

任务 5.1　制作课件"认识物体"

任务描述

《认识物体》是小学数学课程，课程教学目标是使学生对长方体、正方体、圆柱、球有一定的感性认识，知道这些几何体的名称并能加以识别，进而发展小学生初步观察、想象和语言表达能力。

根据课程教学目标合理设计、制作简单交互型教学课件。

任务分析

1. 教学目标分析

分析教学目标，将教学目标中重要的部分筛选出来进行教学设计，设计时应充分考量多媒体课件的设计原则和交互式课件的特点。

教学目标中"知道这些几何体的名称并能加以识别"，在教学中可以设计成"分分类"游戏场景，让学生将常用物品分分类，识别物体属于哪种形状。此部分可以作为课程导入问题，引出本课的重点"形状的特点"，也可以作为课前提问检验学生预习效果。

以"发展小学生初步观察、想象和语言表达能力"为宗旨，在教学中设计分组讨论互动环节，让学生分组讨论每种形状的特点，然后每组出一名同学把讨论结果讲出来，其他同学补充，最后给出答案。

2. 课件设计

根据教学目标分析，课件主体可以为以下两部分：

（1）"分分类游戏场景"在课件中可以设计成两部分，第一部分是问题页面，页面内放置所有待区分物体和各种形状；第二部分有多个答案页面，每个页面放置一个形状和属于这个形状分类的物体。交互部分设计时，单击第一部分的形状进入相应的答案页面。

（2）"分组讨论互动环节"与"分分类游戏场景"设计相似。在课件中设计成两部分，第一部分是问题页面，放置三种形状，让学生看图进行讨论，说出每种形状的特点；第二部分有三个答案页面，每个页面分别放置一个形状，并将正确形状的特点写在形状下面。交互部分设计时，单击第一部分的形状进入相应的答案页面。

知识准备

1. 图片素材的处理

在网上搜索到的各种带区分形状物体图片一般都会带有色背景，直接导入课件会影响美观，运用前面项目中所学图像处理工具去掉图片所带背景，另存为".png"格式。具体知识点讲解请参考"3.3.3 使用Photoshop处理图像"，也可以使用Flash工具箱中的魔术棒工具进行抠图，具体知识点讲解请参考"3.5.2 基本动画效果的制作"。可以利用活页重新组合顺序，方便查看。

2. 创建幻灯片演示文稿

在前面的项目中，学习了运用PowerPoint演示文稿工具制作课件，在PowerPoint中页面是按顺序依次排列的，Flash中也有类似的组织页面形式"Flash幻灯片演示文稿"，为了使大家快速了解并制作交互型教学课件，本任务采用大家熟悉的形式来组织页面，后面任务中会利用Flash的页面组织方式、帧和图层。创建幻灯片演示文稿的具体知识点讲解请参考"3.5.1 认识动画制作工具"。

3. 导入并管理素材

将处理好的素材导入Flash的库中，并随时使用。具体知识点讲解请参考"3.5.1 认识动画制作工具"。

4. 渐变变形工具

Flash工具箱中"渐变变形工具"经常被用在渐变颜色的填充调整，通过调整可以达到特殊的效果。具体知识点讲解请参考"3.5.2 基本动画效果的制作"。

5. 图形元件的使用

元件只需要创建一次，即可在整个文档中重复使用，会明显地减小文件的大小。具体知识点讲解请参考"3.5.2 基本动画效果的制作"。

6. 绘制基本图形工具

使用线条工具、矩形工具、椭圆工具创建长方体、正方体、圆柱、球，并给这些形状上色使其显示立体效果。具体知识点讲解请参考"3.5.2 基本动画效果的制作"。

7. 添加行为

课件中进行交互，需要用到行为，本节中主要用到"屏幕"中的"转到幻灯片"，实现单击跳转到目标页面。具体知识点讲解请参考"3.5.4 设置动画发布"。

任务实施

1. 新建幻灯片演示文稿

在菜单栏中选择"文件"→"新建"→"Flash 幻灯片演示文稿"命令，如图 5-1 所示。

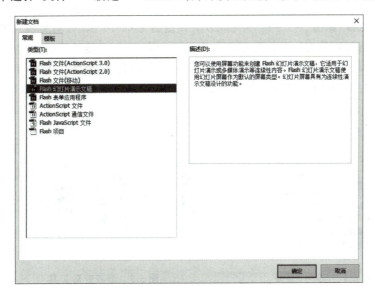

图 5-1　Flash 幻灯片演示文稿

2. 导入背景

在菜单栏中选择"文件"→"导入"→"导入到库"命令，选择资源中"项目 5 \ 任务 1 \ 素材"文件夹下的"背景.jpg"，单击"打开"按钮。

3. 修改舞台大小

单击选中舞台，在"属性"面板中，修改大小为 800 像素×600 像素，如图 5-2 所示。

4. 设置背景与舞台重合

在屏幕左侧"屏幕轮廓"窗口中，选择"演示文稿"选项，如图 5-3 所示。单击"库"按钮，选中"背景.jpg"，拖曳到舞台上，单击刚刚拖曳到舞台的图片，在"属性面板"设置 x、y 坐标为(0,0)。

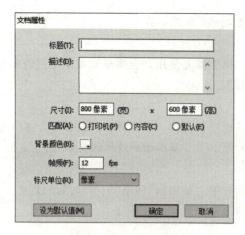

图 5-2 舞台"属性"面板

图 5-3 屏幕轮廓

5. 制作封皮

在屏幕左侧"屏幕轮廓"窗口中，选择"幻灯片 1"，在"工具箱"选择"文本工具"，在舞台中写入"认识物体"，字体："微软雅黑"，字号："61"，字体颜色："黑色"，将文字移动至舞台中上部。选取文字，选择"修改"→"分离"命令两次，快捷键为 Ctrl+B，分离文字为图像。需要注意的是，分离后鼠标不要单击舞台，要保持文字为选中状态。在"颜色"面板→"类型"下选择"线性"，调整"颜色面板"下侧的左侧色块为"蓝色"，右侧色块为"白色"，如图 5-4 所示。放大屏幕到适合尺寸，在"工具箱"选择"渐变变形工具"，改变文字的渐变色方向，如图 5-5 所示。

图 5-4 "颜色"面板

图 5-5 渐变变形工具

选择文字，在菜单栏中选择"修改"→"转换为元件"命令，将元件"名称"修改为"标题"，"类型"选择"影片剪辑"。选择屏幕下侧"属性"面板中的"滤镜"选项卡，单击"加号"添加"投影"效果，"品质"设置为"高"，其余项为默认设置。

在菜单栏中选择"文件"→"导入"→"导入到库"命令，选择资源中"项目 5\任务 1\素材"中的"机器人.jpg"，单击"打开"按钮，将其移动到舞台右下角。在机器人图片的左斜上方用"工具箱"中的"椭圆"工具画出大小不等的几个气泡，"填充颜色"为灰白色，在标题下侧用"工具箱"的"文本工具"写出"作者"，在封皮的右下角写出课程的出处，如图 5-6 所示。

6. 制作"分分类游戏"场景界面

在屏幕左侧"屏幕轮廓"窗口中，在"幻灯片 1"上单击鼠标右键，在弹出菜单中选择"插入屏幕"，选择"幻灯片 2"。将资源"项目 5\任务 1\素材"文件夹中的"图片 1.jpg"导入舞台。选中

图 5-6　封皮

导入的图片，在菜单栏中选择"修改"→"分离"命令两次，快捷键为 Ctrl+B，分离文字为图像，需要注意的是，分离后鼠标不要单击舞台，要保持文字为选中状态。选用"工具箱"中的"套索工具"，按下"工具箱"下侧的"魔术棒"，单击被分离图片的白色区域，按 Delete 键删除白色区域。剩余残留白色区域，可以选用"工具箱"中的"橡皮工具"擦除。

将资源"项目 5\任务 1\素材"文件夹中"图片 2"至"图片 9"分别导入舞台，按上述方法去除白色区域，排成两行放置到舞台上半部分，如图 5-7 所示。

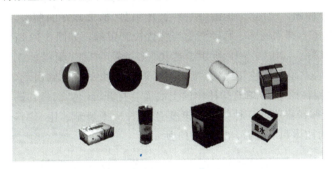

图 5-7　场景界面

选用"工具箱"中的"矩形工具"，在"矩形工具"的"属性"面板，设置"触笔"颜色为"黑色"，"填充"色为"无色"，在舞台下半部分，按住 Shift 键用鼠标画正方形，选用"工具箱"中的"选择工具"框选画好的正方形，按住 Ctrl 键用鼠标向右上方移动正方形，移动到适当位置松开鼠标，如图 5-8 所示，正方形即被复制并移动。放大屏幕，用"工具箱"中的"线条工具"连接两个正方形的各个顶点，画出正方体，如图 5-9 所示。选用"工具箱"中的"选择工具"，按 Shift 键框选立方体被遮住部分的多条线段。在"属性"面板中修改"触笔样式"为虚线。按下"工具箱"中的"颜料桶工具"，设置"颜色面板"的"填充色"为蓝色，如图 5-10 所示，用"颜料桶工具"填充正方体侧面颜色，再将"颜色面板"的"填充颜色"的"Alpha"属性调到"60%"，填充正方体其他部分，如图 5-11 所示。需要注意的是，如果在用"颜料桶工具"填充颜色过程中，发现有些区域无法填充，需要选择"工具箱"下侧"空隙大小"为"封闭大间隙"，再去填充。如果正方体画得比较大，可以框选正方体，按住组合键 Alt+Shift，用鼠标缩小正方体的尺寸。

图 5-8 复制并移动矩形

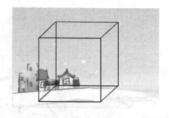
图 5-9 正方体

图 5-10 正方体填充色

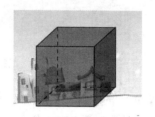
图 5-11 填充后正方体

长方体与正方体的制作方法相同，在步骤一画长方形时不需要按住 Shift 键。

圆柱体需要先画上下底面。按下"工具箱"中的"椭圆工具"，在"椭圆工具"的"属性"面板，设置"触笔"颜色为"黑色"，"填充色"为"无色"，"触笔样式"为"极细"。画一个椭圆，选用"工具箱"中的"选择工具"框选画好的椭圆，按住 Ctrl 键用鼠标向下方移动椭圆，移动到适当位置松开鼠标，如图 5-12 所示，连接两个椭圆的端点，如图 5-13 所示。选用"工具箱"中的"颜料桶工具"，设置"颜色"面板的"填充颜色"类型为"线性"，调整色块从蓝色到白色，如图 5-14 所示。用"颜料桶工具"填充圆柱体的上底面。打开"颜色"面板，调整色块从蓝色到白色再到蓝色，三种颜色的渐变色如图 5-15 所示。用"颜料桶工具"填充圆柱体的柱体和下底面，如图 5-16 所示。

图 5-12 复制椭圆

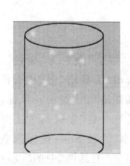
图 5-13 连接端点

图 5-14 线性渐变 1

图 5-15 线性渐变 2

图 5-16 填充后椭圆

选用"工具箱"中的"椭圆工具"，在"椭圆工具"的"属性"面板，设置"触笔"颜色为"黑色"，"填充色"为"无色"，"触笔样式"为"极细"。按住 Shift 键用鼠标画一个正圆，选用"工具箱"中的"颜料桶工具"，设置"颜色"面板的"填充颜色"类型为"放射状"，如图 5-17 所示，用"颜料桶工具"填充球体,如图 5-18 所示。

图 5-17 放射状颜色

图 5-18 填充后球体

在屏幕左侧"屏幕轮廓"窗口中,在"幻灯片 2"上单击鼠标右键,在弹出菜单中选择"插入屏幕",新建"幻灯片 3",框选"幻灯片 2"中的正方体,单击鼠标右键选择"复制"命令,粘贴到"幻灯片 3"中,用"工具箱"中的"任意变形工具"将其放大,下面用"工具箱"中的"文本工具"写出"正方体"几个字。在正方体右侧将"幻灯片 2"中属于正方体类型的物品复制。在舞台底端用"工具箱"中的"文本工具"写出"说一说,你身边哪些物体是上面这些形状的。"几个字,如图 5-19 所示。依据此方法制作"幻灯片 4"显示属于长方体的物品,如图 5-20 所示;制作"幻灯片 5"显示属于圆柱体的物品,如图 5-21 所示;制作"幻灯片 6"显示属于球的物品,如图 5-22 所示。

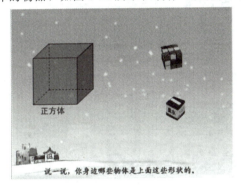

图 5-19 幻灯片 3

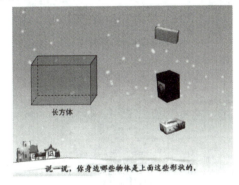

图 5-20 幻灯片 4

图 5-21 幻灯片 5

图 5-22 幻灯片 6

7. 制作"分组讨论互动"场景界面

在屏幕左侧"屏幕轮廓"窗口中,在"幻灯片 6"上单击鼠标右键,在弹出菜单中选择"插入屏幕"，新建"幻灯片7"。框选"幻灯片2"中的正方体、长方体、圆柱体，单击鼠标右键选择"复制"命令，粘贴到"幻灯片7"中，选用"工具箱"中的"任意变形工具"将其放大，在图片下面用"工具箱"中的"文本工具"分别写出"正方体""长方体""圆柱体"几个字。

将资源"项目5\任务1\素材"文件夹中的"提示空.png"导入舞台，选用"工具箱"中的"文本工具"在图片空白处写出"说一说，上面形状的特点？"，如图5-23所示。

在屏幕左侧"屏幕轮廓"窗口中，在"幻灯片7"上单击鼠标右键，在弹出菜单中选择"插入屏幕"，新建"幻灯片8"，框选"幻灯片7"中的正方体，单击鼠标右键选择"复制"命令，粘贴到"幻灯片8"中，在图片下面选用"工具箱"中的"文本工具"写出正方体几个字，在屏幕下侧写出"方方的，有8个尖尖的角，有6个面"几个字，如图5-24所示。依据此方法制作"幻灯片9"描述长方体的特点，如图5-25所示。制作"幻灯片10"描述圆柱体的特点，如图5-26所示。

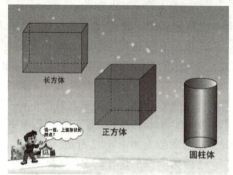

图5-23　幻灯片7

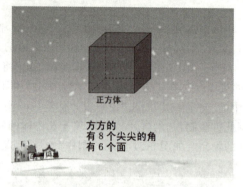

图5-24　幻灯片8

图5-25　幻灯片9

图5-26　幻灯片10

8. 制作交互功能

在屏幕左侧"屏幕轮廓"窗口中，在"幻灯片2"上单击鼠标右键，在舞台中，框选正方体和下面的文字，如图5-27所示，按F8键，转换为元件，如图5-28所示。选中此元件，选择"窗口"菜单下"行为"，单击行为窗口中的"加号"，添加"转到幻灯片"行为，如图5-29所示，在弹出窗口中，选择幻灯片3，如图5-30所示，单击"确定"按钮。依照此方式制作其他交互功能。

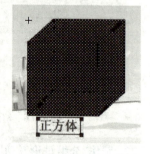

图5-27　框选

项目 5　交互型教学课件的制作

图 5-28　转换为图形元件

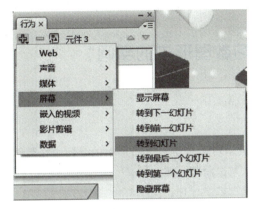

图 5-29　添加转到幻灯片

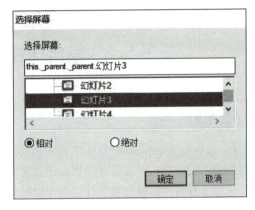

图 5-30　转化为图形元件

在屏幕左侧"屏幕轮廓"窗口中"幻灯片 1"上单击鼠标右键，在舞台中，机器人中间，用"文本工具"添加"单击进入"，框选机器人与文字，转化为图形元件，选择此元件，在"窗口"菜单中选择"行为"命令，单击行为窗口中的"加号"，添加"转到下一幻灯片"行为，如图 5-31 所示。

图 5-31　添加"转到下一幻灯片"

知 识 拓 展

"幻灯片 1"中的机器人是由多种几何图形组成的，如图 5-32 所示，可以由 Flash 进行绘制，在菜单栏中选择"插入"→"新建元件"命令，新建图形元件，进入元件编辑区，运用本任务所学的绘制图形的方法，分别绘制机器人各部分，填充渐变色，进行组合。选择对象单击鼠标右键，在弹出菜单中选择"排列"，其中的选项可以对选择对象进行层级关系的调整，如图 5-33 所示。

图 5-32　机器人

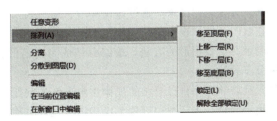

图 5-33　层级关系调整

195

实践提高

1. 思考并完成，在进入答案页幻灯片后，返回问题页的交互制作，例如，任务中已实现幻灯片2进入幻灯片3，现制作由幻灯片3返回幻灯片2。完成所有返回操作，完善课件。
2. 完成问题1后，寻找课件中存在的交互问题，并解决。

任务5.2 制作课件"学习数图形中的学问"

任务描述

《学习数图形中的学问》是小学数学课程，课程教学目标是学习数图形中的学问，在数图形的过程中总结规律，并且能够应用自己总结的规律去解决新的问题。

根据课程教学目标合理设计、制作较复杂的交互型教学课件。

任务分析

1. 教学目标分析

根据教学目标中的"学习数图形中的学问"，整节课可以由"图形有几个角"看图说话问题引出，让学生先说说图形中有几个角，初步建立自己数图形的方法，然后给出"笑笑"小朋友的数法，让学生分组讨论学习，建立正确的数图形方法。

根据教学目标中的"在数图形的过程中总结规律，并且能够应用自己总结的规律去解决新的问题"，在教学中设计练习和做游戏环节，让学生在练习中总结出自己数图形的规律，在玩中用刚刚总结的数图形规律去解决新的问题。

2. 课件设计

根据教学目标分析，课件主体可以分为四个部分，即数一数环节、讨论环节、课上练习环节、做游戏环节。每个部分都可以单步运行，方便课堂演示。

(1)"数一数，图中有几个角"，此部分为看图说话，也是课程导入，需要放置在课件第一页面，本任务设计封皮为动态显示，封皮显示过后，出现数一数环节页面，该页面单独放置，页面中需要有可以跳转到其他页面的按钮或链接。

(2)"分组讨论学习，建立正确的数图形方法"，此部分是学习数图形的方法，是本课的重点，应该明确给出数图形的正确方法和引课中图形的正确数法，方法的给出应是详细且分步骤演示，让学生有深刻的印象，通过讨论环节叙述给别人听，巩固熟练正确的方法。

(3)"在数图形的过程中总结规律"，总结规律，需要训练和练习，在课件中设置练习环节有助于学生验证所学数图形的方法，最终总结成为自己的方法。练习应给出正确答案，答案的给出也应是分步骤演示。

(4)"并且能够应用自己总结的规律去解决新的问题"，新问题应与原有题目类型不相同，应设置其他类型题目，本任务中设置了汉诺塔游戏环节作为新问题，题目要求思考最少移动次数，游戏应有具体分步骤演示，给没有思考出正确答案的同学一个清晰的思路。

> 知识准备

1. 图片素材的处理

本任务中课件的背景需要将资源"项目5\任务3\素材"文件夹中"底衬.jpg"去除背景，并以.png为扩展名另存到"项目5\任务3\素材"文件夹中，具体知识点讲解请参考"3.3.3使用Photoshop处理图像"。

2. 绘制基本图形工具

使用线条工具、椭圆工具创建角、三角形、圆柱、正方体，并给这些形状上色使其显示立体效果。具体知识点讲解请参考"3.5.2基本动画效果的制作"。

3. 补间动画

补间动画是一种常见的动画形式，本任务中使用补间动画构建角的弧线动画、三角形的填充动画和汉诺塔盘的移动动画，需要充分理解Flash中各种补间动画的区别和使用方法。具体知识点讲解请参考"3.5.2基本动画效果的制作"。

4. 逐帧动画

逐帧动画是一种常见的动画形式，本任务中使用逐帧动画构建下落字动画，需要充分理解Flash逐帧动画的制作方法。具体知识点讲解请参考"3.5.2基本动画效果的制作"。

5. 按钮元件的使用

按钮元件有三种状态，不同的状态可以用不同形态标识。在Flash的"公用库"中有专门的"按钮"库，可以根据需要灵活使用。具体知识点讲解请参考"3.5.2基本动画效果的制作"。

6. 简单脚本语言的使用

本任务使用的具体控制脚本语句说明如下：

stop

作用：从当前帧停止播放。

语法：stop( )；

范例：stop( )；

说明：直接使用，括号内无须添加参数。

play

作用：从当前帧开始播放。

语法：play( )；

范例：play( )；

说明：直接使用，括号内无须添加参数。

nextFrame

作用：跳转到下一帧并停止。

语法：nextFrame( )；

范例：nextFrame( )；

说明：直接使用，括号内无须添加参数。

gotoAndstop

作用：可以让影片跳转到某一指定帧数之后停止播放。

语法：gotoAndstop(Scene，Frame)；Scene为场景，Frame为帧。

范例：gotoAndstop("Scene 1"，1)；

说明：对于 Scene 场景参数，如果课件中只有 1 个场景可以省略。帧为数字值时，表示要跳转播放的帧号，为字符串值时，表示要跳转播放的帧标签。

7. 绘图纸外观工具的使用

通常情况下，Flash 在舞台中一次显示动画的一个帧。绘图纸外观工具可以实现在舞台中一次查看两个或多个帧，帮助定位和编辑逐帧动画。

利用绘图纸功能，可以避免通过翻转来查看前后帧内容的不便，能够方便平滑地制作出移动的对象。启用绘图纸功能后，播放头下面的帧用全彩显示，其余的帧是暗淡的，看起来就好像每个帧都是画在一张透明的绘图纸上，而这些绘图纸相互层叠在一起。

（1）使用方法。单击"绘图纸外观"按钮，如图 5-34 所示。在时间轴标题中会出现"绘图纸起始点"和"绘图纸终止点"标记，它们之间的所有帧被重叠显示在播放头下面的帧所对应的舞台上。

（2）选项编辑。

1）绘图纸外观。单击该按钮，如图 5-34 所示，将在时间轴标题上出现一个范围，并在舞台上出现该范围内元件的半透明移动轨迹，如果想增加、减少或更改绘图纸标记所包含的帧的数量，可以选中并拖动绘图纸标记两侧的起始点手柄和终止点手柄。

当应用绘图纸功能时，位于绘图纸标记内的帧的内容将由深入浅显示出来，当前帧的内容将正常显示，颜色最深。在这些轨迹中，除当前播放头所在关键帧内的元素是可以移动和编辑的以外，其他轨迹图像都不可编辑。

2）绘图纸外观轮廓。类似于绘图纸外观，单击该按钮后，如图 5-34 所示，可以显示多个帧的轮廓，而不是直接显示透明的移动轨迹。当元素形状较为复杂或帧与帧之间的位移不明显的时候，使用这个按钮能更加清晰地显示元件的运动轨迹。每个图层的轮廓颜色决定了绘图纸轮廓的颜色。除当前播放头所在关键帧内实体显示的元素可以编辑外，其他轮廓都不可编辑。

3）编辑多个帧。类似于绘图纸外观，单击该按钮后，如图 5-34 所示，在舞台上会显示包含在绘图纸标记内的关键帧，与使用"绘图纸外观"功能不同，"编辑多个帧"功能在舞台上显示的多个关键帧都可以选择和编辑，而无论哪个是当前帧。

需要注意的是，当"绘图纸外观"打开时，锁定图层不会显示。为了避免搞乱多数图像，可以锁定或隐藏不想使用绘图纸外观的图层。

4）修改绘图纸标记。主要用于修改当前绘图纸的标记，通常情况下，移动播放头的位置，绘图纸的位置也会随之发生相应的变化。单击该按钮，如图 5-34 所示，从弹出下拉菜单中选择一个项目。

"始终显示标记"：勾选该选项后，无论用户是否启用了绘图纸功能，都会在时间轴头部显示绘图纸标记范围。"锚记绘图纸"：勾选该选项后，可以将时间轴上的绘图纸标记锁定在当前位置，不再跟随播放头的移动而发生位置上的改变。"绘图纸 2"：选中该选项后，在当前选定帧的两边只显示两个帧。"绘图纸 5"：选中该选项后，在当前选定帧的两边显示 5 个帧。"所有绘图纸"：选择该选项后，会自动将时间轴标题上的标记范围扩大到包括整个时间轴上所有的帧。

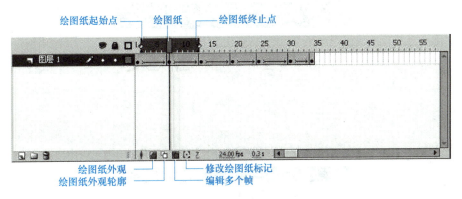

图 5-34　绘图纸外观工具

任务实施

1. 新建文档

在菜单栏中选择"文件"→"新建"→"Flash 文件(ActionScript2.0)"命令,如图 5-35 所示。

2. 修改舞台大小

单击舞台"属性面板"中舞台大小按钮,修改大小为 800 像素×600 像素,如图 5-35 所示。

图 5-35　舞台大小

3. 制作背景

选用"工具箱"中的"矩形工具"在舞台上画出任意矩形,选用"工具箱"中的"选择工具"选中所画矩形,在"属性面板"中设置"宽"为 800 像素,"高"为 600 像素,"x"为 0,"y"为 0。

选用"工具箱"中的"矩形工具",在"属性"面板设置"填充颜色"为"♯F7 FEFF",在舞台中上部画出"宽"为 800 像素,"高"为 460 像素,"x"为 0,"y"为 90 的矩形,如图 5-36 所示。再选用"工具箱"中的"文本工具"写出作者"某某学校某某某",出处为"小学数学四年级下册","字体"为"隶书","颜色"为"黄色",字号为 17,如图 5-37 所示,修改时间轴中的"图层 1"的名称为"背景",在"背景"图层的第 50 帧处按 F5 键,并锁定图层。

图 5-36 背景

图 5-37 加入作者和出处

4. 制作下落字

在时间轴中新建"图层 2",修改"图层 2"图层名称为"下落字"。选用"工具箱"中的"文本工具"在舞台上部写出"《数图形中的学问》"几个字,"字体"为"微软雅黑","颜色"为"黄色",字号为"37",每个字中间用空格隔开。选用"工具箱"中的"选择工具"选取文字,在菜单栏中选择"修改"→"分离"两次,如图 5-38 所示。分别在"下落字"图层的第 19 帧和第 47 帧处按 F6 键。

选取"下落字"图层的第 1 帧,放大舞台,在舞台上删除书名号中间的文字,将书名号靠拢并移动到舞台上部,如图 5-39 所示,在"下落字"图层的第 3 帧按 F6 键,将绘图纸外观工具中的"锚定绘图纸"和"绘制全部"选中,将绘图纸外观工具中的"绘图纸外观"按钮按下,如图 5-40 所示,将书名号向下移动,与绘图纸外观工具所显示印记重合,如图 5-41 所示。

图 5-38 下落字位置　　　　　图 5-39 下落字第 1 帧

图 5-40　打开绘图纸外观工具

图 5-41　下落字第 3 帧

在"下落字"图层的第 5 帧按 F6 键,将右侧书名号向右移动,移动到"图"字上面,如图 5-42 所示。在"下落字"图层的第 7 帧按 F6 键,将右侧书名号向右移动,移动到"形"字上面,如图 5-43 所示。在"下落字"图层的第 9 帧按"F6"键,将右侧书名号向右移动,移动到"中"字上面,如图 5-44 所示。依照上述方法,在第 11 帧、13 帧、15 帧、17 帧处分别将右侧书名号移动到"的""学""问""》"几个字上面。

图 5-42　下落字第 5 帧

图 5-43　下落字第 7 帧

图 5-44　下落字第 9 帧

选取"下落字"图层的第 19 帧,"数图形中的学问"几个字移动到舞台外面,将"数"字向下移动,如图 5-45 所示。在第 21 帧将"数"字继续向下移动,与绘图纸外观工具所显示印记重合,如图 5-46 所示。在第 23 帧处将"图"字向下移动,如图 5-47 所示。在第 25 帧处将"图"字继续向下移动,与绘图纸外观工具所显示印记重合,如图 5-48 所示。

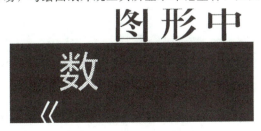
图 5-45　下落字第 19 帧

图 5-46　下落字第 21 帧

图 5-47　下落字第 23 帧

图 5-48　下落字第 25 帧

依照上述方法在第 27 帧、29 帧处将"形"字向下移动；在第 31 帧、33 帧处将"中"字向下移动；在第 35 帧、37 帧处将"的"字向下移动；在第 39 帧、41 帧处将"学"字向下移动；在第 43 帧、45 帧处将"问"字向下移动。在第 47 帧处单击鼠标右键，选择"删除帧"。单击绘图纸外观工具中"绘图纸外观"按钮，将绘图纸外观工具关闭。整个"下落字"图层如图 5-49 所示。

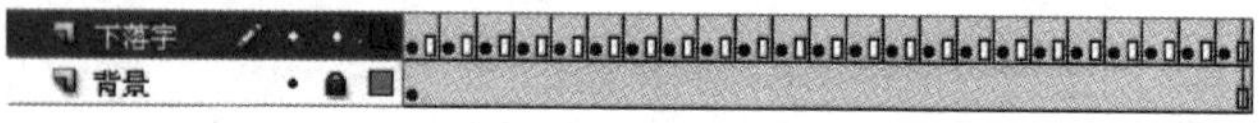

图 5-49　下落字图层

在"下落字"图层上面新建"图层 3"，锁定"下落字"图层，修改图层 3 名称为"底衬"。在菜单栏中选择"文件"→"导入"→"导入到舞台"命令，选择资源"项目 5\任务 3\素材"文件夹中的"底衬.jpg"，单击"打开"按钮。选中导入的图片，在菜单栏中选择"修改"→"分离"命令，快捷键为 Ctrl+B，分离导入的图片，需要注意的是，分离后，鼠标要单击舞台，要使分离的图片为非选中状态，选用"工具箱"中的"套索工具"，按下"工具箱"下侧的"魔术棒"，单击被分离图片的白色区域，按 Delete 键删除白色区域。剩余残留白色区域，可以选用"工具箱"的"橡皮工具"擦除，如图 5-50 所示。选中图片，选择"修改"→"转化为元件"命令，将图片转化为图形元件，在"底衬"图层的第 46 帧处按"F6"键，舞台选中图片，在"属性"面板将"颜色"中的"Alpha"值改为"0%"。在第 1 帧与 46 帧之间任意位置单击鼠标右键，在弹出菜单中选择"创建补间动画"命令。

在"底衬"图层上面新建"图层 4"，锁定"底衬"图层，修改图层 4 名称为"内容"。在"内容"图层的第 46 帧处按 F6 键，选用"工具箱"中的"线条工具"，触笔颜色为"黑色"，在舞台上画出图形，如图 5-51 所示，在图形下面写上"数一数，图中有几个角？"几个字。

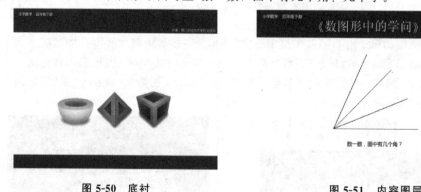

图 5-50　底衬　　　　　　　　　　　图 5-51　内容图层

在"内容"图层上面新建"图层 5"，修改图层 5 名称为"Actions"。在"Actions"图层的第 46 帧处按 F6 键，再按 F9 键，在动作面板中写入动作脚本，如图 5-52 所示。

图 5-52　脚本

5. 制作讨论环节页面

在菜单栏中选择"插入"→"新建元件"命令，新建"影片剪辑"元件，元件名称改为"看"。退出"看"元件编辑区，单击"内容"图层，在舞台框选图形并复制。在"库"中双击"看"元件，进入编辑区，在菜单栏中选择"编辑"→"粘贴到中心位置"命令，将图形粘贴到元件编辑区中心位置，如图 5-53 所示。在时间轴将图层 1 改名为"背景"，并锁定，新建图层 2，改名为"圆弧 1"。选用"工具箱"中的"线条工具"，触笔颜色为"粉色"，在舞台第 1 个角画斜线，如图 5-54 所示，放大屏幕，选用"工具箱"中的"选择工具"将斜线变弯，如图 5-55 所示，在"圆弧 1"图层的第 15 帧处按"F6"键，在"背景"图层的第 15 帧处按 F5 键。单击"圆弧 1"图层的第 1 帧，用"工具箱"中的"橡皮工具"擦出圆弧大部分，留下小部分弧线，如图 5-56 所示。在"圆弧 1"图层的第 1 帧和第 15 帧之间单击鼠标右键，选择"创建补间形状"命令。在"圆弧 1"图层上面新建图层 3 并锁定"圆弧 1"图层，将图层 3 改名为"圆弧 2"，在"圆弧 2"的第 16 帧处按 F7 键，在"背景"图层和"圆弧 1"图层的第 16 帧处按 F5 键，然后单击"圆弧 2"第 16 帧，选用"工具箱"中的"线条工具"，触笔颜色为"粉色"，在舞台第 2 个角画斜线，如图 5-57 所示，选用"工具箱"中的"选择工具"将斜线变弯，如图 5-58 所示，在"圆弧 2"图层的第 30 帧处按 F6 键，在"背景"图层和"圆弧 1"图层的第 30 帧处按 F5 键，选取"圆弧 2"第 16 帧，选用"工具箱"中的"橡皮工具"擦出圆弧大部分，留下小部分弧线，如图 5-59 所示。在"圆弧 2"图层的第 16 帧和第 30 帧之间单击鼠标右键，选择"创建补间形状"命令。依照上述方法制作第 3、4、5、6 个圆弧动画，如图 5-60 所示。

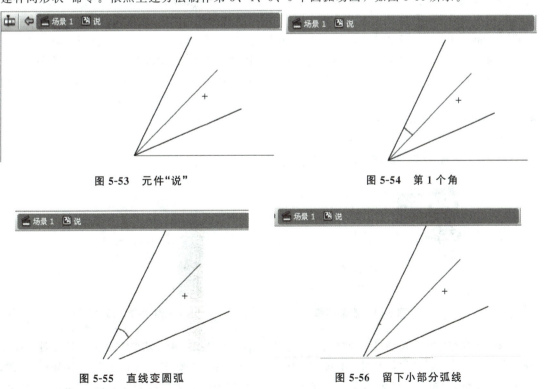

图 5-53　元件"说"　　　　　　　　图 5-54　第 1 个角

图 5-55　直线变圆弧　　　　　　　图 5-56　留下小部分弧线

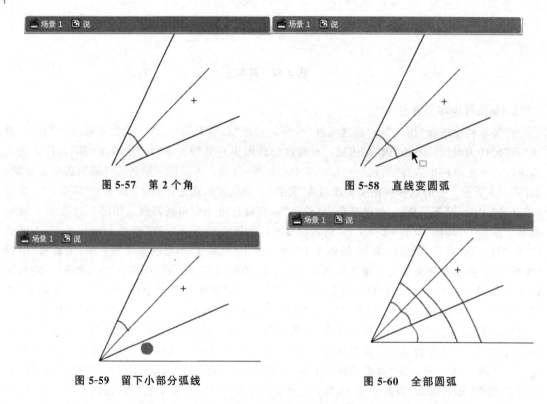

图 5-57　第 2 个角　　　　　　图 5-58　直线变圆弧

图 5-59　留下小部分弧线　　　图 5-60　全部圆弧

将除背景外的图层锁定，单击背景图层第 1 帧，在菜单栏中选择"文件"→"导入"→"导入到舞台"命令，选择资源"项目 5\任务 3\素材"文件夹中的"小女孩.png"，单击"打开"按钮。

将图片移动到屏幕左侧。在菜单栏中选择"窗口"→"公用库"→"按钮"命令，在"名称"列表中找到"classic buttons"文件夹，将"key buttons"文件夹打开，将文件夹中"key-right"拖曳到舞台的小姑娘的手指右侧，如图 5-61 所示。在"圆弧 6"图层上面新建"图层 8"，将图层 8 改名为"actions"，在第 1 帧按 F9 键，在动作面板中写入脚本，如图 5-52 所示，在第 15 帧按 F7 键，再按 F9 键，在动作面板中写入脚本，如图 5-52 所示，用相同的方法在第 30 帧、45 帧、60 帧、75 帧、80 帧建立关键帧并写入脚本。单击"背景"图层中的按钮，按 F9 键，在动作面板中写入脚本，如图 5-62 所示。

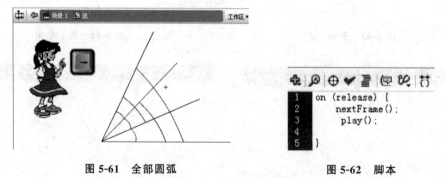

图 5-61　全部圆弧　　　　　　图 5-62　脚本

退出元件编辑区，在场景 1 的"内容"图层的第 47 帧处按 F7 键，将"库"中的"看"元件，拖曳到舞台上。在除"底衬"的其他图层的第 47 帧处按 F5 键。新建"按钮"图层，在第 46 帧处按 F7 键，在菜单栏中选择"窗口"→"公用库"→"按钮"命令，在"名称"列表中找到"classic buttons"文件夹，将"key buttons"文件夹打开,将文件夹中"key-labelled button"拖曳到舞台下侧,如图 5-63 所示,双击进入按钮编辑区,在时间轴选中"arrows"图层,在第 1 帧和第 3 帧分别用"工具箱"中的"文本工具",将按钮上文字由"A"改为"看",文字类型由"动态文本"改为"静态文本",退出按钮编辑区。单击"看"按钮,按 F9 键,在动作面板中写入脚本,如图 5-64 所示。

图 5-63 论环节页面

图 5-64 脚本

6. 制作课上练习环节页面

在菜单栏中选择"插入"→"新建元件"命令,新建"影片剪辑"元件,元件名称改为"练"。将图层 1 改名为"背景"。选用工具箱中的"多边形星形工具",填充颜色为"无色",触笔颜色为"黑色",边数设置为"3",在舞台上画一个三角形。用工具箱的"线条工具",在三角形内画一条垂直底边的线,如图 5-65 所示。在"背景"图层上面新建"填充 1"图层,选中"背景"图层第 1 帧,在舞台用工具箱的"颜料桶工具",填充颜色为"粉色",对左侧三角形进行填充,如图 5-66 所示,然后将粉色区域选中,单击鼠标右键,单击"剪切"按钮,锁定"背景"图层,单击"填充 1"图层第 1 帧,在菜单栏中选择"编辑"→"粘贴到当前位置"命令。在"填充 1"图层第 15 帧处按 F6 键,"背景"图层第 30 帧处按 F5 键。单击"填充 1"图层第 1 帧,将舞台中粉色三角形的大部分框选并删除,如图 5-67 所示。在"填充 1"图层的第 1 帧和第 15 帧之间单击鼠标右键,选择"创建补间形状"命令。

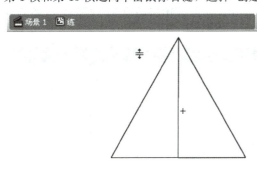

图 5-65 三角形

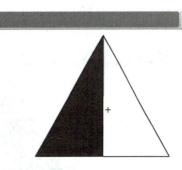

图 5-66 填充后的三角

新建"填充 2"图层,解锁"背景"图层,单击背景图,选用"工具箱"中的"颜料桶工具",填充颜色为"粉色",对右侧三角形进行填充,如图 5-68 所示,将粉色区域选中,单击鼠标右键,单击"剪切"按钮,锁定"背景"图层,在"填充 2"图层第 16 帧按 F7 键,在菜单栏中选择"编辑"→"粘贴到当前位置"命令。在"填充 2"图层第 30 帧处按 F6 键,"背景"图层第 30 帧处按 F5 键。单击"填充 2"图层第 16 帧,将舞台中粉色三角形的大部分框选并删除,如图 5-69 所示。在"填充

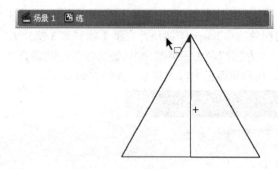

图 5-67　删除大部分的三角形

2"图层的第 16 帧和第 30 帧之间单击鼠标右键,选择"创建补间形状"命令。

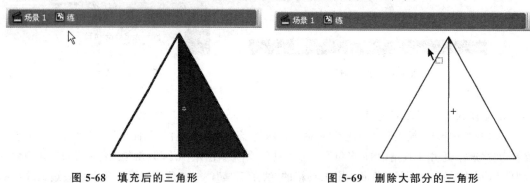

图 5-68　填充后的三角形　　　　　图 5-69　删除大部分的三角形

新建"填充 3"图层,解锁"背景"图层,单击背景图,将底边垂直线移动到右侧,选用"工具箱"中的"颜料桶工具","填充颜色"为"粉色",对大三角形进行填充,如图 5-70 所示,将粉色区域选中,单击鼠标右键,单击"剪切"按钮,用光标键将垂直线移动到三角形中间,锁定背景图层。在"填充 3"图层第 31 帧按 F7 键,在菜单栏中选择"编辑"→"粘贴到当前位置"命令。在"填充 3"图层第 45 帧处按 F6 键,背景图层第 45 帧处按 F5 键。单击"填充 3"图层第 31 帧,将舞台中粉色三角形的大部分框选并删除,如图 5-71 所示。在"填充 3"图层的第 31 帧和第 45 帧之间单击鼠标右键,选择"创建补间形状"命令。

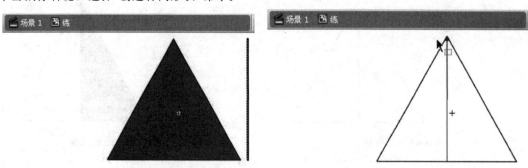

图 5-70　删除大部分的三角形　　　　　图 5-71　删除大部分的三角形

将除背景之外的图层锁定,单击"背景"图层第 1 帧,在菜单中选择"窗口"→"公用库"→"按钮",在"名称"列表中找到"classic buttons"文件夹,将"key buttons"文件夹打开,将文件夹中"key-right"拖曳到舞台左侧,如图 5-72 所示。在"填充 3"图层上面新建"actions"图层,在第 1 帧按 F9

键，在动作面板中写入脚本，如图 5-52 所示，在第 15 帧按 F7 键，再按 F9 键，在动作面板中写入脚本，如图 5-52 所示，用相同的方法在第 30 帧、45 帧建立关键帧并写入脚本。单击"背景"图层中的按钮，按"F9"键，在动作面板中写入脚本，如图 5-62 所示。

退出元件编辑区，在场景 1 的"内容"图层的第 48 帧处按 F7 键，将"库"中的"练"元件，拖曳到舞台上。在除"底衬"的其他图层的第 48 帧处按"F5"键。单击"按钮"图层，直接复制"库"中"key-labelled button"，并修改名称为"练"，拖曳到舞台下侧，如图 5-73 所示，双击进入按钮编辑区，在时间轴选中"arrows"图层，在第 1 帧和第 3 帧分别用"工具箱"中的"文本工具"，将按钮上文字改为"练"，文字类型有"动态文本"改为"静态文本"，退出按钮编辑区。单击"练"按钮，按 F9 键，在动作面板中写入脚本，如图 5-74 所示。

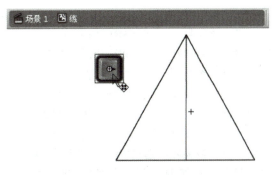

图 5-72　加入按钮

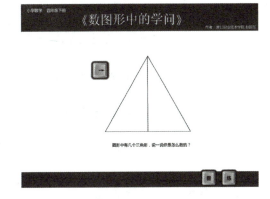

图 5-73　练习环节页　　　　　　　　图 5-74　脚本

7. 制作课上游戏环节页面

在菜单栏中选择"插入"→"新建元件"命令，新建"影片剪辑"元件，元件名称改为"玩"。将图层 1 改名为"底座"。选用"工具箱"中的"矩形工具"，"填充颜色"为"♯66 CCCC"，"触笔颜色"为"黑色"，在舞台画矩形。再选用"工具箱"中的"任意变形工具"，按住 Ctrl 键调整矩形边框，如图 5-75 所示。放大屏幕，选用"工具箱"中的"线条工具"，在"底盘"下侧画出立体效果，选用"工具箱"中的"颜料桶工具"进行填充，"填充颜色"为"♯66 CCCC"，如图 5-76 所示。

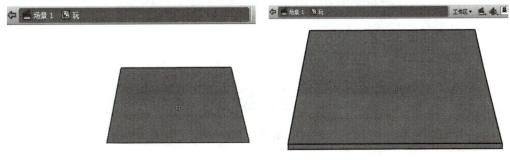

图 5-75　底盘　　　　　　　　　　图 5-76　底盘

在时间轴，锁定"底盘"图层，新建图层"圆盘1"，选用"工具箱"中的"椭圆工具"，"填充颜色"为"黄色"，"触笔颜色"为"黑色"。在空白处画一个椭圆，选用"工具箱"中的"线条工具"在两侧画竖线，如图 5-77 所示，选用"工具箱"中的"选择工具"选择半个圆弧，按住 Alt 键向下移动并复制，如图 5-78 所示，将两侧多余线段删除，选用"工具箱"中的"颜料桶工具"，"填充颜色"为"黄色"，进行填充，如图 5-79 所示。

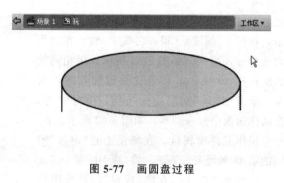

图 5-77　画圆盘过程

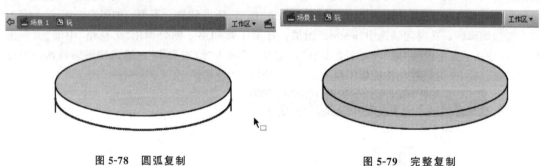

图 5-78　圆弧复制　　　　　　　　图 5-79　完整复制

将"圆盘1"图层锁定并隐藏，将"底盘"图层解锁，选用"工具箱"中的"选择工具"在舞台框选"底盘"图层中的图形，按住 Alt 键分别向两侧复制移动，如图 5-80 所示。

解锁并显示"圆盘1"图层，将圆盘移动到最左侧底盘中心位置，并将圆盘进行复制，锁定"圆盘1"图层，在"圆盘1"图层上面新建"圆盘2"图层，单击"圆盘2"图层第1帧，在菜单栏中选择"编辑"→"粘贴到当前位置"命令，选用"工具箱"中的"任意变形工具"将圆盘变小。在"圆盘2"图层上面新建"竖线"图层，在"竖线"图层中选用"工具箱"中的"线条工具"，"触笔高度"为"3"，在每个底盘上画一条垂直底盘的线，如图 5-81 所示。

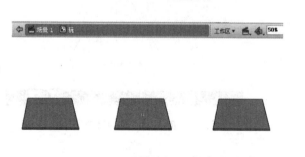

图 5-80　3 个底盘

图 5-81　底盘、圆盘和竖线

锁定除"圆盘2"外的所有图层，在"圆盘2"图层第 7 帧按 F6 键，其他图层的第 7 帧按 F5

键，单击"圆盘 2"图层第 7 帧，在舞台上将圆盘向上移动，如图 5-82 所示，在第 1 帧和第 7 帧之间建立"补间动画"。在第 15 帧按 F6 键，其他图层的第 15 帧按下 F5 键，将圆盘向右移动，如图 5-83 所示，在第 7 帧和第 15 帧之间建立"补间动画"。在第 25 帧按 F6 键，其他图层的第 25 帧按 F5 键，将圆盘向下移动，如图 5-84 所示，在第 15 帧和第 25 帧之间建立"补间动画"。

图 5-82　圆盘第 1 次移动

图 5-83　圆盘第 2 次移动

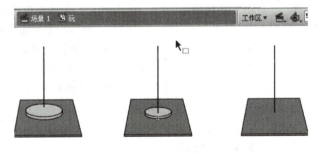

图 5-84　圆盘第 3 次移动

解锁"圆盘 1"图层，将其他图层锁定。在"圆盘 1"图层第 25 帧按 F6 键，其他图层的第 25 帧按 F5 键，单击"圆盘 1"图层第 35 帧，按 F6 键，在舞台上将圆盘向上移动，如图 5-85 所示。在第 26 帧和第 35 帧之间建立"补间动画"。单击"圆盘 1"图层第 45 帧，按 F6 键，在舞台上将圆盘向右移动，如图 5-86 所示，在第 35 帧和第 45 帧之间建立"补间动画"。单击"圆盘 1"图层第 55 帧，按"F6"，在舞

图 5-85　圆盘第 1 次移动

台上将圆盘向下移动,如图 5-87 所示,在第 45 帧和第 55 帧之间建立"补间动画"。

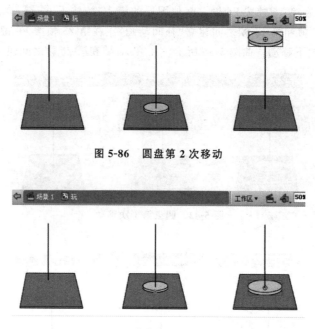

图 5-86　圆盘第 2 次移动

图 5-87　圆盘第 3 次移动

根据上述方法,分别在"圆盘 2"图层的第 55 帧、第 65 帧、第 75 帧移动圆盘位置,建立"补间动画"。将除背景外的图层锁定,单击背景图层第 1 帧,在菜单栏中选择"文件"→"导入"→"导入到舞台"命令,导入资源"项目 5\任务 3\素材"文件夹中的"圆盘男孩 .png"和"男孩说话 .png"。将图片移动到屏幕左上侧,并写出文字说明,如图 5-88 所示。在菜单栏中选择"窗口"→"公用库"→"按钮"命令,在"名称"列表中找到"classic buttons"文件夹,将"key buttons"文件夹打开,将文件夹中的"key-right"拖曳到舞台下侧,如图 5-88 所示。在"填充 3"图层上面新建"actions"图层,在第 1 帧按 F9 键在"动作"面板中写入脚本,如图 5-52 所示,在第 25 帧按 F7,再按 F9 键在"动作"面板中写入脚本,如图 5-52 所示,用相同的方法在第 55 帧建立关键帧并写入脚本。单击"背景"图层中的按钮,按 F9 键,在动作面板中写入脚本,如图 5-62 所示。

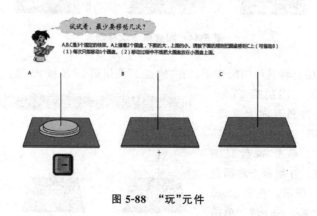

图 5-88　"玩"元件

退出元件编辑区,在场景 1 的"内容"图层的第 49 帧处按 F7 键,将"库"中的"玩"元件,拖曳到舞台上。在除"底衬"的其他图层的第 49 帧处按 F5 键。单击"按钮"图层，直接复制"库"中"key-labelled button"，并修改名称为"玩"，拖曳到舞台下侧，如图 5-89 所示，双击进入按钮编辑区，在时间轴上选中"arrows"图层，在第 1 帧和第 3 帧分别用"工具箱"中的"文本工具"，将按钮上由文字改为"玩"，文字类型由"动态文本"改为"静态文本"，退出按钮编辑区。单击"玩"按钮，按 F9 键，在"动作"面板中写入脚本，如图 5-90 所示。保存文件并发布。

图 5-89　游戏环节

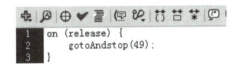

图 5-90　脚本

知识拓展

（1）任务中使用了基本控制脚本语句，除任务中使用的语句外，还有一些在交互课件中经常用到的控制脚本语句和语法如下。

_root

作用：表示绝对路径，它指的是时间主轴。场景中的时间轴是主轴，影片剪辑元件等中的时间轴是子轴。

用法：_root.x;

范例：_root.play(　　);

说明：范例语句表示时间主轴进行播放。

_parent

作用：表示当前影片剪辑的上一级时间轴。一级子轴的上一级时间轴是主轴，二级子轴的上一级时间轴是一级子轴。

用法：_parent.x;

范例：_parent.play(　　);

说明：范例语句表示当前影片剪辑内部的时间轴的上一级时间轴进行播放。

this

作用：表示当前时间轴，可以操控当前时间轴上的对象等。

用法：this.x；
范例：this.play(　)；
说明：范例语句表示要在当前时间轴进行播放。

nextScene
作用：跳转到下一场景，并停止在下一场景的第一帧。
语法：nextScene(　)；
范例：nextScene(　)；
说明：直接使用，括号内无须添加参数。

prevFrame
作用：跳转到上一帧并停止。
语法：prevFrame(　)；
范例：prevFrame(　)；
说明：直接使用，括号内无须添加参数。

prevScene
作用：跳转到上一场景，并停止在上一个场景的第一帧。
语法：prevScene(　)；
范例：prevScene(　)；
说明：直接使用，括号内无须添加参数。

stopAllSounds
作用：停止所有正在播放的声音。
语法：stopAllSounds(　)；
范例：stopAllSounds(　)；
说明：直接使用，括号内无须添加参数。

getURL
作用：可以让指定的浏览器窗口，转向显示指定的 URL 地址。
语法：getURL(url：String，[window：String，[method：String]])；
范例：getURL("http：\\www.baidu.com"，"blank")；
说明：url 指可从该处获取文档的 URL。window 是可选项，指定应将文档加载到窗口，可以输入特定窗口的名称，或从保留目标名称中选择：_self 指定当前窗口中的当前帧。_blank 指定一个新窗口。_parent 指定当前帧的父级。_top 指定当前窗口中的顶级帧。method 是可选项，如果没有变量，则省略此参数。

（2）可以从外部装载一个 SWF 动画文件到指定的 MovieClip 对象。
参数（url）指定了要装载 SWF 动画文件的 URL 地址。
参数（目标）指定了接收装载的 MovieClip 对象名称。
参数（方法）指定在获取 SWF 动画文件时发送变量数据的模式，设定为"GET"，表示使用 GET 方式发送变量数据，设定为"POST"，表示使用 POST 方式发送变量数据，省略该参数则表示不发送变量数据。注意：在浏览器内嵌 Flash 播放器内使用 loadMovie 语句装载动画时，会受到浏览器的安全限制，所以，只能装载同一服务器上的 SWF 文件。

loadMovie
作用：可以从外部装载一个 SWF 动画文件到指定的影片剪辑对象。
语法：loadMovie(url：String，target：String，[method：String])；

范例：loadMovie("1.swf"，a);

说明：范例含义是从同一目录加载 SWF 文件 1.swf，并替换舞台上已存在的名为 a 的影片剪辑。url 指要装载 SWF 动画文件的 URL 地址。target 指接收装载的影片剪辑对象名称。method 是可选项，如果没有变量，则省略此参数。

实践提高

根据本任务所学制作"遵守交通规则，安安全全上学"交互课件，刚刚入学的小学生每天都需要从家来到学校，再从学校回到家，这期间需要遵守交通规则，这节课的目的是使学生体验交通规则的重要性，自觉遵守交通规则，并且认识一些常见的交通标志，了解上学途中相应的交通安全知识。可使用"项目 5＼任务 3＼素材＼实践提高参考素材"文件夹中的素材资源，要求写出教学设计和与之对应的课件设计。

任务 5.3　制作课件"描述简单的行走路线"

任务描述

《描述简单的行走路线》是小学数学课程，课程教学目标是学生能根据平面图描述具体的行走路线。

根据课程教学目标合理设计、制作较复杂的交互型教学课件。

任务分析

1. 教学目标分析

根据教学目标中的"学生能根据平面图"，先模拟在黑板上用粉笔画出李伟上学的路线和"小兔子"的描述路线作为课程的引例。

根据教学目标中的"描述具体的行走路线"，在教学中让学生用所学描述方法描述李伟回家的各种路线。

2. 课件设计

根据教学目标分析，课件主体可以分为课程导入环节、问题环节两部分。

(1)用黑板和地图作为背景，用手拿粉笔，画出行走路线，"小兔子"说出李伟上学行走路线的正确描述，让学生理解领会描述行走路线的方法。

(2)单独页面，用黑板和地图作为背景，提出问题，让学生利用所学方法，描述李伟上下行走的各种不同路线。

知识准备

1. 图片素材的处理

本任务中需要将资源"项目 5＼任务 4＼素材"文件夹中"李伟家附近地图.jpg""手.jpg""小

兔.jpg"去除背景，并以.png为扩展名另存到"项目5\任务4\素材"文件夹中，其中"李伟家附近地图.jpg"背景的去除需要用到多种手段，具体知识点讲解请参考"3.3.3 使用Photoshop处理图像"。

2. 引导线动画的使用

在制作模拟手在黑板上画行走路线时，需要用到引导线动画。具体知识点讲解请参考"3.5.3 特殊动画效果的制作"。

3. 遮罩动画的使用

在地图中展现手在黑板划线的动作，需要用到遮罩动画来实现。具体知识点讲解请参考"3.5.2 基本动画效果的制作"。

4. 按钮元件的使用

按钮元件有三种状态，不同的状态可以用不同形态标识。在Flash的"公用库"中有专门的"按钮"库，可以根据需要灵活使用。具体知识点讲解请参考"3.5.2 基本动画效果的制作"。

任务实施

1. 新建文档

在菜单栏中选择"文件"→"新建"→"Flash 文件(ActionScript 2.0)"命令，如图5-80所示。

2. 修改舞台大小

单击舞台"属性"面板中舞台大小按钮，修改大小为774像素×459像素，如图5-91所示。

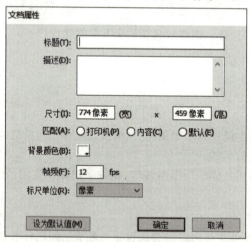

图 5-91　舞台属性

3. 制作背景

在菜单栏中选择"文件"→"导入"→"导入到舞台"命令，选择资源"项目5\任务4\素材"文件夹下的"黑板.jpg"，单击"打开"按钮。选中黑板图片，在"属性"面板中将宽修改为"774"，高修改为"459"，x为"0"，y为"0"。修改"图层1"名称为"黑板背景"。

4. 制作淡出字

（1）新建"淡出字"图层。在菜单栏中选择"插入"→"新建元件"命令，新建"影片剪辑"元件，元件名称改为"淡出字"。在时间轴中将"图层1"修改为"文字"，用工具箱的"文本工具"，字体为

"隶书"，字号为"33"，颜色为"黑色"，在舞台上写出"描述简单的行走路线"。新建"淡出层"完成。

在菜单栏中选择"插入"→"新建元件"命令，新建"影片剪辑"元件，元件名称改为"淡出层"。选择"工具箱"的"矩形工具"，在"颜色"面板将触笔颜色为无色，填充颜色类型为"线性"，色块为左黑右白，将白色色块的 Alpha 属性设置为"0％"，如图 5-92 所示。在舞台画一个矩形区域，矩形区域宽"293"，高"41"，如图 5-93 所示，在"图层 1"的第 20 帧处按 F6 键。

图 5-92　颜色面板

图 5-93　矩形区域

单击第 1 帧，选用"工具箱"中的"渐变变形工具"，选中舞台中的矩形区域，将渐变色的中心点向左移动，将整个渐变色移出矩形区域显示范围，如图 5-94 所示。单击第 20 帧，选用"工具箱"中的"渐变变形工具"，选中舞台中矩形区域，将渐变色的中心点向右移动，将整个渐变色移出矩形区域显示范围，如图 5-95 所示。在第 1 帧和第 20 帧之间创建补间形状。

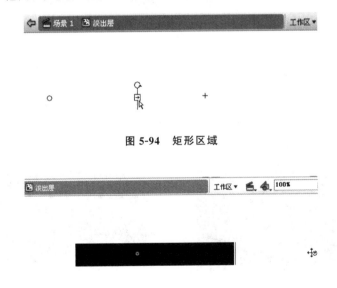

图 5-94　矩形区域

图 5-95　矩形区域

（2）新建"图层 2"图层。在第 20 帧处按 F7 键，再按 F9 键，在"动作"面板脚本编辑区写入脚本，如图 5-96 所示。退出元件编辑区，返回"场景 1"。

在"库"中双击打开"淡出字"元件，选中"淡出层"图层，将"库"中"淡出层"元件拖曳到舞台，并完全覆盖在"描述简单的行走路线"文字上，如图 5-97 所示。在元件的"属性面板"设置混合为"Alpha"。

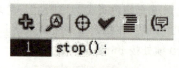

图 5-96　脚本

图 5-97　完全覆盖

(3)隐藏"淡出层"图层。将"描述简单的行走路线"文字颜色修改为"白色"。退出元件编辑器，返回"场景1"。将"库"中"淡出字"元件拖曳到舞台，并在元件的"属性"面板设置混合为"图层"。

5．制作地图背景

(1)新建"路线图"图层。选择"菜单"→"导入"→"打开外部库"命令，选择资源"项目5\任务4\素材"文件夹下的"外部库.fla"打开，将路线图元件拖曳到舞台右下侧，如图5-98所示。

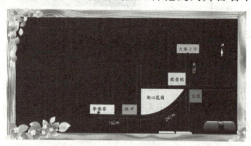

图 5-98　路线图位置

(2)新建"路线图遮罩"图层。将所有图层都扩展到第86帧，单击"路线图遮罩"图层第1帧，选用"工具箱"中的"矩形工具"，触笔颜色为"无色"，填充颜色为"红色"，在舞台中画矩形，如图5-99所示；单击"路线图遮罩"图层第15帧，按F6键，选用"工具箱"中的"任意变形工具"，修改矩形区域大小，如图5-100所示。在第1帧和第15帧之间创建补间形状。在"路线图遮罩"图层单击鼠标右键，在弹出菜单中选择"遮罩层"命令。

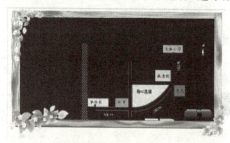

图 5-99　第1帧矩形区

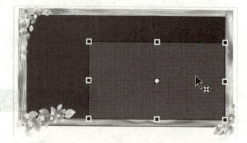

图 5-100　第15帧矩形区

6．制作兔子的描述

(1)新建"小兔"图层。在第16帧处按F7键，在菜单栏中选择"文件"→"导入"→"导入到舞台"命令，选择资源"项目5\任务4\素材"文件夹下的"小兔.png"，单击"打开"按钮。将导入的小兔图片放置在舞台左侧，如图5-101所示，新建"小兔引导"图层，在第16帧处按"F7"键，选用"工具箱"中的"线条工具",在小兔图片右侧画一条直线,如图 5-102 所示。

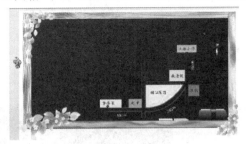

图 5-101　小兔

图 5-102　第 16 帧

在第 23 帧处按 F6 键,选用工具箱中的"选择工具",按住 Alt 键将第一条直线复制并移动到第一条直线的右侧,删除第一条线,如图 5-103 所示。选用"工具箱"中的"选取工具"分别将"小兔引导"图层的第 15 帧(图 5-104)和第 26 帧直线变弯(图 5-105)。

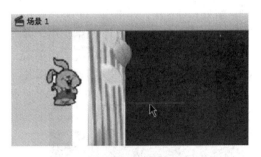

图 5-103　第 26 帧

图 5-104　第 15 帧变弯

图 5-105　第 26 帧变弯

在"小兔引导"图层单击鼠标右键,在弹出菜单中选择"引导层",将"小兔"图层拖曳到"小兔引导"图层上方,作为"小兔引导"图层的"被引导层"。单击"小兔"图层的第 1 帧,将舞台中的小兔图片向线段头部靠拢,使小兔中心点与线段起始点相重合,如图 5-106 所示,在第 16 帧按 F6 键,将舞台中的小兔图片向线段尾部靠拢,使小兔中心点与线段结束点相重合,如图 5-52 所示,然后在第 16 帧和第 22 帧之间创建动画补间。根据上述方法在将"小兔"图层第 23 帧和第 29 帧的图像中心点分别与直线重合,并在两帧之间创建动画补间,如图 5-108 所示。

图 5-106　端点重合

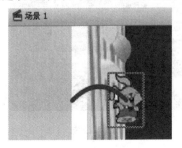

图 5-107　结束点重合

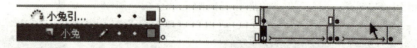

图 5-108　结束点重合

(2)新建"小兔的话"图层。在第 29 帧处按 F7 键，在菜单栏中选择"文件"→"导入"→"导入到舞台"命令，选择资源"项目 5 \ 任务 4 \ 素材"文件夹下的"小兔话.png"，单击"打开"按钮。将图片放到小兔右侧，如图 5-109 所示。

在第 39 帧处按 F6 键，单击第 29 帧，选用"工具箱"中"命令任意变形工具"将图片变小，并按 Ctrl＋B 键将图片分离，如图 5-110 所示；单击第 39 帧，用"工具箱"中的"任意变形工具"将图片

图 5-109　小兔的话

变大，并按 Ctrl＋B 键将图片分离，如图 5-111 所示，在第 29 帧与 39 帧之间创建补间形状。

图 5-110　图片变小

图 5-111　图片变大

7. 制作用粉笔画行走路线

(1)新建"线 1"图层。单击第 39 帧，按 F7 键，在行走路线图上，选用"工具箱"中的"线条工具"，分 3 次画出行走路线，如图 5-112 所示，在第 86 帧按 F6 键。单击第 39 帧，在菜单栏中选择"编辑"→"复制"命令。在"线 1"图层上新建"线 2""线 3"。在"线 2"图层的第 54 帧处按 F7 键，在菜单栏中选择"编辑"→"粘贴到当前位置"命令。在"线 3"图层的第 69 帧处按 F7 键，在菜单栏中选择"编辑"→"粘贴到当前位置"命令。在"线 1"图层，单击第 39 帧，留下一条线段，如图 5-113 所示。在"线 2"图层，单击第 54 帧，留下一条线段，如图 5-114 所示。在"线 3"图层，单击第 69 帧，留下一条线段，如图 5-115 所示。

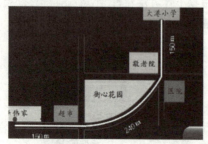

图 5-112　路线

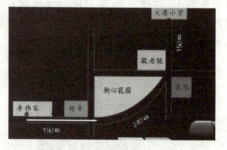

图 5-113　线 1

项目5 交互型教学课件的制作

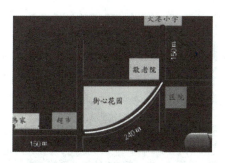

图 5-114 线 2

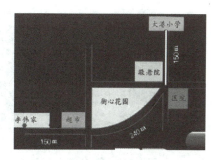

图 5-115 线 3

将"线 2""线 3"图层隐藏，在"线 1"图层上新建"线 1 遮罩"图层，在该图层第 39 帧处按 F7 键，选用"工具箱"中的"矩形工具"画出比地图街道宽度略大的矩形，如图 5-116 所示。在第 53 帧处按 F6 键，选用"工具箱"中的"任意变形工具"修改矩形长度与线段相同，如图 5-62 所示。在第 39 帧与第 53 帧之间创建补间形状。将"线 1 遮罩"图层设置为遮罩图层。将"线 1""线 1 遮罩""线 3"图层隐藏，"线 2"图层显示，在"线 2"图层上新建"线 2 遮罩"图层，在该图层 54 帧处按 F7 键，选用"工具箱"中的"矩形工具"画出与地图街道宽度略大的矩形，如图 5-118 所示。在第 68 帧处按 F6 键，选用"工具箱"中的"任意变形工具"修改矩形长度与线段相同，如图 5-119 所示。在第 54 帧与第 68 帧之间创建补间形状。将"线 2 遮罩"图层设置为遮罩图层。将"线 1""线 1 遮罩""线 2""线 2 遮罩"图层隐藏，"线 3"图层显示，在"线 3"图层上新建"线 3 遮罩"图层，在该图层第 69 帧处按 F7 键，选用"工具箱"中的"矩形工具"画出比地图街道宽度略大的矩形，如图 5-120 所示。在第 84 帧处按 F6 键，选用"工具箱"中的"任意变形工具"修改矩形长度与线段相同，如图 5-121 所示。在第 69 帧与第 84 帧之间创建补间形状。将"线 3 遮罩"图层设置为遮罩图层。

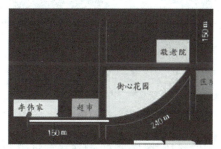

图 5-116 第 39 帧处矩形

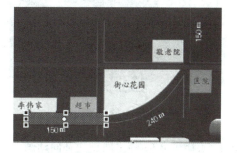

图 5-117 第 53 帧处矩形

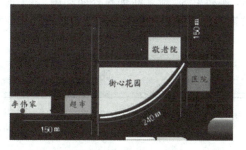

图 5-118 第 54 帧处矩形

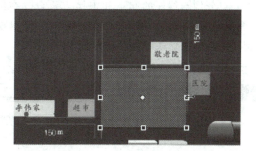

图 5-119 第 68 帧处矩形

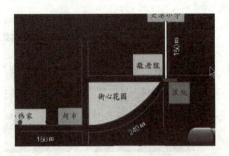 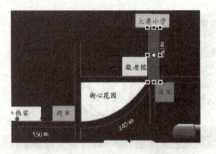

图 5-120　第 69 帧处矩形　　　　　　图 5-121　第 84 帧处矩形

（2）新建"手"图层。将其他图层锁定，在第 39 帧处按 F7 键，在菜单栏中选择"文件"→"导入"→"导入到舞台"命令，选择资源"项目 5 \ 任务 4 \ 素材"文件夹下的"手.png"，单击"打开"按钮。选用"工具箱"中的"任意变形工具"将手图片缩小，如图 5-122 所示。将手图片的中心点移动到粉笔头上，如图 5-123 所示。将"线 1"图层显示并解锁，单击第 86 帧，在菜单栏中选择"编辑"→"复制"命令。在"手"图层上新建"手的路径"图层，在第 39 帧处按 F7 键，在菜单栏中选择"编辑"→"粘贴到当前位置"命令。在第 54 帧处按 F6 键，单击第 39 帧，在舞台将线 2 与线 3 删掉。将"手的路径"图层设置为"引导层"，"手"图层设置为"被引导层"。单击"手"图层的第 39 帧，将手图片的中心点与线 1 的起点重合，在第 53 帧处按 F6 键，将手图片的中心点与线 1 的末尾点重合。在第 39 帧和第 53 帧之间创建补间动画。在"手的路径"图层第 69 帧处按下"F6"，单击第 54 帧，在舞台将线 1 与线 3 删掉。在"手"图层的第 54 帧和第 68 帧处按 F6 键，调整手图片的中心点到粉笔头处，将手图片的中心点分别与线 2 的起点和末尾点重合。

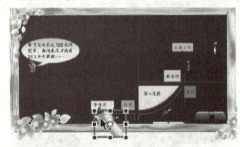 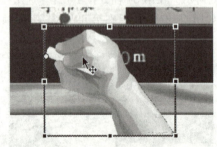

图 5-122　手　　　　　　　　　　图 5-123　手的中心点

在第 54 帧和第 68 帧之间创建补间动画。单击"手的路径"图层第 69 帧在舞台将线 1 与线 2 删掉。在"手"图层的第 69 帧和第 84 帧处按 F6 键，调整手图片的中心点到粉笔头处，将手图片的中心点分别与线 3 的起点和末尾点重合。在第 69 帧和第 84 帧之间创建补间动画。"手的路径"图层与"手"图层，如图 5-124 所示。如果出现粉笔和线不同步现象，可以调整补间动画属性中缓动的数值来解决。

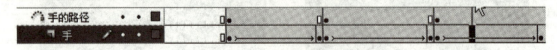

图 5-124　手的路径动画完整图层

8. 制作用课上要求和控制按钮

新建"话"图层，在第 84 帧处按 F7 键，在舞台兔子的话下面，选用"工具箱"中"文本工具"

写出“你想怎么说？在小组里说一说。”

在“话”图层上面新建“Actions”图层，在第 15 帧处按 F7 键，再按 F9 键，在“动作”面板脚本编辑区写入脚本，如图 5-125 所示。

将“背景”图层解锁，单击第 1 帧，在菜单栏中选择“窗口”→“公用库”→“按钮”命令，在“名称”列表中找到“buttons rect bevel”文件夹，将文件夹中“rect bevel green”拖曳到舞台下侧，进入按钮编辑区，在“text”图层，修改“Enter”为“说一说”，退出按钮编辑区。在场景 1 中，单击按钮，按下 F9 键，在“动作”面板脚本编辑区写入脚本，如图 5-126 所示。在“库”中“rect bevel green”按钮上单击鼠标右键，选择“直接复制”命令，将复制后的按钮拖曳到“说一说”的右侧，将名字修改为“练一练”。

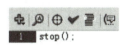

```
stop();
```

图 5-125　停止脚本

```
on(release)
{
    gotoandplay(16);
}
```

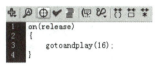

图 5-126　跳转脚本

单击“话”图层的第 87 帧，按 F6 键，修改文本内容为“练一练：说说李伟放学回家的行走路线”。在“黑板背景”“淡出字”“路线图”“路线图遮罩”图层的第 87 帧处按 F5 键，单击“练一练”按钮，按 F9 键，在“动作”面板脚本编辑区写入脚本，如图 5-127 所示。

在“Actions”图层的第 86 帧和第 87 帧处，分别按 F7 键，并在帧中写入脚本，如图 5-128 所示。保存文件并发布。

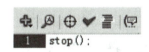

```
on(release)
{
    gotoandplay(87);
}
```

图 5-127　跳转脚本

```
stop();
```

图 5-128　停止脚本

知识拓展

课件中实现交互的方法有很多，前面任务中都采用了跳转到帧的方式实现，除这种方法外，加载外部文件方式也可以实现课件的交互。

在工具箱中选择矩形工具，在舞台中新建矩形，选取该矩形，将该矩形转化为按钮元件，选取该按钮，按 F9 键，对按钮添加脚本，如图 5-129 所示。

```
on(release)
{
_root.createEmptyMovieClip("abc",0)
with(_root.abc)
    {
     loadMovie("1.swf",0);
    }
setProperty("abc",_x,"0");
setProperty("abc",_y,"0")
}
```

图 5-129　按钮脚本

其中_root.createEmptyMovieClip("abc"，0)的作用是当按钮按下并抬起时，在时间主轴创建空的影片剪辑元件abc。with(_root.abc)的作用是时间主轴下的影片剪辑元件abc。loadMovie("1.swf"，0)加载当前文件夹下的1.swf文件到abc影片剪辑元件中。setProperty("abc"，_x,"0")的作用是设置abc影片剪辑元件的原点坐标位置。

发布后，当单击按钮时，会在(0,0)点加载"1.swf"，需要注意的是，"1.swf"文件需要与当前发布文件放在同一文件夹下才能正确加载。

 **实践提高**

尝试在保持教学目标不变的前提下，将《遵守交通规则，安安全全上学》交互课件与《认识物体》交互课件改为以加载外部文件方式实现。

 小结

通过项目的学习，可以掌握在Flash中导入及管理素材的方法；熟练运用Flash基本工具；熟练掌握创建补间动画方法；熟练应用特殊动画效果；掌握利用Flash制作特效文字的方法；掌握简单动作语句的使用；能够利用Flash工具软件制作简单交互型课件；能够灵活运用教学设计理论和课件设计原则进行课件分析等。

 习题

一、选择题

1. 在Flash中将对象"分离"的快捷键是(　　)。
   A. Ctrl+A　　　B. Ctrl+G　　　C. Ctrl+B　　　D. Ctrl+X
2. 课件中的交互，可以利用Flash中的(　　)进行制作。
   A. 行为　　　　B. 颜料桶　　　C. 导航　　　　D. 拖曳
3. 在Flash中制作过渡色的文字应使用(　　)工具。
   A. 填充　　　　B. 套索　　　　C. 渐变变形　　D. 颜料桶
4. 在Flash中抠去图片背景，应使用(　　)工具。
   A. 钢笔　　　　B. 魔术棒　　　C. 颜料桶　　　D. 剪切
5. 在Flash中复制一条线段，可以按住(　　)键后，单击鼠标左键选中线段并移动鼠标。
   A. Ctrl　　　　B. Alt　　　　C. Shift　　　　D. Enter
6. 在Flash中，新建一个空关键帧的快捷键是(　　)。
   A. F5　　　　　B. F8　　　　　C. F7　　　　　D. F3
7. 在用"颜料桶工具"填充颜色过程中，发现有些区域无法填充，需要按下"工具箱"下侧(　　)，再去填充。
   A. 缩放工具　　　　　　B. 空隙大小为"不封闭间隙"
   C. 手型工具　　　　　　D. 空隙大小为"封闭大间隙"
8. 按住(　　)键用鼠标画一个正圆。
   A. Ctrl　　　　B. Shift　　　　C. Alt　　　　D. Enter
9. (　　)是图像交换格式，它可以是动画，将每一幅单帧画面连在一起，再定好帧与帧之间的时间间隔。

  A. JPG   B. GIF   C. PNG   D. EXE

10. 打开动作面板，需要使用的快捷键是（   ）。

  A. F5   B. F8   C. F7   D. F9

11. 将当前播放跳转到场景中指定的帧并从该帧开始播放的语句是（   ）。

  A. gotoAndPlay   B. Play

  C. gotoAndStop   D. Stop

12. 在 Flash 中，透明度是（   ）。

  A. 颜色填充属性   B. Blat 属性

  C. Alpha 属性   D. 颜料桶属性

13. 在 Flash 中扩展一帧的操作是（   ）。

  A. F5   B. F8   C. F6   D. F3

14. 在 Flash 中新建并复制前一帧内容的操作是（   ）。

  A. F7   B. F6   C. F5   D. F2

15. 墨水瓶工具的作用是（   ）。

  A. 填充颜色   B. 填充触笔颜色

  C. 填充内容色   D. 去掉颜色

16. 跳转到下一帧并停止的语句是（   ）。

  A. nextFrame   B. nextFrameStop   C. nextStop   D. FrameStop

二、简答题

简述 Flash 中绘图纸外观工具的功能和使用方法。

三、操作题

制作讲解等边三角形的简单交互式课件。

要求：通过 4 个功能模块讲解有关知识。课件运行时先出现主控导航界面，主控导航界面上有四个按钮，当单击时，导航界面会弹出一个半透明的窗口，在窗口中显示相应的课件功能模块的内容，如图 5-130 所示。

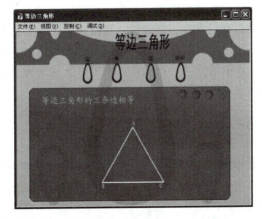

图 5-130   样例

项目 6

微课视频的制作

教学与学习目标

知识目标：
◇掌握在 Camtasia Studio 中导入及管理素材的方法；
◇熟练掌握运用 Camtasia Studio 剪辑视频、音频；
◇熟练掌握应用 Camtasia Studio 添加转场效果；
◇熟练掌握应用 Camtasia Studio 添加字幕；
◇掌握应用 Camtasia Studio 制作镜头伸缩效果；
◇掌握应用 Camtasia Studio 进行视频抠图；
◇熟练掌握应用 Camtasia Studio 发布视频。

能力目标：
◇能够利用 Camtasia Studio 工具软件制作简单的微课视频；
◇能够灵活运用教学设计理论和微课设计原则进行微课设计。

微课是以视频为载体，记录教师针对某个适合用多媒体表达的知识点而开展的简短完整的教学活动。

微课视频的制作流程可分为微课的知识点确定、微课的教学设计、微课的课件制作、微课的视频制作。微课的课件应具有启发性、互动性，其制作方法与普通课件制作方法相同。微课的视频应包含片头、正片、片尾，其制作方法是本项目讲解的重点。微课视频的正片部分在制作方法上可以分成录制类、虚拟场景类、动画类，也可由上述三种方法混合制作。本项目主要对录制类和虚拟场景类微课视频的制作进行讲解。

任务 6.1　制作录制类微课视频

任务描述

设计并录制任意一节课程视频作为正片，制作包含片头、正片、片尾的简单录制类微课视频。

任 务 分 析

按照微课的制作流程，录制类微课需要确定知识点，进行微课的教学设计，根据教学设计制作微课课件，制作微课视频。微课的教学设计可以参考项目1中的任务1.6，微课课件的制作可以参考项目4和项目5中的方法。录制类微课视频的制作主要分两部分，正片的录制在录制方式上有多种选择，其中录像机、录屏软件、手机为常见的录制手段，需要注意利用录屏软件进行录制时应配备麦克作为音频的输入设备；片头和片尾的制作，它们一般为简短视频或图片，配以标题和作者等文字信息；最后将正片与片头、片尾进行合成，完成整个微课视频的制作。本任务中利用Camtasia Studio完成正片的屏幕录制和片头片尾的制作及最后的合成工作。

知 识 准 备

1. 屏幕的录制

可以使用Camtasia Studio中的屏幕录制工具将计算机中教学过程和操作录制为视频。具体知识点讲解请参考"3.4.1 认识Camtasia Studio"。

2. 导入并管理音频、视频素材

在获得音频、视频素材后，在Camtasia Studio中如何导入和管理需要熟练掌握。具体知识点讲解请参考"3.4.1 认识Camtasia Studio"。

3. 素材库的使用

在Camtasia Studio的"Library"素材库中有很多音频素材和视频素材，视频素材有很多适合作为片头使用。在素材库中双击素材即可在右侧预览窗口进行预览，单击鼠标右键，在弹出菜单中选择"Add to Timeline at Playhead"可新建轨道并将素材加入轨道中，也可将素材拖曳到新建轨道上。

4. 标注工具的使用

在Camtasia Studio的"Callouts"标注工具中有"shapes with text"图形与文字、"shapes"图形、"sketch motion"手绘图形、"special"模糊效果、文本、点击效果等。可以利用这些工具添加封皮标题、正文注释等。具体知识点讲解请参考"3.4.1 认识Camtasia Studio"。

5. 视频的剪辑

在Camtasia Studio中视频的剪辑方法简单、使用便捷。具体知识点讲解请参考"3.4.3 使用Camtasia Studio处理视频"。

6. 视频转场效果的添加

在Camtasia Studio的"Transitions"转场中有很多视频转场效果，可以拖曳到轨道中视频的起始位置完成转场效果的添加。具体知识点讲解请参考"3.4.3 使用Camtasia Studio处理视频"。

7. 音量的调节

在Camtasia Studio的"Audio"音频中有音频编辑工具，可以完成音量的调节。具体知识点讲解请参考"3.4.3 使用Camtasia Studio处理音频"。

8. 添加字幕

在Camtasia Studio的"Captions"字幕中可以为视频添加字幕，可以导入字幕，也可以手动添加。具体知识点讲解请参考"3.4.3 使用Camtasia Studio处理视频"。

1. 正片的录制

将资源"项目6\任务1"文件夹中的"演示用 PPT.pptx"打开，作为录制课件，准备好麦克风。打开 Camtasia Studio8，在弹出的"Welcome 欢迎"对话框中单击"Record the screen"录制屏幕，在录制提示框的"Select area"选择区域组中选择"Full screen"录制全屏，如图 6-1 所示；在"Recorded inputs"录制输入组，将"Audio on"下拉列表中的"麦克风"与"Record system audio"录制系统声音选项勾选，如图 6-2 所示；单击红色按钮"rec"进行录制，需要注意的是，录制前应将课件处于全屏状态，可以使用快捷键 Alt+Tab 进行窗口切换。

图 6-1　录制全屏效果

图 6-2　Audio on 下拉列表

2. 正片剪辑与生成

录制完毕，单击"stop"按钮，如图 6-3 所示。进入预览窗口，预览视频无误后，单击"Save and Edit"，如图 6-4 所示；在 Camtasia Studio 编辑窗口中剪辑掉不需要的部分，如图 6-5 所示；单击"File"菜单中的"Produce and Share"打开生成视频窗口，在窗口中选择"MP4 with Smart Player(up to 1080p)"生成 1080p 视频，如图 6-6 所示；单击"下一步"按钮，在"Production name and folder"对话框中填写生成视频名称"带讲解 PPT 录屏"，在"Folder"中选择保持路径为桌面，将下面三个复选框的勾选去掉，如图 6-7 所示；单击"完成"按钮，等待片刻即可生成正片视频。单击右上角关闭按钮关闭 Camtasia Studio，会弹出"Save changes to Untitled camproj?"对话框，询问是否保存，选择"是"，选择保存路径到桌面，文件名为"正片.camproj"，单击"保存"按钮，在"Camtasia Project Files"对话框中单击"OK"按钮。

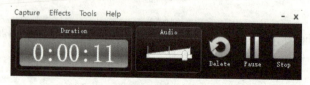

图 6-3　单击"Stop"按钮

项目6　微课视频的制作

图 6-4　"Save and Edit"选项

图 6-5　编辑窗口

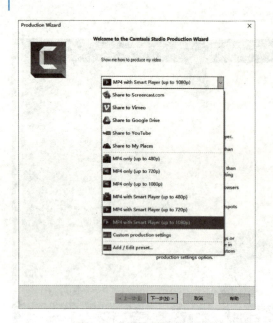

图 6-6　生成 1080p 视频

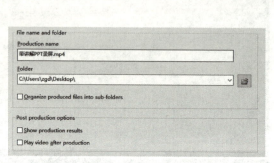

图 6-7　生成视频设置

3. 制作片头

再次打开 Camtasia Studio，单击"Library"素材库，如图 6-8 所示。在名称列表中找到"Theme-Calling Lights"文件，将"Animated Title"素材视频选中，拖曳到轨道 1 中，如图 6-9 所示；单击加号，展开预制标题文本，单击"Text Callout"，按 Delete 键，删除预制标题。单击"Callouts"标注工具，如图 6-10 所示；单击"形状"的下拉箭头，在弹出的下拉列表中找到"Special"组，单击"Text"，如图 6-11 所示。在文本区，选中已有文本，按 Delete 键删除，如图 6-12 所示。在文本区输入"儿童文学鉴赏"作为微课的标题，选中输入的文本，在字体下拉列表中选择一种加粗字体如"华文琥珀"或"微软简综艺"等，字号为"72"，单击文本字体颜色下拉箭头，用"Select Color"吸管工具吸取视频预览区右上角颜色，如图 6-13 所示。

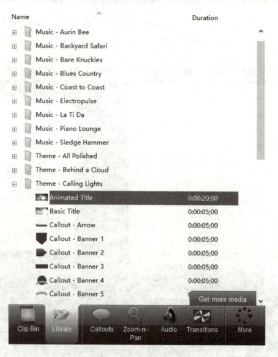

图 6-8　"Library"素材库

图 6-9 将"Animated Title"拖曳到轨道 1

图 6-10 "Callouts"标注工具

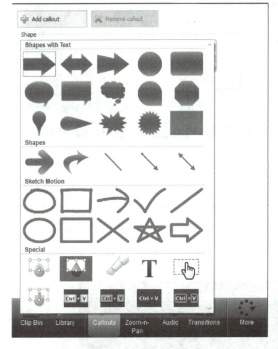

图 6-11 Text 工具

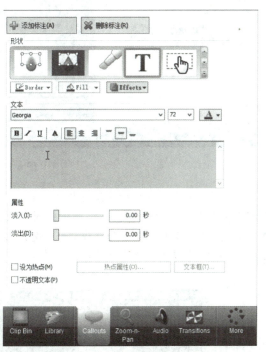

图 6-12 文本区

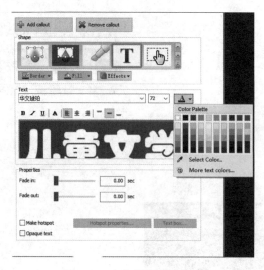

图 6-13　文本颜色吸管工具

拖曳视频预览区中的文本边缘，扩大文本显示，拖曳文本放置到预览区中间，如图 6-14 所示。用相同方法在右下角输入作者等信息，字体为"隶书"，字号为"36"，字体颜色为"白色"。

图 6-14　标题

片头不宜过长，这里将片头剪辑为 10 秒，通过放大时间轴使得移动更精确，将"时间游标"定位到时间轴 10 秒位置，如图 6-15 所示；选中轨道 1 中的视频，单击"Split"分裂工具，如图 6-16 所示；选中被分裂的后半部分，按 Delete 键删除。单击轨道 2 中的文本，将光标定位到尾部，当光标变为左右箭头时，单击鼠标左键拖曳鼠标，扩大文本显示范围到 10 秒，同样操作扩大轨道 3 中文本显示范围到 10 秒，如图 6-17 所示。

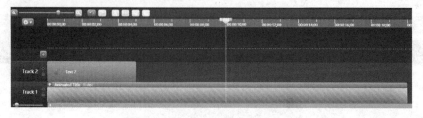

图 6-15　定位到时间轴 10 秒位置

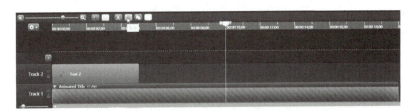

图 6-16 "Split"分裂工具

图 6-17 调整文本显示范围

为了美化微课各部分的切换,需要在片头的开始和结束位置加入过渡效果,单击"Transitions"场景转换效果,如图 6-18 所示;选中"Fade"褪色效果,将其拖曳到文本、视频的起始位置,如图 6-19 所示。

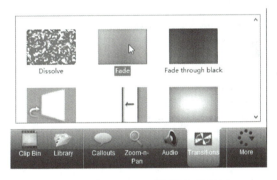

图 6-18 "Transitions"场景转换效果

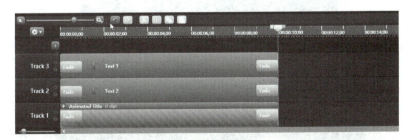

图 6-19 添加褪色效果

4. 导入正片

单击"File"菜单中的"Importmedia"打开导入媒体素材窗口,在桌面选择"带讲解 PPT 录屏.MP4",单击"打开"按钮,将正片导入"Clip Bin"剪辑库中,如图6-20所示。

图 6-20　添加正片到剪辑库

将"带讲解 PPT 录屏.MP4"拖曳到轨道 1 中片头视频的后面,注意需要紧贴片头视频,可以采用按下鼠标左键拖曳"带讲解 PPT 录屏.mp4"靠近片头视频的方法进行调节。如果微课中不只有一段视频有声音,由于录制环境和音量调节的不同造成音量大小不同,需要将各段视频的声音的音量调节为大致相同,调节方法是单击"Audio"声音调节,如图 6-21 所示;当切换到"Audio"声音调节窗口后,轨道中的声音波形上面会出现调节线,如图 6-22 所示,可以拖曳调节线向上使得声波变高、音量变大,向下调节使得声波变低音量变小,要注意平衡各部分的音量需要通过试听来做判断,不能以声波的高低来判断各部分音量是否相同。

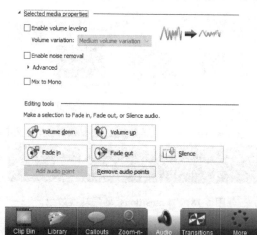

图 6-21　"Audio"声音调节

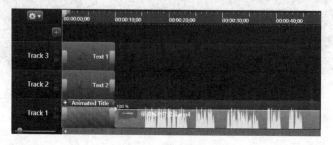

图 6-22　音量调节线

利用"Audio"声音调节的编辑工具可以实现声音的淡入淡出,提升收听效果。在轨道1中选中正片视频,在"Audio"声音调节的编辑工具组中,单击"Fade in"淡入,声音调节线的起始部分会变为缓慢上升的坡线,音量会缓慢提高至正常水平,单击"Fade out"淡出,声音调节线的结束部分会变为缓慢下降的坡线,音量会缓慢降低至无声,如图 6-23 所示。

图 6-23 音量淡入淡出效果

5. 字幕的制作

单击"More"更多,在弹出下拉菜单中单击"Captions"标题字幕,如图 6-24 所示;一般会将字幕文字预先写好放在记事本中。打开资源"项目 6\任务 1"文件夹中的"字幕文字.txt",将"时间游标"定位到时间轴波形的开始处,复制"儿童文学是爱的文学,"粘贴到"Captions"标题字幕编辑区,字体调为"微软雅黑",字号为"26",如图 6-25 所示。将鼠标移动到轨道 3 中的字幕结束位置,当光标变为左右箭头时,按下鼠标左键拖曳鼠标,调整字幕的长度,使得字幕声音同步,如图 6-26 所示。

图 6-24 "Captions"标题字幕

图 6-25 第一段字幕

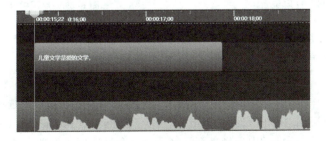

图 6-26 字幕时间轴位置

通过试听定位来确定其他字幕的位置，按上述方法依次添加，如图 6-27 所示。

图 6-27　字幕时间轴位置

6. 片尾的制作

在"Clip Bin"剪辑库中将片头视频再次拖曳到轨道 1 中，将其作为片尾，移动位置使其贴近正片，如图 6-28 所示。

将"时间游标"定位到片尾的开始处，单击"Callouts"标注工具，单击"形状"的下拉箭头，在弹出的下拉列表中找到"Special"组，单击"Text"，在文本区，选中已有文本，按 Delete 键删除，在文本区输入"谢谢聆听!"作为微课结尾的答谢语句，字体设置为"华文琥珀"，字号为"72"，字体颜色为"Red"红色，调整位置在视频预览区中间。在轨道 2 中拖曳文本长度为 10 秒，如图 6-29 所示。

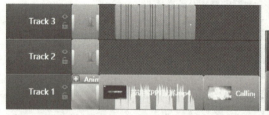

图 6-28　片尾位置　　　　　　　　图 6-29　片尾答谢语位置

与片头相同，利用剪辑工具将片尾剪辑成 10 秒，加入转场效果，此时"Transitions"场景转换效果已经隐藏，需要在"More"中查找，如图 6-30 所示。

7. 发布微课

单击"File"菜单中的"Produce and share"打开生成视频窗口，在窗口中选择"MP4 with Smart Player(up to 1080p)"生成 1080p 视频，单击"下一步"按钮，在"Production name"中填写生成视频名称"微课视频"，在"Folder"中选择桌面，将下面三个复选框的勾选去掉，单击"完成"按钮，等待片刻即可生成微课视频。单击右上角关闭按钮关闭 Camtasia Studio，会弹出"Save changes

项目 6　微课视频的制作

图 6-30　转场效果位置

to Untitled camproj?"对话框,询问是否保存,选择"是",选择保存到桌面,文件名为"微课视频.camproj",单击"保存"按钮,在"Camtasia Project Files"对话框中单击"OK"按钮。

知识拓展

".camproj"为 Camtasia Studio 的项目文件,保存后,再次打开时可以继续进行修改。为了使原有素材顺利加载,一般会将项目文件和所用到的素材放置在同一文件夹下,确保再次打开时素材路径的正确。

实践提高

在项目 4 与项目 5 中选择任意一个任务作为微课制作对象,利用已做好的课件,选择一种录制方式,录制一段试讲视频,将这段试讲视频作为微课的正片,利用 Camtasia Studio 制作出简单的微课视频。

任务 6.2　制作虚拟场景类微课视频

任务描述

制作教师在虚拟场景中讲解的微课视频正片部分。

任务分析

虚拟场景是指计算机通过数字技术勾勒出的数字化场景,微课中的虚拟场景一般采用虚拟演播大厅或与课程相关的特定虚拟场景。在虚拟场景类微课中,教师授课的录制需要特定的环境,背景一般采用绿色或蓝色,如图 6-31 所示,场景布光采用适合抠图的布置方法,录制好后将虚拟场景、教师授课视频和课件导入 Camtasia Studio、AE、PR 等后期制作软件进行抠图与合成,最终生成虚拟场景类微课视频正片。

图 6-31　绿色背景录课现场

知识准备

1. 场景布灯方法

主灯开 1/2,两个轮廓灯全开,可根据实际情况增加背景灯,如图 6-32 所示。该场景布灯方法可以使人物轮廓明显,适合抠图使用。

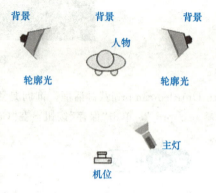

图 6-32 场景布灯

2. 视频抠图

录制绿色背景的教学视频后,需要将人物抠出,与虚拟背景合成,人物的抠取需要用到 Camtasia Studio 中的"Visual Properties"可视化属性工具。可视化属性工具中的"Remove a color"清除一个颜色,如图 6-33 所示;可以让一种颜色从一个视频或图像中删除。通常用此技术来去除视频或图像背后的一个背景颜色。清除一个颜色的参数设置包括"color"颜色、"Tolerance"容差、"Softness"柔软度、"Hue"色相、"Defringe"去边、"Invert effect"反向效果。颜色是指要清除的颜色,单击颜色右侧的按钮,打开调色板,从中选取要去除的颜色或用吸管工具从图像中选取一种颜色。容差中的容差值决定着选取颜色的范围,当选择某一种颜色后,通过调整容差值来扩大或缩小颜色的选取范围,容差值从 0 到 100,容差值越大,选取的颜色范围越大。柔软度决定着选取颜色的柔软程度,柔软度数值从 0 到 100,数值越大,选取

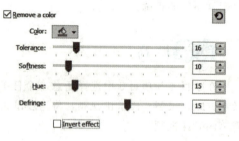

图 6-33 Remove a color 参数

的颜色的柔软度越高。色相与 PS 中类似,是区分颜色的决定因素。去边可以去除对象周边颜色。反向效果是将颜色保留,其他部分去除。

3. 模糊化工具

一些素材中经常会带有与微课内容不相符的敏感文字或内容,可以使用 Camtasia Studio 中的"Blur"模糊标注功能使内容模糊显示,避免这些内容在生成的视频中清晰地显示。该工具具体位置在"Callouts"标注窗口形状区域的下拉列表框中,如图 6-34 所示。

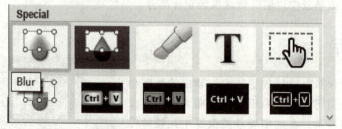

图 6-34 镜头缩放窗口

3. 镜头拉伸

Camtasia Studio 中"Zoom-And-Pan"变焦缩放功能可以在虚拟场景中完成镜头拉伸,实现画面的平滑切换。

(1)缩放矩形选框。镜头缩放窗口的上半部分为缩放矩形选框，如图 6-35 所示，其中显示了轨道当前帧的视频尺寸、位置。视频画面周围有 8 个圆句柄，将鼠标移动至某一圆句柄上，按下鼠标左键拖动，调整视频画面在右侧预览窗口画布上的尺寸。当拖动圆句柄使矩形选框变小时，就会使预览窗口画布中的视频局部放大；当拖动圆句柄使矩形选框变大时，就会使预览窗口画布中的视频局部缩小。将鼠标移动至矩形选框中呈十字箭头状，单击鼠标左键并拖动鼠标，便可移动视频在画布上的位置。

(2)保持宽高比。"Maintain aspect ratio"保持宽高比复选框选项，如图 6-35 所示，如果勾

图 6-35　镜头缩放窗口

选此项，则在缩放矩形选框中调整视频画面尺寸时，视频画面的宽度与高度按相同比例缩放；若不勾选此选项，调整视频画面的宽度不影响其高度，调整高度不影响宽度。

(3)尺度大小媒体最好的质量。有 1：1 字样的按钮是尺度大小媒体最好的质量按钮，如图 6-35 所示，单击此按钮会使媒体以最好的质量尺寸显示在预览窗口中的画布上。

(4)媒体尺度以适应整个画布。有四个方向箭头的按钮是媒体尺度以适应整个画布按钮，如图 6-35 所示，单击此按钮会使媒体以充满整个画布的尺寸显示在预览窗口中的画布上，即全屏尺寸。

(5)"Scale"滑块。水平滑块的作用是调整画面的尺寸，如图 6-35 所示，用鼠标拖动滑块可以改变动画缩放的比例。这与拖动镜头缩放窗口中的矩形选框上的圆句柄改变动画缩放的比例是一样的。

任务实施

1. 绿色背景的教师授课视频录制

按照任务分析与知识准备中的步骤完成以绿色为背景的教师授课视频的录制，也可使用资源"项目 6＼任务 2＼素材"文件夹中的"绿色背景视频.avi"作为练习视频。

2. 导入视频

单击"File"菜单中的"Importmedia"打开导入媒体素材窗口，在桌面按住 Ctrl 键多项选择资源"项目 6＼任务 2＼素材"文件夹中的"虚拟场景.avi""绿色背景视频.avi""带讲解 PPT 录屏.MP4"，单击"打开"按钮，将所需素材导入到"Clip Bin"剪辑库中。新建轨道 2、轨道 3，将"虚拟场景.avi"拖曳到轨道 1 中，"绿色背景视频.avi"拖曳到轨道 2 中，"带讲解 PPT 录屏.mp4"拖曳到轨道 3 中。

3. 去除绿色背景

单击轨道 3 中的"turn track off to disable content"关闭跟踪禁止内容按钮，将轨道 3 中视频在预览区隐藏，如图 6-36 所示；选中轨道 2 中的绿色背景视频，在预览窗口中利用剪裁工具将绿色背景视频的非绿色背景剪裁掉，如图 6-37 所示；在"Visual Properties"可视化属性工具中勾选"Remove a color"清除一个颜色复选框，单击"Color"颜色下拉按钮，单击"Select Color"吸管工具，吸取预览区中的绿色背景颜色，如图 6-38 所示；单击吸取后，即可去掉绿色背景，通过"Color"颜色、"Tolerance"容差、"Softness"柔软度、"Hue"色相、"Defringe"去边参数，设置调整人物轮廓清晰度及色彩。在将剪裁工具按钮弹起后，通过拖曳视频四周的方形句柄调整人物与虚拟场景的比例，通过移动视频调整人物的位置，如图 6-39 所示。

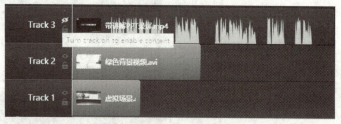

图 6-36　隐藏轨道 3 中视频

图 6-37　裁剪视频边缘

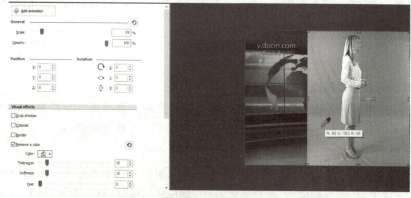

图 6-38　吸取颜色

图 6-39　调整比例和位置

4. 剪辑及制作画中画

将轨道1中的虚拟场景视频选中，按下快捷键 Ctrl＋C 进行复制，按下快捷键 Ctrl＋V 进行粘贴，将虚拟场景视频进行复制，虚拟场景多为循环播放，复制拼接不影响效果，拖曳复制好的虚拟场景视频到轨道1以后得虚拟场景视频，完成虚拟场景播放时间的延长，如图6-40所示。

图 6-40 延长虚拟场景视频

弹起轨道3的关闭跟踪禁止内容按钮，对轨道1、轨道3中的视频进行剪辑，与轨道2对齐，如图6-41所示。

图 6-41 剪辑所有视频

拖曳轨道3中的视频四周的方形句柄，调整其放置在虚拟视频的绿色区域内，如图6-42所示。

图 6-42 调整大小、位置

5. 遮盖敏感文字

单击"Callouts"标注工具，单击"Shape"形状的下拉箭头，在弹出的下拉列表中找到"Special"，在组中选择"Blur"模糊标注功能，调整预览区矩形大小，遮盖住水印，在轨道4中拖曳显示范围与其他轨道相同，如图6-43所示。

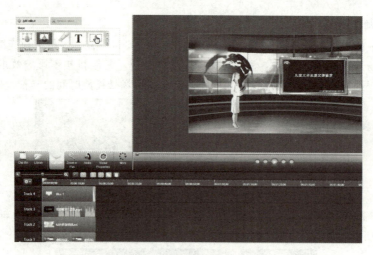

图 6-43　剪辑所有视频

6. 镜头伸缩动画

单击"Zoom-And-Pan"变焦缩放功能，进入镜头调整，将时间轴放大，在时间轴中找到进入 PPT 镜头的时间点，单击鼠标，将指针移动到该时间点，在变焦缩放功能窗口中，将"Maintain aspect ratio"保持宽高比复选框选项勾选掉，调整 8 个圆句柄，使得 PPT 界面充满右侧预览窗口，在各个轨道中，单击调整滑块，调整镜头拉伸的起始位置，如图 6-44 所示。用同样的操作，设置伸缩镜头的结束位置动画。

图 6-44　伸缩镜头调整滑块

7. 添加字幕及过渡效果

按照任务 6.1 中的方法添加字幕和过渡效果，即可完成教师在虚拟场景中讲解的微课视频的正片部分。

知识拓展

虚拟场景视频在各大视频素材网站中需要付费下载。在日常学习过程中，可以通过在互联网中搜索关键字"虚拟背景素材"下载静态或动态的免费素材，也可使用付费素材进行练习。静态虚拟背景素材可以利用 PhotoShop 图像处理工具进行部分区域抠图，再放置动态循环视频，实现静态虚拟背景动态化处理。

通过项目的学习，可以掌握在 Camtasia Studio 中导入及管理素材的方法；熟练掌握运用 Camtasia Studio 剪辑视频、音频；熟练掌握应用 Camtasia Studio 给视频添加转场效果；熟练掌握应用 Camtasia Studio 给视频添加字幕；掌握应用 Camtasia Studio 制作镜头伸缩效果；掌握应用 Camtasia Studio 进行视频抠图；熟练掌握应用 Camtasia Studio 发布视频；能够利用 Camtasia Studio 工具软件制作简单的微课视频；能够灵活运用教学设计理论和微课设计原则进行微课设计等。

一、选择题

1. 按照微课的制作流程，录制类微课首先确定的是（　　）。
   A. 知识点　　　　　B. 教学设计　　　　C. 课件设计　　　　D. 板书
2. 利用录屏软件进行录制时应配备（　　）作为音频的输入设备。
   A. 音响　　　　　　B. 功放　　　　　　C. 麦克　　　　　　D. 音频放大器
3. 在 Camtasia Studio 的（　　）中有很多音频素材和视频素材，视频素材有很多适合作为片头使用。
   A. "Audio"声音调节　　B. Library 素材库
   C. Callouts 标注窗口　　D. "Visual Properties"可视化属性工具
4. 下列为 Camtasia Studio 的项目文件的扩展名的是（　　）。
   A. .jpg　　　　　　B. .obj　　　　　　C. .camproj　　　　D. .bmp
5. 主灯开 1/2，两个轮廓灯全开，该场景布灯方法适合（　　）使用。
   A. 产品展示　　　　B. 抠图　　　　　　C. 所有场合　　　　D. 图形建模
6. 在 Camtasia Studio 中，使用（　　）工具可以清除纯色背景。
   A. Remove a color　　　B. Maintain aspect ratio
   C. Zoo-Mand-Pan　　　D. Importmedia
7. 在 Camtasia Studio 中，（　　）功能可以遮盖敏感位置内容。
   A. Import　　　　　B. Remove　　　　　C. Blur　　　　　　D. Zoom
8. 一般会将".camproj"和所用到的素材放置在（　　）中，确保再次打开时素材路径的正确。
   A. 同一文件中　　　B. 同一盘符中　　　C. 不同文件夹　　　D. 同一文件夹

二、操作题

制作动物欢庆圣诞场景视频。

要求：

(1) 利用资源"项目6\习题"文件夹中的"圣诞驯鹿雪人.MP4"作为动物动画。

(2) 利用任务中所学方法在网上搜索并制作虚拟背景。

(3) 要求发布为 MP4 格式。

参 考 文 献

[1] [美]艾伦．贾纳斯泽乌斯基，迈克尔·莫伦达．教育技术：定义与评析[M]．程东元，王小雪，刘雍潜，等译．北京大学出版社，2010.
[2] 李志河．现代教育技术[M]．北京：清华大学出版社，2019.
[3] 张屹，周平红．教育技术学研究方法[M]．北京大学出版社，2020.
[4] 刘秀彬，崔剑．现代教育技术[M]．南京：东南大学出版社，2015.
[5] 韩冰，赵国东，孙晓东．Flash 动画与多媒体课件制作实践教程[M]．天津：天津教育出版社，2013.
[6] 吕岩．计算机应用基础教程[M]．北京：中国电力出版社，2010.
[7] 郑华，王文雅．Photoshop 图形图像处理案例教程[M]．北京：北京邮电大学出版社，2017.
[8] 于化龙．Camtasia Studio 9.1 详解与微课制作[M]．北京：清华大学出版社，2018.
[9] 李永．Flash 多媒体课件制作经典教程[M]．北京：清华大学出版社，2009.
[10] 杨凤梅，张景生．现代教育技术[M]．北京：高等教育出版社，2013.